A psicologia na formação religiosa e presbiteral

Dados Internacionais de Catalogação na Publicação (CIP)
(Câmara Brasileira do Livro, SP, Brasil)

Francileudo, Francisco Antônio
  A psicologia na formação religiosa e presbiteral : a antropologia analítico-existencial de Viktor Frankl e o processo formativo / Francisco Antônio Francileudo. – Petrópolis, RJ : Vozes, 2021.

Bibliografia

1ª reimpressão, 2021.

ISBN 978-65-571-3015-5

1. Cristianismo 2. Igreja Católica 3. Psicologia – Aspectos religiosos 4. Presbíteros 5. Teologia – Estudo e ensino I. Título.

20-50186   CDD-230

Índices para catálogo sistemático:
1. Teologia : Cristianismo   230

Aline Graziele Benitez – Bibliotecária – CRB-1/3129

Francisco Antônio Francileudo

A psicologia na formação religiosa e presbiteral

A antropologia analítico-existencial
de Viktor Frankl e o processo formativo

Petrópolis

© 2021, Editora Vozes Ltda.
Rua Frei Luís, 100
25689-900 Petrópolis, RJ
www.vozes.com.br
Brasil

Todos os direitos reservados. Nenhuma parte desta obra poderá ser reproduzida ou transmitida por qualquer forma e/ou quaisquer meios (eletrônico ou mecânico, incluindo fotocópia e gravação) ou arquivada em qualquer sistema ou banco de dados sem permissão escrita da editora.

CONSELHO EDITORIAL

Diretor
Gilberto Gonçalves Garcia

Editores
Aline dos Santos Carneiro
Edrian Josué Pasini
Marilac Loraine Oleniki
Welder Lancieri Marchini

Conselheiros
Francisco Morás
Ludovico Garmus
Teobaldo Heidemann
Volney J. Berkenbrock

Secretário executivo
Leonardo A.R.T. dos Santos

Editoração: Leonardo A.R.T. dos Santos
Diagramação: Raquel Nascimento
Revisão gráfica: Nilton Braz da Rocha
Capa: Ygor Moretti

ISBN 978-65-571-3015-5

Editado conforme o novo acordo ortográfico.

Este livro foi composto e impresso pela Editora Vozes Ltda.

Sumário

Apresentação, 7

Prefácio, 11

Introdução, 13

Parte I – A posição da Igreja sobre o uso da psicologia na formação, 23

1 Utilização da psicologia na formação ao sacerdócio e à vida consagrada, 25

2 As estruturas de personalidade e a relação formador-formando, 33

3 O espaço-tempo na percepção de formandos e formadores, 41

4 Para que o processo formativo?, 46

Parte II – Os processos subjetivos hipermodernos, 55

5 Reflexões sobre as subjetividades na Hipermodernidade, 57

6 Influências das relações líquidas na constituição da subjetividade dos educandos, 80

7 A letargia espiritual e o processo de formação hipermoderno, 98

8 Percepções do significado do tempo para si, 115

Parte III – Contribuições do pensamento antropológico de Frankl, 135

9 Realidade social, política e cultural do pensamento de Viktor Frankl, 137

10 Antropologia analítico-existencial de Frankl, 149

11 Análise Existencial em Viktor Frankl, 156

12 Vazio existencial em Frankl, 166

13 Formar para a vontade de sentido, 170

14 Formar para o sentido da vida, 181

Parte IV – O processo formativo ante os aportes da Análise Existencial frankliana, 185

15 A função do formador na Hipermodernidade, 187

16 Uma pedagogia inspirada na Análise Existencial de Viktor Frankl, 190

17 Qualidades do formador à luz da antropologia de Viktor Frankl, 203

18 Atitudes logoeducativas inspiradas pela antropologia frankliana, 214

Parte V – Dimensões da existência humana na perspectiva analítico-existencial de Frankl, 227

19 Dimensão religiosa-espiritual, 229

20 Resiliência: a dimensão noética da pessoa humana, 236

21 Sexualidade amadurecida: a pessoa ama e se deixa amar, 245

22 As dimensões formativas orientadas pela logoeducação, 256

Indicações conclusivas, 269

Posfácio, 277

Anexo – Orientações para a utilização das competências psicológicas na admissão e na formação dos candidatos ao sacerdócio, 289

Referências, 305

Apresentação

As reflexões que compõem esta obra são resultado dos anos em que me dedico à formação presbiteral na Arquidiocese de Fortaleza, Ceará. A convivência com os formandos impeliu-me a refletir sobre os variados aspectos que apresento ao leitor com os devidos desdobramentos. O ponto de partida das reflexões foi o estudo que realizei no pós-doutoramento em psicologia, em que tomei como projeto de pesquisa *A função do educador de jovens na Hipermodernidade à luz da antropologia de Viktor Frankl*. De tal maneira, entre a prática formativa, as reflexões acadêmicas, as pesquisas e as exigências socioeclesiais da Hipermodernidade é que surgiu este livro.

As respostas que expresso e as perspectivas que sugiro são provisórias, pois entendo que o processo formativo é dinâmico e histórico e vai situando a formação em novas realidades, com outras problemáticas e para as quais não há receitas prontas e definitivas. A formação pressupõe, como Frankl dizia, a dinâmica de autodistanciamento e autotranscendência, pois tratamos de processos continuados e subjetivos.

Nessa perspectiva logoeducativa, ser formador é estar em contínuo discernimento e autotranscendência da história socioeclesial, dos projetos formativos, da caminhada da Igreja, dos processos subjetivos e do mundo em que estamos inseridos. Portanto, as reflexões hermenêutico-fenomenológicas que realizo neste livro pretendem ser uma modesta cooperação para os formadores e formandos em suas interações no processo formativo, sem pretensão de serem indicações fechadas para serem tomadas como definitivas ou irretocáveis. O intuito é entrar em diálogo com o leitor e compartilhar das experiências realizadas.

Assim sendo, evite absolutizar as afirmações feitas neste estudo, pois tenho a singela intenção de colaborar com a sua função de formador e o seu processo de formação e lançar algumas luzes por meio do pensamento antropológico e existencial de Frankl.

Quero me desculpar, logo de início, por não me utilizar, no decurso do texto, de uma linguagem inclusiva, para não tornar o texto pesado e dificultar a leitura, pois inúmeras vezes falar-se-á de formadores e formandos. Confio e acredito que o leitor e a leitora saberão que, ao escrever, refletir e pensar, considero também as formadoras e formandas. O raciocínio que utilizo neste livro vale tanto para homens quanto para mulheres, excetuando algumas pouquíssimas especificidades que não se adequam à vertente feminina da formação.

O viés que tomei na reflexão é o da relação formador-formando, orientado pela visão de ser humano de Viktor Frankl e suas indicações psicopedagógicas e logoeducativas para o processo de maturação da dimensão humana e espiritual do sujeito em processo de formação.

O objetivo desta obra é descrever as contribuições que a antropologia e a Análise Existencial de Frankl podem oferecer aos processos de formação para a vida presbiteral e religiosa na Hipermodernidade. Nessa perspectiva, realizei uma descrição hermenêutico-fenomenológica-existencial da teoria de Frankl, exprimindo as contribuições que ela oferece para os formadores em sua função e inter-relação com seus formandos.

Contemplo na reflexão aspectos como a pedagogia, as qualidades e atitudes do formador de jovens que se preparam para a vida religiosa e o presbiterado. Descrevo a proposta de uma educação para os valores e o sentido da vida, fundamentada nos princípios da Análise Existencial e da Logoterapia de Viktor Frankl. Esse percurso orientou-se pelo enfoque fenomenológico e existencial, indicando que a logoeducação pode reforçar a sensação de que a vida tem sentido.

Inicialmente, contextualizo o momento hipermoderno com base nas reflexões de Frankl. Em seguida, descrevo algumas categorias pedagógicas, à luz da sua antropologia. O ensaio, portanto, articula uma leitura interpretativa das obras de Frankl, centrando-se na liberdade de escolha, na responsabilidade e na capacidade de autotranscendência. Chamo a atenção, de modo específico, para as contribuições de Frankl, por meio dos pilares da Logoterapia e da Análise Existencial: liberdade de vontade, vontade de sentido e sentido da vida, aplicados ao processo de formação presbiteral e religiosa de jovens que se preparam para a vida consagrada.

O estudo indica sugestões psicoeducacionais para o desenvolvimento dos processos formativos com base na logoeducação e estabelece indicações para o logoeducador, apontando características da antropologia de Frankl, que permitem aos formadores, dedicados à arte de estimular procedimentos de autotranscendência, conduzirem seus formandos a experienciar valores condizentes com a ontologia do ser humano, orientados por um sentido, para o momento hipermoderno.

Creio não ser exagerado, portanto, afirmar que tanto o sacerdócio como a autêntica vida consagrada dependem, fundamentalmente, da formação que seus candidatos receberam na preparação inicial para o serviço à vida e para o desvelar de sentido para as suas existências. Assim, torna-se evidente que a Igreja, por meio de seus bispos e superiores maiores, deve ser sumamente responsável pela formação de seus clérigos e membros consagrados.

Tendo em conta a grandeza dessa tarefa, estabeleço esse diálogo, inspirado nas contribuições de Frankl, sobre as características humanas, sociais, espirituais das pessoas em discernimento vocacional e lanço luzes sobre as limitações humanas e seus processos. A leitura desta obra há de confrontá-los com as inúmeras situações e aspectos que os processos de formação nos impõem. Quem sabe, o que aqui expus possa ser luz para os momentos de decisão, na difícil tarefa de cuidar do discernimento e projetos de vida de pessoas, sem negligenciar a responsabilidade que temos com o povo de Deus, a instituição Igreja, corpo místico de Jesus Cristo.

Prefácio

A formação humana sempre se apresentou como a grande tarefa para a própria humanidade. A pessoa humana encontra em si mesma o mistério que a desafia: seu desabrochar no decorrer da existência, tarefa que está em íntima relação com o mundo onde ela se encontra, com todas as relações humanas que fazem a trama de sua própria descoberta como ser em convivência, com o conhecimento de si mesma e de sua sustentação no ser. Tudo se apresenta como um clamor para o eu e para o outro.

A busca contínua da humanidade por sentido faz o impulso do viver humano. É experiência que se acumula nas partilhas e trocas de conhecimento, de vivências, nos relacionamentos que são condição constitutiva do viver. Assim acontecem as relações fundamentais da pessoa consigo mesma, com os outros, com o Outro que descobre como fundante de seu próprio ser, com o mundo das coisas, casa de sua trajetória de vida no espaço e no tempo. A realização de cada ser humano está em estreita e indispensável trama de relações. É sobre essa realidade humana e por ela que se manifesta o acontecimento da revelação divina e o evento da fé, iniciativa de relação de Deus com suas criaturas para a convivência formativa.

Nesse contexto, a formação da pessoa humana em seu projeto de vida está em estreita relação com sua vivência de valores e estes têm sua fonte maior na vivência religiosa de seu mundo de fé. Para o cristão, discípulo e missionário de Cristo, a formação é seu contínuo projeto de vida, formação nas relações com Deus em seu Filho e no Espírito, na convivência eclesial e humana, no mundo em que vivemos, casa comum. Essa formação é resposta a um chamado divino – vocação que se percebe no encontro pessoal e comunitário com o Deus que está conosco. E, nessa vivência, mais ainda se descobre a vida como chamado – vocação – da parte de Deus e resposta – fé como colaboração formativa – da parte da pessoa humana. Assim se compreende a vida como dom de Deus, e a missão pessoal de cada um na humanidade, como dom específico na realização de um projeto comum – o Reino de Deus, que é o verdadeiro Reino do homem em Cristo.

Ao Pe. Francisco Antônio Francileudo, empenhado há anos na formação sacerdotal na Arquidiocese de Fortaleza, pareceu de suma importância dar uma resposta verdadeiramente humana, iluminada pela fé, ao processo formativo dos futuros sacerdotes no contexto do mundo em que vivemos hoje. Assim se apresenta o fruto de seus esforços e experiências, de suas pesquisas e reflexões, e posso dizer de suas orações e buscas espirituais. Esta obra, que agora oferece ao leitor, quer destacar os desafios que hoje a humanidade enfrenta em seu próprio processo de humanização, os desafios enfrentados pelos cristãos na vivência e testemunho da fecundidade do Evangelho na formação humana integral, superando todos os reducionismos que a aprisionam nos pequenos sentidos da vida, renunciando ao seu Sentido maior.

Agradecendo a deferência do autor para que prefaciássemos este seu trabalho, desejamos possam estimular a muitos, lançados nessa grande e maravilhosa busca de colaborar na formação do ser humano em sua totalidade, os questionamentos e luzes que o autor nesta obra partilha.

Dom José Antonio Aparecido Tosi Marques
Arcebispo metropolitano de Fortaleza

Introdução

Se quisermos valorizar e empenhar o potencial humano em sua forma mais elevada possível, devemos antes de tudo acreditar que ele existe e que está presente no homem. Se não, o homem deverá "desviar-se", deverá deteriorar-se, porque o potencial humano existe sim, mas na pior forma. Por outro lado, não devemos permitir que nossa fé na potencial humanidade do homem nos induza a esquecer do fato de que, na realidade, os homens humanos são e, provavelmente, sempre serão uma minoria. Contudo, é exatamente este fato que deve estimular a cada um de nós a unir-se à minoria: as coisas vão mal, mas se não fizermos o melhor que pudermos para fazê-las progredir, tudo será pior ainda.
V. Frankl

Com a experiência de formador por vários anos, de pesquisa e de trabalhos acadêmicos voltados para a perspectiva do sentido da vida em processos educativos, tenciono nesta descrição hermenêutico-fenomenológica-existencial ressaltar as contribuições que Viktor Frankl traz para a constituição do sentido, olhando de modo especial a função do educador e a interação formador/formando.

Após o doutorado, continuo trabalhando na docência e também no seminário, na formação dos que se preparam para o presbiterado. Nos estudos de pós-doutoramento em psicologia, retratei no projeto de pesquisa os processos formativos de jovens na Hipermodernidade à luz da antropologia de Viktor Frankl e da experiência como educador desses jovens.

Este livro tem sua fonte de inspiração na consciência de que, na esfera histórica, as tradições que precedem o pesquisador se tornam indispensáveis para o exercício da investigação no âmbito das ciências humanas. De tal maneira, não é possível ignorar ou anular as influências históricas do mundo-vida do pesquisador nas iniciativas e ações empreendidas. Agora, após um tempo trabalhando como educador, tenho por objetivo identificar na antropologia de Viktor Frankl aspectos que ajudem a formandos e formadores no processo formativo para o presbiterado e a vida religiosa consagrada, na Hipermodernidade.

A pergunta de saída de todo esse estudo é a seguinte: *Quais aspectos da Análise Existencial e da antropologia de Frankl podem validar a função do educador de jovens para a vida religiosa consagrada e para o presbiterado na Hipermodernidade?* Os objetos de interpretação serão a função do formador e as suas relações interativas com os formandos, no intuito de compreender os processos que envolvem educador, formando, família e comunidade formativa e propor caminhos para a melhoria da experiência existencial de formandos e formadores.

Entendo que a formação resulta da consciência viva de que há normas para reger uma comunidade humana, quer se trate de família, classe social, profissão, quer se preste atenção a um agregado mais vasto, como um grupo étnico ou um Estado. O processo formativo-educacional integra a vida e o crescimento da sociedade, uma vez que o desenvolvimento social depende da consciência dos valores que regem a vida humana e está essencialmente condicionada pela transformação dos valores válidos para cada sociedade (TARDIF, 2010).

Este livro tem por alicerce o pensamento existencialista de Frankl, que compreende o ser humano como um ser além de si, para fora de si. Em outras palavras, o ser humano tem uma maneira peculiar de existir: ele é, não sendo a si mesmo. Essa base existencialista aborda a crise existencial, a angústia, a solidão, a liberdade, o sentido, a temporalidade no existir do ser humano; pelo fato de ele ser consciente de que está envolto nessas muitas possibilidades, faz-se necessário lidar com todas essas condições de ser um ser-no-mundo. Com efeito, o observatório descreve as contribuições da antropologia frankliana mediante os pilares da Logoterapia e Análise Existencial: liberdade de vontade, vontade de sentido e sentido da vida.

Prossigo nessa ótica existencial, enfatizando que Frankl (2005) convoca a atenção do formador na interação com os formandos: somos todos lançados no mundo que está diante de nós e permanecerá depois, sem escolha pessoal, sem conhecimento prévio. Essa visão antropológica põe o ser humano perante um desafio: assumir ou não a própria vida. Essa modalidade de existência consiste na distinção entre uma circunstância autêntica e uma condição inautêntica do modo de vida humana e de existência do ser. Aqui, apresento as premissas do sistema frankliano sobre a concepção de ser humano e as suas contribuições para uma educação com sentido (PETER, 1999):

1) *O ser humano é um ser espiritual-pessoal.* Para Frankl (1989), a essência do ser humano está em sua dimensão espiritual. Os atos espirituais são intencionais com um objeto e um rumo, ou seja, quando tais objetos são constituídos por valores objetivos, deduz-se que a dimensão psicológica cede ante o espiritual e se orienta para os valores.

2) *O ser humano é um ser capaz de autodeterminação.* No entendimento de Frankl, o passado não decide todo o destino do ser humano e a pessoa não é apenas aquilo que ela é, mas também aquilo que decide ser. É um permanente devir. Assim, a condição humana não está aprisionada a fatalidades e quaisquer determinismos, porquanto a pessoa é capaz de decidir sobre si mesma. "A liberdade do homem não é a liberdade de condicionamentos; é, antes, a liberdade de tomar atitudes em qualquer condição em que se encontre" (PETER, 1999, p. 19).

3) *O ser humano orienta-se primária e originariamente para o sentido e para os valores.* A centralidade da vida do ser humano, no entender de Frankl, é descobrir e realizar o sentido da própria existência, na concretude da vida. Em sua concepção, cada célula do corpo humano participa da espiritualidade e todo ato da criatividade espiritual alimenta a dinâmica vital. De acordo com a visão de ser humano de Frankl, é a pessoa que precisa dar sentido às suas opções, às suas experiências, às suas atividades, aos seus limites e às circunstâncias determinantes de sua vida.

4) *A transcendência pertence de maneira essencial ao ser do homem e da mulher.* No contexto da antropologia de Frankl, a transcendência

é percebida em dois níveis: no primeiro, ela é abertura para o mundo; um mundo de outros seres a encontrar e realizar sentidos. É o nível horizontal que reza a seguinte afirmação: "[...] somente superando a nós mesmos estamos em condições de sermos homens" (PETER, 1999, p. 25). É um permanente transcender que o faz penetrar nas dimensões de suas potencialidades. O segundo nível é o superior: a transcendência não é completa até se tornar abertura radical e total ao sentido último e absoluto, por isso, pode-se afirmar que a transcendência é também vertical. Nessa perspectiva, a existência humana não é autêntica se não for vivida em termos de autotranscendência, e autotranscendência como essência da existência. Em outras palavras, a pessoa tem sua dignidade, e essa dignidade é um valor em si mesma.

Para entender a função do formador, em tempos hipermodernos, quando os educandos trazem consigo queixas de vazio, sentimos a necessidade de verificar os componentes e as implicações que o educador tem no desempenho de sua função. O olhar será para os acontecimentos do cotidiano, observando o jeito como as vivências são experimentadas.

Para Frankl (1990a, 2003b), o vazio de sentido é causado, sobretudo, pelo não estabelecimento de metas e objetivos por parte do sujeito. Surge, daí, um estado de angústia, uma vez que a pessoa é submetida a uma tensão constante entre o que deveria ser e o que ela é de fato.

Conforme ensina Frankl (1990a, p. 68), o sentido é algo que pode ser encontrado e, nessa procura, é a consciência que orienta a pessoa. Para ele, "[...] a consciência é um órgão de sentido. Ela poderia ser definida como a capacidade de procurar e descobrir o sentido único e exclusivo oculto em cada situação".

Frankl (1995) aponta a cultura hipermoderna como um tempo em que as pessoas estão imersas numa falta de sentido para a vida. Tal sentimento se dá porque cada pessoa experimenta uma enxurrada de estímulos sensoriais oferecidos pelos meios de comunicação social, porém quase nada lhe passa ou lhe acontece. Nesse contexto de ausência de sentido na Hipermodernidade, infere: "se o ser humano quiser subsistir aos meios de comunicação de massa, ele precisa saber o que é e o que não é importante, o que é e o que não é essencial, em uma palavra: o que tem sentido e o que não tem" (FRANKL, 1990a, p. 70).

Essa dimensão do sentido da vida ultrapassa ao próprio ser humano, transpõe sua realidade psicofísica. Essa ultrapassagem é que o capacitará a superar os condicionamentos da vida hipermoderna: "Ser homem necessariamente implica uma ultrapassagem. Transcender a si próprio é a essência mesma do existir humano" (FRANKL, 1961, p. 11).

Para essa compreensão antropológica, o ser humano é dotado de uma vontade de sentido para a qual ele é motivado inconscientemente, a fim de encontrar o sentido de sua existência. São motivações básicas que impulsionam o ser humano e que o fazem buscar um sentido e realizá-lo (FRANKL, 1978). Portanto, a procura pelo sentido da função do formador, as inspirações pedagógicas, suas qualidades e atitudes são questões de sobrevivência para o educador e seus educandos, pois "o homem que considera sua vida sem sentido não é simplesmente um infeliz, mas alguém que dificilmente se adapta à vida" (FRANKL, 1990b, p. 28). Assim, o ser humano será um ser sempre à procura do sentido, porque acredita que o sentido move a vida e direciona a pessoa ao encontro da liberdade, da responsabilidade e da transcendência. E, no meu entender, é essa a função do formador de jovens na Hipermodernidade – estimular os formandos à liberdade para fazer escolhas conscientes, assumir a responsabilidade pelo projeto de vida pretendido e, em atitude de permanente transcendência, ir superando a si mesmos, tornando-se sujeitos profundamente resilientes em tempos de vazio existencial.

O percurso metodológico de descrição hermenêutico-fenomenológica do livro parte do entendimento de González Rey (2005, p. 87), ao acentuar que a "[...] elaboração de um problema inicia o processo de problematização que acompanhará todo o processo da pesquisa, em relação ao qual o pesquisador nunca ficará tranquilo, nem mesmo depois de a pesquisa ter sido concluída". De fato, o problema e a delimitação evoluem à medida que o estudo avança. Então, com a interpretação hermenêutico-fenomenológica, sobre a função do educador, suas qualidades e atitudes na formação de seminaristas e religiosos para a vida consagrada, descobri nos escritos de Viktor Frankl possíveis referências que possibilitam elaborações acerca dos processos educativos na Hipermodernidade.

Como visto, o objeto principal deste estudo é descrever a pedagogia, as qualidades e as atitudes de um educador em sua função como formador de seminaristas e religiosos para a vida consagrada à luz da antropologia de Viktor Frankl. Esse caminho descritivo e interpretativo, de cunho qualitativo, está perpassado pelo parâmetro investigativo do método hermenêutico-fenomenológico. Por isso, o ensaio é um "compreender o que está envolvido no processo da compreensão propriamente dita" (DENZIN & LINCOLN, 2006, p. 200).

Em que consiste o método hermenêutico-fenomenológico? Gadamer (1997) desenvolve a hermenêutica, a princípio, como filosofia, tendo na linguagem o seu fator de universalização e o princípio da conversação como fundamento do aprofundamento do fenômeno da compreensão, cabendo-lhe determinar o verdadeiro sentido das ciências do espírito e a verdadeira amplitude e o significado da linguagem humana (REALE, 1991).

Na sua origem, o fenômeno hermenêutico não era apenas um problema da doutrina dos métodos aplicados nas ciências do espírito, pois estava ligado, em especial, ao fenômeno da compreensão e da maneira correta de se interpretar o que se entende. Do ponto de vista histórico, a hermenêutica (*hermèneutiké*) perpassa o domínio da filosofia desde a Antiguidade clássica até os dias correntes.

A palavra "hermenêutica" significa "expressão" de um pensamento (MORA, 2001, p. 1.325); daí a interpretação significar investigação literal do significado das dicções empregadas por meio de uma análise das definições linguísticas. "Hermenêutica" deriva do grego *hermènêus*, *hermèneutiké* e *hermènêia*. Para Fílon de Alexandria "*hermènêia* é *logos* expresso em palavras, manifestação do pensamento pela palavra" (GRONDIN, 1999, p. 56). A hermenêutica está associada a Hermes, deus mediador, patrono da comunicação e do entendimento humano, cuja função era tornar inteligível aos homens a mensagem divina. A ele os gregos atribuíam a origem da linguagem e da escrita.

Desde o surgimento da palavra "hermenêutica", no século XVII, entende-se que seja a ciência e, concomitantemente, a arte da interpretação. Até o final do século passado, ela assumia normalmente o formato de uma doutrina que prometia expressar as regras de uma interpretação competente. Sua intenção era de natureza predominantemente normativa e se restringia à tarefa de fornecer as ciências declaradamente interpretativas. Por isso, formaram-se, desde a Renascença, uma hermenêutica teológica (sacra), uma hermenêutica filosófica (profana), como também uma hermenêutica jurídica (GRONDIN, 1999, p. 9).

Como arte de âmbito universal de interpretar o significado das palavras, das leis, dos textos, dos signos, da cultura e de outras modalidades de interação humana, a hermenêutica pode ser considerada como um ramo da filosofia que tem como principal finalidade a compreensão humana.

Na perspectiva da hermenêutica filosófica, que tem origem em Heidegger e o seu desenvolvimento em Gadamer, a hermenêutica passa a ter uma tarefa crítica e não se restringe, como ocorria em outras épocas, a uma teoria ou metodologia de compreensão e interpretação da fala e do texto, cabendo-lhe determinar o verdadeiro significado das ciências do espírito e a verdadeira amplitude e o verdadeiro significado da linguagem humana.

Segundo Gadamer (1997), na fundamentação das ciências do espírito, a hermenêutica representa para Dilthey mais do que um instrumento; ela é o meio universal da consciência histórica, para a qual não existe nenhum outro conhecimento da verdade do que compreender a expressão e, na expressão, a vida em que cada expressão ou enunciado brota de um aconselhar-se a si mesmo que procura reviver a compreensão que consiste nas ciências do espírito, em um retorno do manifestado para o interior, ou seja, para a autor-reflexão que se dá a conhecer na expressão.

Martin Heidegger (1889-1976), na investigação para superar as aporias do historicismo e para uma renovação geral da questão do espírito, possibilitou o avanço da hermenêutica para o centro da reflexão filosófica. Com ele, a compreensão humana se orienta com esteio numa pré-compreensão que emerge da eventual situação existencial que demarcaria o enquadramento temático e o limite de validade de cada tentativa de interpretação.

Em seu conceito de compreensão, Heidegger assinala que entender teoricamente um contexto, fato ou coisa, significa estar em condições de enfrentá-los, levá-los a cabo, poder começar algo com eles. Essa compreensão é designada de compreensão "existencial", ou seja, como modo de ser, por força do qual a pessoa situa-se neste mundo. Em outras palavras, ressalta Mora (2001, p. 1.327), citando Heidegger, trata-se de "um modo de pensar 'originariamente' a essência da fenomenologia".

Na sua hermenêutica existencial, Heidegger inverte essa relação teleológica. O primário é dado à compreensão, e a interpretação consiste exclusivamente na configuração ou elaboração da compreensão. No desenvolvimento de suas ideias sobre a interpretação compreensiva. Heidegger (apud GADAMER, 1997, p. 402), afirma que "[...] toda interpretação correta tem de se proteger contra a arbitrariedade da ocorrência de felizes ideias e contra a limitação dos hábitos imperceptíveis do pensar, e orientar sua vista às coisas elas mesmas".

Não é possível se esquecer de que a fenomenologia, como escola de pensamento contemporâneo, tem como precursor Franz Brentano, sendo, no entanto, considerado pelo filósofo Edmund Husserl (1859-1938) como aquele que formulou as principais linhas dessa abordagem e que abriu caminho para outros pensadores contemporâneos, como Heidegger, Jaspers, Sartre, Merleau-Ponty, dentre outros (VERA, 1980).

A fenomenologia é uma pura descrição do que se mostra por si mesmo, de acordo com os princípios dos princípios. É a capacidade de reconhecer toda intuição primordial, é uma fonte legítima de conhecimento, que "[...] tudo o que se apresenta por si mesmo na intuição deve ser aceito simplesmente como o que se oferece e tal como se oferece, embora dentro dos limites em que se apresenta" (MORA, 2001, p. 1.015).

Com efeito, fenomenologia é a vontade dupla de coligir todas as experiências concretas do ser humano e não somente suas experiências de conhecimento, como, ainda, suas práticas de vida de civilização, tais como se exprimem na história e de encontrar, ao mesmo tempo, no decorrer dos fatos, uma ordem espontânea, um significado, uma verdade intrínseca, uma orientação tal que o desenvolver-se dos acontecimentos não apareça como simples sucessão (MERLEAU-PONTY, 1971).

À luz dessas considerações, a descrição de uma interpretação hermenêutico-fenomenológica é a arte ou técnica de compreensão e constituição de um fundamento metodológico para as ciências humanas, que tem como tarefa, neste ensaio, interpretar as estruturas, as bases da antropologia de Frankl, sustentando a ideia de que a história do pensamento ocidental não é algo externo e sem sentido, mas é história viva que o pesquisador, pela hermenêutica, pode interpretar e atualizar, descobrindo sentido para a Hipermodernidade e mostrando a força viva do pensamento que penetra toda a compreensão e influencia o modo como é percebido o mundo pelas pessoas.

Por conseguinte, o livro tem por alicerce o pensamento existencialista de Frankl, que compreende o ser humano como um ser espiritual. A dimensão espiritual é a própria essência do ser humano que, em seu entendimento, em nenhum momento, por nada é determinado. É um ser de possibilidades, repleto de potencialidades, estando voltado para além de si, para fora de si, para o mundo. Isso é possível mediante o conhecimento de seu próprio ser, do modo como se coloca junto às pessoas e como as experimenta, assim como as coisas e situações que o cercam.

Parte I
A posição da Igreja sobre o uso da psicologia na formação

A Igreja nos pede que, ao entrar nela, tiremos o chapéu, não a cabeça.
G.K. Chesterton

A Logoterapia não somente pressupõe um mundo objetivo do sentido e dos valores, como também se serve deles para fins terapêuticos.
V. Frankl

1
Utilização da psicologia na formação ao sacerdócio e à vida consagrada

Formar no contexto do ensinamento da Igreja é um processo interno em que a pessoa do formando, sentindo que recebeu um dom especial de Deus para uma vocação específica na Igreja e tendo tomado consciência dessa vocação, entra em um processo de discernimento em um seminário ou casa de formação para começar a dar os primeiros passos nesse sentido. Ele acontece por meio da sua apropriação, com a ajuda da Igreja e a mediação de vários agentes psicossociais.

O ensinamento da Igreja sobre a utilização da psicologia na formação, a princípio, não foi muito positivo. Nos últimos tempos, porém, essa posição tem mudado e foram publicados vários documentos que indicam a ajuda que a psicologia pode oferecer na maturação do ser humano.

O decreto *Optatam Totius* (*OT*), sobre a formação sacerdotal, do Concílio Vaticano II, exprime a necessidade de uma educação para a maturidade humana dos candidatos por meio de contribuições da psicologia e da pedagogia (*OT* 11, 20), não esquecendo a centralidade da autoridade eclesiástica.

> Observem-se, santamente, as normas da educação cristã e aperfeiçoem-se devidamente com as descobertas mais recentes da psicologia e da pedagogia. Por meio de uma formação bem ordenada, cultive-se nos alunos a devida maturidade humana, comprovada principalmente por certa estabilidade de ânimo, pela capacidade de tomar decisões ponderadas, e por um juízo reto sobre os homens e os acontecimentos. Habituem-se os alunos a dominar o próprio temperamento, formem-se na

fortaleza de espírito e aprendam a estimar aquelas virtudes que são tidas em maior conta diante dos homens e recomendam o ministro de Cristo, como são a sinceridade, a preocupação constante da justiça, a fidelidade às promessas, a urbanidade no trato, a modéstia e a caridade no falar (*OT* 11).

Desse modo, as contribuições da psicologia recebem reconhecimento e consideração no processo de discernimento e, em especial, no que diz respeito à dimensão humana, à afetividade e à estrutura de personalidade do candidato ao presbiterado. A *Optatam Totius* insiste na necessidade de uma formação que prepare para o domínio de si mesmo, sólida maturidade da pessoa e devida preparação dos educandos para acatar a autoridade dos superiores por íntima consciência; como ensina Frankl (2011) em seus escritos, usando sabiamente a liberdade, sendo capazes de na autonomia tomar iniciativa e tudo seja realizado com responsabilidade.

Essas orientações sobre o uso das competências da ciência psicológica na formação para a vida presbiteral e religiosa está assente no Código de Direito Canônico (CDC), de 1983, quando indica que são exigências e condições indispensáveis para a admissão do candidato ao sacerdócio e à vida consagrada: saúde, índole e maturidade humana. No cânon 642, lê-se: "os superiores, com atencioso cuidado, admitam somente aqueles que, além da idade requerida, tenham saúde, índole adequada e suficientes qualidades de maturidade para abraçar a vida própria do instituto; essa saúde, índole e maturidade sejam comprovadas, se necessário, por meio de peritos".

O código, em suas orientações, deixa bem explícito que não sejam admitidos às ordens aqueles que não tenham completado 25 anos e que não demonstrem suficiente maturidade humana para o exercício desse ministério (cân. 1.031 § 1).

A exortação apostólica do Papa João Paulo II, *Pastores Dabo Vobis* (*PDV*), sobre a formação dos sacerdotes nas circunstâncias contemporâneas, publicada em 1992, é expressa como um compêndio sobre a formação sacerdotal. Tomemos de sua amplitude apenas algumas indicações sobre a formação humana. O documento infere que é necessária ao sacerdote a maturidade afetiva para viver a castidade com fidelidade e exercer o ministério com alegria. Também indica que, para o ministério ordenado, é imperativo que o formando "[...] modele a sua personalidade de modo a torná-la ponte e não obstáculo para os outros, no encontro com Jesus Cristo, redentor do homem" (*PDV* 43).

Nessa compreensão, o documento, no número 43, destaca, ainda, as virtudes humanas imprescindíveis aos futuros presbíteros: personalidade equilibrada, liberdade, capacidade de comportar o peso das responsabilidades do ministério ordenado, respeito às pessoas, coerência, dentre outras, para que o seu ministério seja humanamente mais crível e aceitável.

Nesse mesmo entrosamento de exigências para o sacerdócio, a *Pastores Dabo Vobis* (n. 44) entende ser prudente que o formando tenha consciência do lugar central do amor na exigência humana do ministério ordenado. O papa é bem claro quando acentua que o "homem não pode viver sem amor". É o caso de compreender o amor como dimensão essencialmente humana que compromete a pessoa inteira em suas dimensões física, psíquica e espiritual.

> O homem – por força da qualidade autotranscendente da realidade humana – basicamente procura expandir-se para fora de si, seja em direção a um sentido a realizar, seja em direção a outro ser humano, a quem busca para um encontro de amor (FRANKL, 2005b, p. 74).

A *Ratio Formationis Institutionis Sacerdotalis*, de 2016, não é diferente dos outros documentos já mencionados, no que tange ao aspecto da formação humana dos candidatos ao sacerdócio. A Congregação para o Clero orienta nesse documento sobre o fato de que a missão da Igreja, no que concerne ao discernimento de vocações e ao processo formativo, é aquela de "cuidar do nascimento, discernimento e acompanhamento das vocações, em particular, das vocações ao sacerdócio" (n. 23). A Igreja, acolhendo a voz de Cristo que convida todos a rezar ao Senhor da messe para que lhe mande operários (Mt 9,38; Lc 10,2), reserva uma particular atenção às vocações à vida consagrada e às vocações sacerdotais.

Fazendo referência à exortação apostólica pós-sinodal *Pastores Dabo Vobis* (n. 131), a *Ratio Formationis* (2016) chama atenção para uma perspectiva integrativa das dimensões da formação no processo educativo e na vida dos ministros ordenados, em quatro dimensões: a dimensão humana, que representa a "base necessária e dinâmica" de toda vida sacerdotal; a dimensão espiritual, que contribui para caracterizar a qualidade do ministério sacerdotal; a dimensão intelectual, que oferece os necessários instrumentos racionais para compreender os valores próprios do ser pastor; e a dimensão pastoral, que habilita para um serviço eclesial responsável e profícuo.

No âmbito psicológico, tal contribuição é preciosa, seja para os formadores, seja para os formandos, principalmente em dois momentos: na avaliação da personalidade, exprimindo um parecer sobre a saúde psíquica do candidato, e no acompanhamento terapêutico, para trazer à luz eventuais problemáticas e ajudar no crescimento da maturidade humana.

Nesse entendimento, a vida de um presbítero ou religioso é toda uma formação contínua, desde o momento do chamado: a formação do discípulo de Jesus, dócil à ação do Espírito Santo para o serviço à Igreja. A pedagogia desse processo formativo do discipulado se concentra no configurar do formando a Cristo, pastor e servo, para que, unido a Ele, possa fazer da própria vida um dom de si aos outros.

O conceito de formação que a *Ratio Formationis* (2016) exprime é uma visão integral, revestida da compreensão de pessoa na sua totalidade, com tudo o que é e com tudo o que tem, para estar a serviço do Senhor e da comunidade cristã. É uma pessoa previamente escolhida para alcançar uma sólida interioridade, sem cisões ou dicotomias. Nesse caminho pedagógico integrado, a comunidade educativa colabora com a ação do Espírito Santo, garantindo o justo equilíbrio entre as diversas dimensões da formação. É necessário cultivar a humildade, a coragem, o sentido prático, a magnanimidade do coração, a retidão no juízo, a discrição, a tolerância, a transparência, o amor à verdade e à honestidade.

Os números 93 a 100 da *Ratio Formationis* (2016) pedem que a formação humana promova o crescimento integral da pessoa do formando, permita a este forjar, desde a origem de tal crescimento, a totalidade das dimensões. Do ponto de vista físico, o documento se interessa por aspectos como a saúde, alimentação, atividade motora e descanso; na seara psicológica, ocupa-se da constituição de uma personalidade estável, caracterizada pelo equilíbrio afetivo, pelo domínio de si e por uma sexualidade bem integrada; no âmbito moral, a pessoa do formando chegue progressivamente a ter uma consciência formada, ou seja, que se torne uma pessoa responsável, capaz de tomar decisões justas, dotada de reto juízo e de uma percepção objetiva das pessoas e dos acontecimentos. Tal percepção deverá levar o formando a uma equilibrada autoestima, que o conduz a ter noção dos próprios dons, para aprender a colocá-los a serviço do Povo de Deus.

Na formação humana, os formadores devem cuidar, também, do âmbito estético – oferecendo uma instrução que permita conhecer as diversas manifestações artísticas, educando ao "sentido do belo" – e do âmbito social – ajudando o candidato a melhorar a própria capacidade relacional, de modo a poder contribuir para a edificação da comunidade onde vive. Desse modo, um sinal de harmonioso desenvolvimento da personalidade dos formandos é uma madura capacidade relacional com homens e mulheres, de todas as idades e de qualquer condição social.

A contribuição das ciências psicológicas revelou-se, em geral, como ajuda apreciável para os formadores, aos quais cabe, de resto, a missão do discernimento das vocações. Tal contribuição científica permite conhecer melhor a índole e a personalidade dos candidatos, e oferecer um serviço formativo mais adequado às particulares condições de cada um; uma formação inspirada numa antropologia que partilhe da concepção cristã acerca da pessoa humana, da sexualidade, da vocação para o sacerdócio e para o celibato, de modo que a sua intervenção tome em conta o mistério do ser humano no seu diálogo pessoal com Deus, segundo a visão da Igreja.

Ao promover esse discernimento e toda a formação para o ministério ordenado e a vida consagrada, a Igreja é movida por dupla atenção: salvaguardar o bem da sua missão e, ao mesmo tempo, o dos candidatos. Como toda vocação cristã, a vocação para o sacerdócio tem, com efeito, junto à dimensão cristológica, uma dimensão eclesial essencial. A vocação cristã, em qualquer das suas modalidades, é um dom destinado à edificação da Igreja, ao crescimento do Reino de Deus no mundo. Desse modo, o bem da Igreja e o do candidato não são opostos entre si; pelo contrário, são convergentes. Os responsáveis pela formação estão empenhados em harmonizá-los, considerando-os sempre simultaneamente na sua dinâmica de interdependência: esse é um aspecto essencial da grande responsabilidade do seu serviço à Igreja e às pessoas.

A exortação apostólica pós-sinodal *Pastores Dabo Vobis*, antes de se voltar para a dimensão espiritual, "elemento de máxima importância na educação sacerdotal", faz notar que a dimensão humana é o fundamento de toda a formação. Ela enumera uma série de virtudes humanas e de capacidades relacionais que se requerem do sacerdote, para que a sua personalidade, de modo amadurecido com outras pessoas ou grupos, leve o candidato a um sólido sentido de pertença, fundamento da futura comunhão com o presbitério e de uma responsável colaboração com o ministério do bispo.

O auxílio das ciências psicológicas, portanto, deve integrar-se no quadro da formação global do candidato, de modo a não impedir, mas a assegurar, particularmente, a salvaguarda do valor irrenunciável do acompanhamento espiritual, cuja obrigação é manter o candidato orientado para a verdade do ministério ordenado, segundo a visão da Igreja. A importância de um diálogo sobre o papel da psicologia na formação do sacerdote procura destacar a importância de se integrar a espiritualidade com o crescimento humano e afetivo. Para isso, no contexto do processo formativo, a assessoria psicológica tem por objetivo básico ser ajuda para o trabalho dos formadores e para o processo de amadurecimento integral do formando, a fim de melhor acertar na confecção do projeto vocacional, pois, quanto mais amplo o conhecimento, melhor a possibilidade de assertividade.

É importante ter clara essa participação instrumental da psicologia no processo formativo. Ela é uma mediação entre outras e a sua contribuição não pode ser definitiva nem deve estar isolada das outras mediações. A psicologia jamais poderá substituir a estrutura de formação do seminário, desde a direção espiritual até a rica experiência sacramental; isso para delimitar o campo de atuação da ciência psicológica como importante ferramenta para ajudar no discernimento da escolha vocacional ou do carisma. Se a graça supõe a natureza humana, a ideia é a de facilitar a estrutura da pessoa nos seus aspectos psicológicos, para que a ação de Deus possa acontecer da melhor maneira possível. A respeito disso, o Papa João Paulo II (*PDV* 69) infere:

> Naturalmente o auxílio das ciências psicológicas deve ser inserido de maneira equilibrada no âmbito do itinerário vocacional, integrando-o no quadro da formação global do candidato, de maneira a salvaguardar o valor e o espaço próprios do acompanhamento espiritual. O clima de fé, unicamente no qual amadurece a resposta generosa à vocação recebida por Deus, permitirá uma correta compreensão do significado e da utilidade do recurso à psicologia, que não exclui todos os gêneros de dificuldades e de tensões, mas favorece uma tomada de consciência mais ampla e um exercício da liberdade mais desenvolto, a fim de empreender uma luta aberta e franca, com a ajuda insubstituível da graça.

Segundo Rogers (1983), há três condições subjetivas por parte do formador de grupo que devem estar no processo formativo: congruência ou autenticidade; consideração positiva incondicional ou aceitação; compreensão empática, em que o formador capta com precisão os sentimentos e significados pessoais que os formandos expressam e deve devolver a eles aquilo que captou.

Dentro dessa complexidade e numa ótica fenomenológica-existencial--humanista frankliana, fica evidente a necessidade de se oferecer um clima de liberdade, responsabilidade e autotranscendência suficiente aos candidatos para que eles mesmos possam perceber se estão atendendo aos critérios de crescimento exigidos pela Igreja no período de formação.

Para finalizar este capítulo, aporto algumas indicações sobre pontos importantes para o processo de formação sacerdotal, especialmente no que diz respeito às contribuições da ciência psicológica. Sobre o discernimento vocacional, é um ato do sujeito que procura respostas pessoais a um sentimento subjetivo. Para a psicologia, a vocação sacerdotal é uma resposta humana a algo sentido como um chamado de Deus. Sentir-se chamado, entretanto, e dar uma resposta positiva a esse convite não bastam para que o candidato realize o processo de formação, pois, para que isso aconteça, a vocação, dentro da visão eclesiástica, deve ser confirmada pelo bispo ou superior maior. É importante que esse processo ocorra em etapas e com tranquilidade para que o sujeito responda com liberdade e maturidade a esse chamado. Portanto, a aceitação livre do chamado de Deus é a última etapa do processo de discernimento vocacional. O processo todo, entretanto, se dá no contexto de um diálogo com a autoridade eclesiástica.

2
As estruturas de personalidade e a relação formador-formando

Trazemos neste capítulo uma reflexão sobre a estruturação da personalidade e suas implicações nas relações entre formando e formador, tomando como referência algumas indicações que o documento da *Congregação para a Educação Católica* (anexo) editou com orientações sobre a utilização das competências psicológicas na admissão e na formação dos candidatos ao sacerdócio. Em um texto que tem por objetivo orientar os psicólogos e os formadores sobre como, na visão do magistério eclesial, podem estabelecer cooperações entre eles no processo formativo ao presbiterado e à vida religiosa consagrada.

O documento faz referência à exortação apostólica pós-sinodal *Pastores Dabo Vobis*, quando indica a dimensão humana como o fundamento de toda a formação e chama a atenção para a centralidade que deve ser a ela concedida, em vista de desenvolver nos candidatos estruturas de personalidade equilibradas e capacidade de carregar o peso das responsabilidades pastorais, destinadas aos ministros ordenados e consagrados na Igreja. No momento hipermoderno, o conhecimento profundo da alma humana, o sentido da justiça e da lealdade, a capacidade de trabalhar na unidade e em comunhão constituem virtudes essenciais para o exercício do ministério pastoral.

Como a psicologia e o profissional dessa área de conhecimento podem cooperar com o formador em sua função? Aqui, atenho-me a uma das mais importantes áreas do saber psicológico e que entendo ser de grande valia para a formação – as contribuições da psicologia do desenvolvimento, tratando de um aspecto que lhe é caro, a personalidade. Como os textos da

Ratio Fundamentalis Institutionis Sacerdotalis (CONGREGAÇÃO PARA O CLERO, 2016) e as *Diretrizes para a formação dos presbíteros da Igreja no Brasil* (CNBB, 2010) falam do "equilíbrio geral da personalidade", isso deve nos pôr diante de algumas questões que devemos compreender e trabalhar no processo de formação: O que é personalidade? Como a psicologia entende o conceito de personalidade? Como um formador em sua função e interação com os formandos pode se utilizar desse entendimento no exercício pedagógico? Cremos que noções sobre a personalidade humana, a personalidade do formando e a personalidade do formador podem facilitar a formação e o crescimento na relação formativa e nos vínculos estabelecidos entre o formador e seus formandos e entre os próprios formandos.

Indico que, em um processo de formação, cada pessoa precisa ser vista e tratada de maneira peculiar, visto que cada um carrega consigo o jeito próprio de ser e de *aprender*, de se relacionar e conviver; de estar no mundo e viver; cada época da história traz novas exigências educacionais, com perspectivas e desafios. É papel do formador perfilhar, em cada formando, os alvos de competência e os pontos de dificuldade, sempre subjetivos e singulares, a fim de facilitar que o formando ponha à disposição da comunidade aquilo que tem de melhor e, ao mesmo tempo, para que possa desenvolver da melhor maneira possível suas principais habilidades, de um jeito que o formador não nivele as pessoas e os processos. Ele precisa, entretanto, ter clareza de que se trata de personalidades diferentes, por isso, não deve tratar de modo igual os desiguais. Distintas pessoas reagem de maneira diferente ao mesmo estímulo. Desse modo, aquilo que em determinado momento é pedagogicamente estimulador para um formando, pode ser bloqueador para outro ou para o mesmo formando em algum momento significativamente diferente.

No modo de entender da psicologia frankliana, todas as pessoas têm personalidade, liberdade, responsabilidade, capacidade de desvelar sentidos, por meio da autotranscendência, inerentes a cada ser humano vivente. Com isso, posso afirmar que o estudo da personalidade em psicologia é um dos mais ricos e dos mais polêmicos e que tem muito a oferecer para os processos de formação na Hipermodernidade. Basicamente, a personalidade, em psicologia, trata da compreensão holística da pessoa e das diferenças subjetivas. O que o estudo da personalidade oferece é uma compreensão do comportamento humano por via da maneira como cada pessoa funciona na interação dos diversos aspectos que compõem seu todo, seu jeito complexo de ser e existir.

Para a psicologia frankliana, aplicada aos processos de formação presbiteral e de vida religiosa consagrada, quando se fala da pessoa como um todo, está se baseando em um olhar fenomenológico com foco na análise que diz que o ser humano é noético, com capacidade para transcender e dotado de vontade de sentido. Com isso, as virtudes e limitações de cada um irão se manifestar de modo diferente, pois cada um está motivado e orientado por um espírito, dimensão própria do humano para Frankl, que envolve sua complexa totalidade. A psicologia da personalidade com o viés fenomenológico existencial nos permite compreender essas diferenças sem julgá-las, ou seja, assente em abranger, de maneira mais complexa, arranjando no processo formativo meios de autodistanciamento, capazes de permitir à pessoa do formando transcender as diferenças individuais (FRANKL, 2011).

Como em todos os ramos do saber psicológico, a visão de ser humano, a maneira como se compreender a personalidade humana e a ênfase dada a um ou a outro aspecto dessa personalidade dependem do arcabouço teórico utilizado em psicologia. No momento hipermoderno que retrato aqui, apresento brevemente os olhares sobre o ser humano da psicanálise, da psicologia comportamental e da psicologia fenomenológico-existencial-humanista, sabendo que cada uma dessas abordagens tem diversas subdivisões. Como considero que o foco deste livro não está nas abordagens psicológicas, não me deterei nas inúmeras subdivisões de cada uma das abordagens mencionadas. Ater-me-ei à perspectiva de compreensão da personalidade, contribuição que intento oferecer para o momento.

O que diferencia essas três grandes escolas da psicologia é a maneira como é visto, interpretado e estudado o ser humano. Os estudos de Freud sobre o ser humano foram fundamentais para que hoje sejam reconhecidos os estádios de desenvolvimento psicossexuais. Ao desenvolver seus estudos, ele organizou a Teoria do Inconsciente, que permite entender a origem dos traumas em cada pessoa. Para a realização de seus trabalhos, ele estudou as crianças, indicando que a origem dos traumas está no período da infância, precisamente na repressão sexual que a pessoa sofre no decurso desse tempo.

Para o entendimento da psicanálise freudiana, a pessoa tem, desde o princípio, a pulsão e as atividades sexuais. O sujeito as traz para o mundo, e delas provém, mediante uma evolução rica de etapas, a chamada sexualidade normal do adulto. Com isso, infere-se que o desenvolvimento afetivo-emocional ocorre à medida que a personalidade vai se moldando e a pessoa vai se percebendo como alguém diferente das demais.

Para Skinner, o ser humano é determinado pelo ambiente. Seu olhar se detém na mudança de comportamento por meio de reforço positivo ou negativo. Ditas *grosso modo* essas rápidas caraterísticas, foquei naquela que é a minha referência neste estudo: a psicologia fenomenológico-existencial--humanista frankliana. Para essa modalidade psicológica de compreender, a pessoa é um ser relacional, livre e também responsável em permanente devir e orientado para o sentido. A pessoa é envolvida em um processo de desvelar sentidos que está fora, no mundo e a realização ou felicidade vem como consequência da concretização do sentido desvelado. O fenômeno da personalidade humana é a maneira de olhar para o ser humano e um modo de concebê-lo como, essencialmente, compreensível por meio de características, como (PERVIN, 1978):

- é um todo, integrado em seu organismo;

- é coexistente;

- é um ser em busca de sentido para vida;

- é um ser intencional, capaz de transcender e atribuir sentido a si e ao mundo-vida;

- é um ser de liberdade e responsabilidade, no sentido existencial do termo, não necessariamente em sentido moral;

- é implicado e configurado pelo ambiente, entretanto não determinado;

- é um ser em constante vir-a-ser, é sempre gerúndio; e

- é um ser-para-a-morte.

Assim expresso, qualquer que seja a abordagem em psicologia, a personalidade é compreendida com base nos critérios de genética e hereditariedade – desenvolvimento que implica mudanças ocorrentes no tempo; as relações familiares e processos educacionais; as influências culturais; oportunidades oferecidas e recebidas pela pessoa em processo de educação; o modo como cada pessoa foi registrando subjetivamente os seus procedimentos existenciais. Isso quer dizer que, ao se estudar a personalidade humana ou a personalidade de uma pessoa, há de se levar em conta esses fatores, considerando que a personalidade é plástica e fluida e muda de acordo com a vivência das experiências no decurso do tempo. Para a compreensão frankliana, a pessoa é um ser em processo, ou seja, é um ser-sendo.

Devemos considerar no estudo da personalidade, com especial ênfase, as relações familiares. Em relação aos que se apresentam para realizar um processo de discernimento, os formadores devem conhecer suas famílias, pois as estruturas familiares interferem na configuração, no modo de as pessoas se perceberem e compreenderem o mundo, quer seja pela história familiar herdada, quer seja pela maneira como a família concebe o mundo e as relações entre as pessoas, o que influencia o estilo de cada membro da família conceber o mundo e as relações.

De igual modo, o formador precisa estar cônscio das conformações da cultura na qual nasceram e pela qual passaram e vivem os candidatos. Outro detalhe que deve ser visto para melhor compreensão dos processos subjetivos é a classe social na qual uma pessoa nasceu e se configurou, mas que não determina as oportunidades que essa pessoa terá para se desenvolver em busca da atualização de seu potencial de desvelar sentido para a vida (FRANKL, 1990).

Por personalidade entende-se (FILLOUX, 1966) a organização e a dinâmica no ser humano de princípios psicofísicos que determinam as suas conformações subjetivas ao próprio meio. Essa modalidade é única, assumida no decurso da história de uma pessoa, compondo um conjunto de sistemas responsáveis pelo seu comportamento. Com isso, infere-se o fato de que a compreensão de personalidade, no entendimento da psicologia fenomenológica-existencial de cunho frankliano, se define como uma estrutura única, própria daquela pessoa, embora esta possua traços em comum com as demais. Esse olhar existencial apreende o ser humano como pessoa existencial, noodinâmica e espiritual (FRANKL, 2014), de modo que a personalidade não é somente uma soma, um total de funções; mas, sobretudo, organização, uma integração do ser e existir da pessoa no mundo-vida.

A personalidade tomada pelo viés da Análise Existencial é caracterizada e qualificada como essência da existência, é temporal, sempre pertence a uma pessoa que vive historicamente. O ser humano tem um estilo de vida, um jeito de ser, que é,

> especificamente, próprio ao ser homem, o ente cujo modo de ser consiste no fato de que o que está em questão no homem não é um ser fático, mas um ser facultativo, não um precisar--ser-dessa-vez-de-tal-modo-e-não-de-outro, que é o modo como o homem neurótico compreende mal o seu ser-de-tal--modo, mas muito mais um sempre-poder-vir-a-ser-de-ou-tro-modo (FRANKL, 2014, p. 59).

Personalidade é esse senso de identidade e o impacto que ele provoca nas outras pessoas, pois "ex-sistir significa sair de si e se apresentar ante si mesmo, uma dinâmica na qual o homem sai do plano corpóreo-psíquico e chega a si mesmo atravessando o espaço do espiritual" (FRANKL, 2014, p. 59). Nesse entendimento, existência é um acontecimento no espírito, é a pessoa diante de si, na medida em que se exprime como pessoa espiritual, noética, como organismo psicofísico. A personalidade é constituída por arquétipos persistentes de perceber, relacionar-se, pensar sobre o ambiente e acerca de si mesmo. É um sistema que pode ser percebido e estudado, principalmente, pelo comportamento que se caracteriza por ser um complexo relacionamento entre estrutura e processo.

A estrutura da personalidade é o que se repete. São os padrões reincidentes, "são componentes da organização da personalidade relativamente estáveis, usados para explicar as semelhanças reincidentes e consistências do comportamento ao longo do tempo e através das situações" (PERVIN, 1978,

p. 555). É o arcabouço que possibilita certa previsibilidade na vida de cada pessoa e que também facilita o autoconhecimento.

Do ponto de vista da psicologia fenomenológico-existencial-frankliana, somos estrutura-em-processo, sempre novos e potencialmente modificáveis, um-permanente-ser-sendo. "Somente quando o homem se confronta consigo mesmo, o espiritual e o psíquico-corporal se estruturam" (FRANKL, 2014, p. 61). É importante salientar que o surpreender-se consigo mesmo não diz respeito somente às boas surpresas, mas também ao que concerne a qualidades descobertas em si, pela própria pessoa, que podem ser consideradas desagradáveis ou mesmo desonrosas.

Quando o ser humano nasce, provavelmente, ele é só processo, sua estrutura é apenas potencial; aos poucos, constitui uma estrutura, a qual muda pouco no curso de toda a vida, uma mudança que se dá de acordo com uma série de variáveis, especialmente a idade. "A unidade antropológica do homem, contudo, apesar da multiplicidade ontológica do corpóreo, do psíquico e do espiritual, só pode ser compreendida no sentido de uma ontologia dimensional" (FRANKL, 2014, p. 61). Ainda que mude, ainda que também a estrutura tome parcialmente novas feições durante a vida, há algo de permanente nela, há algo dessa primeira estrutura que acompanha para sempre a pessoa e que configura seu jeito de ser, suas idiossincrasias, o noético ou espiritual. É esse aspecto de permanência da estrutura que permite falar de uma tipologia de personalidade. Para Frankl (2014), a dimensão propriamente humana é o elemento espiritual na pessoa que abarca, fenomenologicamente, sua personalidade ou, antropologicamente, sua existencialidade.

No que concerne ao semelhante que há em todas as pessoas, uma só necessidade psicológica é universal: todos precisamos de amor. O ser humano compartilha com outros o seu tipo psicológico ou de personalidade, com distintas necessidades, variadas dores, diversificadas habilidades. Isso porque cada ser humano tem em si algo único com histórias e peculiaridades exclusivas. Conforme Frankl (2011a, p. 136), o "amor é a única maneira de captar outro ser humano no íntimo da sua personalidade". Um formador terá possibilidade de exercer de maneira ainda melhor sua função se estiver bastante atento à dimensão do amor: deve conhecer seu formando no que ele tem de único e no que comunga com outros, no que diz respeito à personalidade, pois, agindo assim, o formador poderá ter mais sucesso na facilitação da promoção pessoal do formando.

Quando o formador percebe, com clareza, que há maneiras diferentes de reagir a estímulos semelhantes, é muito menos provável que ele julgue o outro, é muito mais possível que ele possa aceitar o outro e passar a conviver com a diferença, não como desigualdade. É preciso que o formador valorize em seu formando a pessoa singular que ele é, de modo que possa alcançar a descrição e o entendimento de cada qual em sua singularidade.

Depois de realizar essa constituição do alcance de personalidade no âmbito da Análise Existencial e da Logoterapia frankliana, portanto, qualquer que seja o tipo de personalidade do formador ou do formando, o que mais interessa no intercâmbio formativo é que o formador possa aceitar e ter clareza de sua identidade e personalidade, e possa utilizá-las para facilitar a sua tarefa de agente de estimulação ao crescimento dos seus formandos, por meio de técnicas logoeducativas. Em outras palavras, o formador jamais pode se esquecer de que, assim como o formando, ele tem um estilo peculiar, um tipo de personalidade, um modo de ser e estar no mundo.

No exercício de sua função, o educador que aplica ao processo uma pedagogia logoformativa deve considerar que a totalidade do ser humano pertence muito mais essencialmente ao "[...] elemento noético, o elemento espiritual, na medida em que o homem se mostra como um ser, em verdade, não apenas, mas em essência espiritual" (FRANKL, 2014, p. 63). Infiro, então, que o formador apreende seletivamente, baseado em quem ele é; assim também apreendem os formandos, por mais que o elemento espiritual na pessoa possa abarcar fenomenologicamente sua personalidade ou, antropologicamente, sua existência.

3
O espaço-tempo na percepção de formandos e formadores

A territorialidade e a temporalidade são percebidas de maneira subjetiva na Hipermodernidade, de modo que são perpassadas, então, pela fluidez, fragilidade, transitoriedade e flexibilidade dos vínculos entre formandos e formadores. O ser humano hipermoderno, em face das adversidades e ameaças de desintegração do eu e de vazio interior, vive, em uma "cultura do sobrevivencialismo", conforme postula Lasch (1983). O desaparecimento das redes pessoais de amparo, representadas pela família, vizinhança e agrupamentos religiosos, é uma das razões para a regressão narcísica nesta época, embora seja alternativa até certo ponto inevitável.

Em meio a essa ambivalência produtora de sentidos, que aparecem e desaparecem com velocidade e flutuação impressionantes, a presença da criatividade e, ao mesmo tempo, da regulação normativa como ideias que compõem o conceito de cultura, de religiosidade, de relacionamentos interpessoais e de experiências espirituais, é uma marca da juventude recebida nas casas de formação e seminários (BAUMAN, 2012). A cultura de um agrupamento social funciona em meio à manutenção de interesses circunstanciais e à inovação de práticas, representações e instrumentos que denotam aparentes significados para os sujeitos implicados.

A funcionalidade da cultura educacional, no tempo de formação, está não apenas na sua capacidade de autotranscendência de valores internalizados e de referenciais sólidos, como também na agregação de novas sensações e experimentações mutáveis e substituíveis que possibilitem a ocupação de espaços psíquicos na estrutura de personalidade do formando. Contudo, os influxos das relações líquidas, para a constituição das subjetividades no contexto hipermoderno, são marcados pelo consumo dos objetos, das marcas, da elegância, da juventude eterna, do poder, gerando a renovação dos hábitos, afetando a virilidade, a feminilidade, a idade, a segurança, a naturalidade.

Como são muitas as imagens que afetam escolhas e gostos, os quais não cessam de se individualizar, damos ênfase ao egocentrismo como forte característica da juventude atual e motivo preponderante da fragilização dos vínculos (BAUMAN, 2004). A situação da subjetividade do ser humano hipermoderno e as influências culturais no contexto em que os seminários e casas de formação estão inseridos imprimem marcas na interioridade vazia, onde se instalam desamparo, solidão, isolamento, fastio e embotamento, o que favorece ao sujeito contemporâneo o desinvestimento do mundo e da sociabilidade.

Junto a isso, emerge a supervalorização das aparências, ficando evidente a ruptura da ordem do tempo legítimo ante a manutenção de uma aparência juvenil, atrelada à não aceitação do permanente envelhecimento. Em outras palavras, os sujeitos hipermodernos buscam agregar às suas vidas tudo o que lhes confere a conotação de jovialidade. Desse modo, não se compram apenas objetos eletrônicos, mas também meios e fórmulas que vendem a juventude e a beleza física eterna. Nesse cenário, "aparentar menos idade agora importa muito mais do que exibir uma posição social" (LIPOVETSKY, 2009, p. 140).

A supervalorização da aparência juvenil está intensamente vinculada ao culto ao corpo, daí a intensa procura da juventude pelas academias, cirurgias plásticas, clínicas de estética, demandando do sujeito, na cultura hipermoderna, um olhar contínuo sobre si, não no sentido de se conhecer, mas de parecer adequado às expectativas do outro. Em sua estrutura subjetiva, os homens e as mulheres e, como não é diferente, os formandos e formadores, nunca têm tudo o que querem, parecendo estar fora do seu alcance o que supriria seus anseios de realização. O sujeito é mantido por uma ilusão de lucidez com fortes traços de alienação na origem de suas elaborações subjetivas.

Ao que parece, os seres humanos não têm mais identidade própria. Ao contrário, são obrigados a se tornarem o que não são por força do que consideram um preceito da vida em hipertransformações. As características identitárias encontram-se, então, voláteis e instáveis, de acordo com as flutuações e seduções do mercado, do tempo e do espaço frequentado. Prevalece a ilusão de ser livre para adquirir e mudar as características da própria identidade, ao corroborar os serviços e bens de consumo desfrutados, os quais atrelam aos consumidores determinadas características e modismos, como os cortes de cabelo, o formato da barba, a linguagem e os estilos musicais (BAUMAN, 2001).

É nesse sentido que a sociedade de consumo, ao privilegiar o uso descartável, possibilita espaço para a criação, por vezes, até desnecessária, de novas demandas. Isso porque o que calcula o êxito do consumista não é o volume, mas a rotatividade (BAUMAN, 2004). Por isso, tal sociedade, ao basear-se na infelicidade, no engano e na promoção de reiteradas frustrações dos indivíduos (BAUMAN, 2008c), esvazia a dimensão integradora da personalidade. É um tipo específico de narcisismo, motivado por intenso sofrimento e caracterizado pelo desinvestimento maciço nos relacionamentos, nos projetos de vida, nas utopias, nos referenciais sólidos e duradouros, como a religião, a família e a ética com seus valores, o que chama a atenção e deve ser uma preocupação dos que estão à frente dos processos de formação para a vida consagrada.

De outra parte, com a infantilização dos jovens, promovida por uma cultura que lhes priva de valores humanos, de referenciais de autoridade e amparo subjetivo proporcionados pela figura do outro, o ego regride e "[...] perde-se a mediação e, portanto, a perspectiva de diferenciação, de modo que o indivíduo passa a responder de forma imediata a estímulos exteriores" (PEDROSSIAN, 2008, p. 60). Assim, esse jovem é forçado a buscar o prazer não simplesmente como uma modalidade de satisfação, mas como a maneira de se defender do estado de privação em que é socialmente mantido.

Saliento que o formando "somente interioriza a ideologia se esta vai ao encontro de suas necessidades psíquicas" (PEDROSSIAN, 2008, p. 64). Vimos aqui algumas dessas necessidades que, pelo modo de organização da sociedade atual, são maximizadas em nossa época: defender-se da experiência de desamparo objetivo e subjetivo ao qual a sociedade e a família (quem faz as vezes do pai e da mãe) fazem o sujeito em processo de desenvolvimento e maturação sentir-se rejeitado e abandonado. Tal sensação que acompanha boa parte da juventude promove no jovem o desejo de autoconservação, esfriamento, solidão, em uma sociedade que dificulta a experiência da troca afetiva gratuita e gratificante.

Com o intuito de ampliar seu poder pessoal por adesão, com pouca ou quase nenhuma reflexão, a totalidade tida como "forte", na tentativa de sanar a sensação de desamparo do indivíduo solitário, tende a buscar modos de satisfação pelo hiperconsumo, inclusive de espiritualidades, pela aparência física e pela busca desenfreada de realização de desejos sexuais. Essas necessidades estão envolvidas no acionamento subjetivo de mecanismos narcísicos, o que implica regressão e sofrimento – não importa quanto este último possa ser negado – não auxiliando na busca de possibilidades de enfrentamento e superação de imperativos sociais. Esse sofrimento narcísico, por seu turno, representa uma diminuição (ou em casos extremos, como no narcisismo de morte, uma extinção) do investimento libidinal em seu próprio eu e nos objetos.

Conforme essa interpretação, as mudanças intensas, e por vezes bruscas, que caracterizam a Hipermodernidade, acuam a juventude em vários sentidos, e o medo, assim como a sensação de impotência, parecem imperar em nossa época (BAUMAN, 1998, 2008c). Nessa realidade, a resposta mais comum desses formandos e formandas parece ter sido a adesão à mesma totalidade que os oprime, no intuito de se defenderem ou mesmo de procurarem um poder ilusório em um formato de "integração coletiva": a que lhes é outorgada. Assim, a satisfação das necessidades, dos desejos ou das vontades do sujeito hiperconsumidor deve ser promovida de maneira meticulosamente calculada para gerar novas e mais intensas necessidades e pretensões. Portanto, o que caracteriza psicologicamente a sociedade é o vazio existencial, infelicidade pessoal, ausência de sentido e mal-estar social.

O retorno a si, característica do modo de funcionamento narcísico, por seu turno, resulta em embotamento afetivo e, consequentemente, em solidão. Assim, "o sentido de humanidade se perde, pois somente nos tornamos indivíduos na proximidade com as outras pessoas, ou melhor, o sujeito busca o outro na diferenciação" (PEDROSSIAN, 2008, p. 5). Frankl, em sua antropologia, corrobora esse entendimento, quando insiste na ideia de que o sentido está e se encontra fora, no mundo ou no amor a algo ou alguém.

Não sendo diferente, nos lembra Freud (1930/1981), nossa felicidade e até mesmo a saúde dependem diretamente da capacidade de amar. Em uma cultura que desencoraja e mesmo impede esse tipo de vínculo ou sentimento, haverá jovens cada vez mais frágeis e solitários. Se o amor ao outro depende do amor a si mesmo e vice-versa, a pessoa que é incapaz de amar outrem, também, se torna impossibilitada de devotar amor a si mesma.

O homem é um animal cultural (AGUIRRE, 2002), o único ser que vivencia e é perpassado pela história social, elabora a sua própria história, biograficamente, como ator e autor do vivido, tem pensamento transcendente, constrói representações simbólicas e, ao viver em comunidade, compartilha significados.

4
Para que o processo formativo?

Creio que exista uma relação inevitável entre a compreensão de ser humano, o entendimento de educação e a proposta pedagógica que o formador implementa em sua função de formador de jovens para a vida presbiteral e religiosa.

Todo o processo teórico e prático na formação deve considerar os seguintes questionamentos na Hipermodernidade: *Para quem? Para quê? Como fazê-lo?* Esses questionamentos devem estar nas atitudes de um formador ou uma formadora ao ingressar nessa função.

Quando o formador, na Hipermodernidade, considera essas indagações, é esperado que possa promover uma educação com sentido e para o sentido. O primeiro ponto se detém na pergunta: *Para quem sou formador?* Necessariamente, fica expresso o problema antropológico da educação. O formador precisa conhecer, ter um efetivo e afetivo contato e convivência com seus formandos, porque se educa alguém concreto, com características concretas e com uma realidade cultural muito própria.

Eis o segundo aspecto a ser respondido: *Para que realizar um processo de formação?* Este convoca de imediato a perspectiva dos valores, a dimensão noética ou espiritual, a estimulação a um processo de permanente transcendência da existência. Também não se podem esquecer as orientações oferecidas pelo magistério eclesiástico como: a *Ratio Fundamentalis*, as *Diretrizes para a formação na Igreja do Brasil*; as orientações da Igreja particular, sejam elas: dioceses, comunidades de vida consagrada, instituto de vida religiosa ou de leigos consagrados e congregações. Aqui, são postos em reflexão o valor da educação no processo de formação e as contribuições que este exprime para a maturação das pessoas em decurso de discernimento vocacional.

O terceiro aspecto configura a perquirição: *Como realizar esse processo de formação em tempos hipermodernos?* Esse aspecto da estrutura formativa conduz a se pensar as estratégias que precisam ser desenvolvidas na metodologia e pedagogia formativa. Nesse âmbito, miramos aquilo que na quarta parte deste livro é desenvolvido: a pedagogia, as atitudes e as qualidades do formador para o êxito do processo formativo. São os estilos mediante os quais os educadores vão ajudar o formando a ir paulatinamente desvelando sentido para o seu projeto existencial e a vida (MIGUEZ, 2014).

Interpretar esses aspectos por meio da antropologia de Frankl é o *modus operandi* de educar a "pessoa espiritual", considerando a ontologia dimensional, partindo do fundamento antropológico que leva em conta o formador em sua função, alguém que deve pensar a educação *partindo da pessoa como ser espiritual, apresentada para a pessoa concreta com seu histórico familiar, social e cultural* e tendo em vista o modo *como é o ser humano* pensado por Frankl: *pessoa espiritual.*

Com isso, intento a ideia de que educar os jovens para a vida presbiteral e religiosa na Hipermodernidade na perspectiva da antropologia de Frankl pressupõe: uma educação que promova pessoas autônomas, criativas, críticas, responsáveis, comprometidas, decididas por um ideal de humanidade mais plena e justa. Confiando que, para isso se tornar possível, exercem intensiva influência os bispos, os superiores maiores, os formadores e as formadoras, que, por sua vez, precisam ter firme convicção dos valores da existência e estar comprometidos com a pessoa humana.

Prossigo nessa ótica existencial sobre o processo formativo, enfatizando que Frankl (2005a, 2005b) convoca a nossa atenção quando deduz, em sua constituição da Logoterapia e Análise Existencial, que somos lançados no mundo que está diante de nós e permaneceremos depois, sem escolha pessoal, sem conhecimento prévio. Logo, o existencialismo põe o ser humano perante um desafio: assumir ou não a própria vida, com tudo o que há de peculiaridades na estrutura de personalidade e no desabrochar da subjetividade. Uma das exigências específicas ao formador, no exercício de sua função, é criar instrumentos metodológicos e pedagógicos que ponham o formando diante de si mesmo, do seu mundo subjetivo. Para tanto, fazem-se necessários a autonomia, a liberdade, a responsabilidade da pessoa do formando com a própria vida, bem como o projeto que se propõe impetrar. Essa modalidade de existência consiste na distinção entre uma condição autêntica ou inautêntica, do modo de vida e de existência da pessoa em processo, e isso precisa ser observado, avaliado pelo formador ou responsável direto pela formação.

No contexto sociocultural da Hipermodernidade, falar de uma condição autêntica em processos formativos solicita do formador um olhar sobre os discursos midiáticos e de redes sociais que orientam as maneiras de viver, particularmente, as das juventudes. Precisam os formadores estar atentos aos referenciais culturais múltiplos, às relações líquidas, aos sujeitos hiperconsumistas, à vida apressada e aos laços frouxos que induzem os jovens a saírem de cena rapidamente, quando uma nova moda é anunciada pelo mercado. Nessa circunstância, a composição das subjetividades na cultura hipermoderna é objeto de impactos do mundo líquido, aos moldes da indústria do consumo. Consoante essa configuração, a lógica da superficialidade se legitima como um modo do *ser* incorporado pelas pessoas.

Com efeito, o momento histórico é caracterizado pela invalidação dos grandes discursos ou "metarrelatos" (LYOTARD, 2004), pela queda das figuras e instituições que detinham autoridade, como família, escola, religiões (TENZER, 1991), sendo substituídas por uma mudança radical da mentalidade e dos valores que orientam a maneira de lidar com o tempo e o espaço (LYOTARD, 2004; LIPOVETSKY, 2004a, 2004b, 2007). A tal cenário agrega-se um clima de insegurança generalizada, proveniente do aumento do desemprego e dos índices de violência urbana (BAUMAN, 1998, 2001, 2007), sob a influência do hipercapitalismo (LUTTWAK, 2001), do hiperconsumismo e da chamada Hipermodernidade (LIPOVETSKY, 2004b, 2007); e, enfim, por mudanças que perpassam a vida, os processos educacionais e as relações das pessoas em sociedade, inclusive a relação com a dimensão religiosa-espiritual, como ser que está no mundo.

Ao falar desse ser humano em processo de formação para a vida presbiteral e religiosa consagrada, que é diretamente influenciado pela cultura, por meio de sua atividade, do seu modo de ser no meio em que vive, é perceptível a noção de que cada formando, com sua história de vida e forma de organização social, influencia e é influenciado pelos modelos de subjetividades preponderantes do modo de existir atual. Com efeito, entendo que as subjetividades hipermodernas são afetadas pelas transformações econômicas, sociais, políticas e culturais de nossa época – que ocorrem em um ritmo frenético e sem precedentes (GIDDENS, 1991, 2002) – que podem repercutir no âmbito educacional, requerendo do formador em sua função qualidades e atitudes que na visão interpretativa se apreende de Frankl brilhantes indicações.

Retomo de maneira mais aplicada algumas características da sociedade do "hiper", referidas em capítulos anteriores, enfatizando aquelas fortemente relacionadas ao despontar do processo formativo em casas de formação e seminários. Reporto-me, diretamente, à nossa função de formadores. Os educadores exercem intensivas influências nas estruturas formativas e se tornam inspiração no discernimento realizado pelos jovens sob a orientação da Igreja.

Ante o exposto, são perceptíveis nos últimos tempos a significativa presença e o uso excessivo de aparelhos como *iPhones, tablets, notebooks* etc., influenciando intensamente nas interações sociocomunitárias e nas relações humanas. Com isso, não é minha intenção dizer que as tecnologias e os eletrônicos sejam um problema, contudo, torna-se problemático o emprego desses aparelhos e, mais do que isso, um desafio para o formador educar seus formandos para sua aplicação adequada, sem que se percam no tempo de formação e no espaço da casa formativa.

O contato via rede social tomou o lugar e o tempo de boa parte das pessoas, formandos e formadores, inclusive da própria dimensão espiritual. Marca característica deste tempo de hiperconexão é a ausência de comprometimento e de responsabilidade. A ideia das relações líquidas e virtuais é característica das relações humanas atuais dentro das casas de formação e dos seminários. As relações se misturam e se condensam com laços momentâneos, frágeis e volúveis, em um mundo cada vez mais dinâmico, fluido e veloz – seja real ou virtual.

Percebo tudo isso como desafio para o formador em tempos líquidos, quando nada é feito para durar, nada mais tem solidez, os relacionamentos afetivos e de amizade escorrem das nossas mãos por entre os dedos como água. Observo com frequência crescente o individualismo, o egoísmo e o isolamento do convívio social e intersubjetivo – isso no que se refere ao presencial e contatos concretos. Há um descomprometimento em relação à alteridade, o que convoca o formador em sua função a ser um estimulador de valores que conduzam os formandos para a dimensão da alteridade, a fim de identificar sentido fora de si, no mundo, como ensina Frankl (2005a), para transcender o mundo da virtualidade, da "objetalização", da utilidade, e aderir à antropologia da alteridade, da pessoalidade e do contato com as pessoas em seu mundo real.

Outra caraterística da Hipermodernidade que desafia o formador, como ensina Bauman (2001), é a dificuldade de comunicação afetiva, já que todos querem se relacionar com o máximo possível de pessoas pelas redes sociais, mas têm dificuldades de estabelecer contatos, amizades e relacionamentos interpessoais e comunitários mais substanciais. Com base nessa ideação, tenho observado sujeitos medrosos, infantis, inseguros. As relações terminam tão rápido quanto começam. As pessoas pensam acabar com um problema cortando vínculos com as outras, mas o que fazem mesmo é criar problemas em cima de problemas. Isso se fez desafiador para os sujeitos que se preparam para a vida consagrada e religiosa, que tem por finalidade a vida comunitária, a fraternidade, a solidariedade e o compartilhar de ambientes e bens de utilização em comum.

Tem-se ainda um mundo marcado por incertezas, pelo isolamento, onde vive cada um por si. O sinete dos tempos hipermodernos é a instabilidade nos relacionamentos, pois as relações humanas estão cada vez mais flexíveis; pessoas acostumadas com o mundo virtual e com a facilidade de desconectar-se. Explicando melhor, elas não conseguem manter um relacionamento de longo prazo. É tempo de amor líquido, de amizade aquosa, de relações liquefeitas, de espiritualidade dissolvida e de projeto de vida fluido, pelo qual não se sente responsável. E, ainda, as pessoas são tratadas como bens de consumo, ou seja, caso haja defeito se descarta – ou até mesmo se troca por versões mais atualizadas. É uma sociedade de total descartabilidade; até as afinidades, os projetos de vida, estão se tornando raros.

Nessa perspectiva, importa destacar o que Bauman (2001) fala sobre o amor-próprio: o autor acentua que as pessoas precisam sentir que são amadas, ouvidas e amparadas. Ou necessitam saber que fazem falta, entenderem-se como dignas de amor, porém, com tantas incertezas, o que ocorre são relações sem forma – líquidas – nas quais o amor é negado: *como as pessoas podem perceber esse amor-próprio?* Em tempos de hiperliquidez, os amores e as relações humanas são todos instáveis; assim as pessoas não têm certeza do que esperar nem de si e nem do outro.

Como bem enfatiza Frankl, a vida precisa de um *para que viver* ou *para quem viver.* Nesse caminho, há dois valores essenciais absolutamente indispensáveis: um é a *segurança* e o outro a *liberdade.* Nesse âmbito, torna-se difícil ser feliz e ter uma vida digna na ausência de um deles. Segurança sem liberdade é escravidão. Liberdade sem segurança é um completo caos. O ser humano precisa dos dois. *Os nossos seminários e casas de formação estão estimulando isso?* Cada vez que você tem mais segurança, entrega um pouco da sua liberdade. Cada vez que tem mais liberdade, você entrega parte da segurança. "Então, você ganha algo e perde algo; é a dinâmica do existir" – acentua Bauman (2004).

Como visto, essa percepção de mundo enfatizada por Bauman é realista e não propõe a "volta ao passado". Suas obras empregam alguns termos como "liquefação" ou "fluidez" que, metaforicamente, procuram caracterizar o acelerado processo de transição entre a Modernidade e a Hipermodernidade, que, para o autor, caracterizam a fase atual.

Todos interpretamos o momento hipermoderno como um destronar o passado, aniquilamento e até profanação da segurança nas crenças. A ausência de lealdade às tradições, aos direitos costumeiros e às obrigações fragilizou a complexa rede de relações sociais, que ficaram impotentes em face dos critérios de racionalidade mercadológica. Esse elemento possibilitou a invasão e a dominação da racionalidade instrumental, virtual, vinculada à lucratividade capitalista, pérola da economia. Nesse contexto, sem os ditames embaraçosos da política, da ética, da religião e da cultura, vive-se uma aparente autonomia, mas os modelos sólidos e de referência foram quebrados e trocados por outros.

Quais são os modelos em vigência na Hipermodernidade?

• os laços fluidos e hiper que entrelaçam as escolhas subjetivas;

• projetos e ações coletivas só são possíveis se houver escolhas subjetivas;

• as práticas com rotinas e padrões de comportamento entraram em obsolescência;

• as pessoas não conseguem estabelecer critérios para conduzir o projeto de vida pessoal;

• os laços sociais e comunitários entre os seres humanos se fragilizaram;

• não há mais tempo para a convivência e as interações pessoais, somente virtuais;

• há uma desmotivação para o investimento de tempo nas relações, que se tornaram afeições temporárias; e

• a sociedade tornou-se "rede" sem "estrutura", e é vista como "matriz de conexões e desconexões aleatórias".

Esse estilo de vida hipermoderno afeta diretamente os jovens em formação para o presbiterado ou vida religiosa consagrada e impacta as relações na vida comunitária, nas estruturas de maturação humana, fragilizando a dimensão espiritual. Explicando melhor, há um colapso do pensamento, do planejamento e da ação em longo prazo, pois a sociedade, enfraquecida em sua estrutura social, não consegue prever com antecedência. O que existe, fundamentalmente, é uma desconexão da história política e ético-moral, da vida pessoal, cujos projetos orientam-se por episódios de curto prazo e raramente combinam com os tipos de sequências em que os conceitos de desenvolvimento, maturação, deveriam impreterivelmente ser aplicados.

Tal fato decorre de que, partindo da chave hermenêutico-fenomeno-lógica, a insegurança existencial é responsável pela desregulamentação e enfraquecimento das relações humanas, erroneamente focadas na busca da liberdade (BAUMAN, 2007). Na observância da sociedade, detectamos o elemento da violência urbana como expressão real do medo que atinge a maioria, impossibilitada de ter acesso a essa liberdade, especialmente os que vivem nas metrópoles. Tais riscos aumentam a incerteza, o individualismo e a vida presa às redes sociais. Assim, alerto para o fato de que a insegurança do presente e a incerteza do futuro produzem e alimentam o medo mais ar-repiante e insuportável, introjetando nos formandos o sentimento de impo-tência em relação a si mesmos, ao meio em que se situam e até em relação ao projeto de vida que almejam.

O momento sociocultural hipermoderno substituiu a vida comunitária, as corporações, e estreitou o dever pessoal do interesse, do esforço particular e da autoajuda, vivendo sobre a areia movediça da contingência, tornan-do-se desafiador para o logoeducador. O campo de ação do logoformador é o mundo da hiperconexão virtual e desconexão humano-relacional; uma sociedade de estranhos que se cruzam por não estabelecerem mais vínculos; não querem contato por medo, insegurança, desconfiança um do outro. O subjetivismo enfraqueceu os vínculos humanos, acabando com a solidarie-dade, com a vida em comunidade, com o convívio em grupo. Esse é o reflexo da Hipermodernidade.

O estudo interpretativo sugere que, na eterna busca por satisfação do ego, o hiperconsumo ajuda momentaneamente a satisfazê-lo, mas faz com que os formandos saiam constantemente para procurar algo, consumindo muita atenção e energia, tornando-se um vício pelo consumo. As miragens buscadas nos dias atuais são enganadoras, ilusórias, fraudulentas, como pro-põe Frankl (2005b) em sua visão sobre o ser humano.

A sociedade embasada na moda é a sociedade neofílica, atraída pelo novo, em constante inovação e que tem como pressuposto essa incessan-te novidade. A moda é aquilo que seduz para o consumo e que faz do consumo uma parte fundamental da constituição da identidade do sujeito hipermoderno. Se as sociedades tradicionais eram assentadas na repetição de um modelo do passado, de um modelo mais ou menos pedestalizado; a sociedade regida pelo sistema hipermoderno é regida pela transformação rápida e desesperada – a regra passa a ser, em vez da repetição de um modelo mais ou menos projetado, a da transformação. A regra é a inovação. O modelo que se repete é não ter um modelo para se repetir.

Parte II
Os processos subjetivos hipermodernos

Uma vida sem busca não é digna de ser vivida.
Sócrates

Somente a existência que transcende a si mesma, somente a vida humana que ultrapassa seus limites na direção do mundo é capaz de se realizar. Do contrário, ao visar diretamente à autorrealização, fracassa.
V. Frankl

5
Reflexões sobre as subjetividades na Hipermodernidade

Há milhares de anos, desde que o ser humano se percebeu como um ser pensante, inserido em um complexo que chamou de natureza, ele vem buscando respostas para suas dúvidas e fatos que comprovem e expliquem a origem, as causas e as transformações do mundo. O comportamento, a subjetividade e a personalidade, no entanto, são assuntos que sempre fascinaram estudiosos e pesquisadores dos mais variados campos de estudo e estão registrados historicamente no curso dos anos. Isso fez da psicologia uma das mais antigas e ao mesmo tempo uma das mais novas disciplinas acadêmicas que se empenham em desvendar esses mistérios do existir.

Durante muito tempo, os seres humanos procuraram explicações para as questões naturais e humanas por meio de personagens mitológicos. Para os gregos, os mitos eram narrativas sagradas sobre a origem de tudo e acreditavam ser verdadeiros. Os poetas-videntes, que narravam os mitos, tinham uma autoridade mística sobre os demais, pois eram como "escolhidos dos deuses" que lhes mostravam os acontecimentos passados por via de revelações e sonhos, para que esses fossem transmitidos aos ouvintes. Com o passar do tempo, a mitologia parecia não satisfazer mais, ante a quantidade cada vez maior de questões. No início do século VI antes de Cristo, "nasce a filosofia" (amor pela sabedoria) orientando para um novo modo de pensar. Com ela vários filósofos se destacaram, cada um com a maneira particular de pensar e de buscar a sabedoria como puro desejo de conhecer e contemplar a verdade (REALE & ANTISERI, 1990a).

Muito antes de existir a psicologia, a filosofia já se atarefava de investigar, por intermédio de metodologias diferentes, as questões relacionadas a comportamento, subjetividade e personalidade. Sendo a filosofia uma fonte de reflexões abstratas, desprovidas do elemento empírico, porém de profunda importância para a formação dos saberes, cabe estudar como esta influenciou o aparecimento da psicologia como disciplina acadêmica empenhada no conhecimento das subjetividades na Hipermodernidade.

Dentre as muitas modalidades de mostrar as influências históricas da filosofia sobre a psicologia, vamos nos focar no percurso histórico, passando por alguns momentos que consideramos importantes para o projeto que estamos nos propondo neste livro: uma fundamentação filosófica sobre a percepção psicológica da subjetividade.

Na Idade Cosmológica e na Antiguidade clássica, o ser humano era pensado com suporte no cosmos, vale ressaltar, uma alma cósmica universal, em que o espírito busca aquele princípio de vida e de movimento que confere às coisas humanas a necessidade de uma *physis*, dando lugar à "antropologia do homem interior", que remonta a Sócrates ("conhece-te a ti mesmo") e é rememorado por Platão (DOMINGUES, 1999).

A idade teológica pensa o problema da pessoa humana com base nos desígnios da providência divina e no seio dos "mistérios" da doutrina da criação, originando uma concepção de ser humano que procede do pensamento de Santo Agostinho (354-430).

Após esse longo período teológico, com o advento da mecânica, a Modernidade tomou o espaço, o ser humano adquiriu autonomia e passou a ser interrogado a partir de si mesmo e das condições da subjetividade, em busca dos "dispositivos mecânicos" (DOMINGUES, 1999). Ele se impregna no mais profundo do seu ser, regulando as relações de si consigo mesmo, o outro e o mundo, nascendo aí o antropocentrismo ou a antropologia do "homem máquina" decorrente de Descartes.

No século XVIII, a Independência dos Estados Unidos e a Revolução Francesa iniciaram um amplo processo que abria caminho à moderna democracia e instaurava a liberdade de pensamento, de expressão, de associação e punha fim às monarquias absolutistas.

No século XIX, o processo neocolonial abalou profundamente a Ásia, destruindo antigas culturas e organizações sociais. No início do século XX, muitos viveram a experiência de uma grande guerra e o fim de tradicionais impérios (russo, otomano, austro-húngaro) que, por sua vez, trouxeram profundas mudanças para um enorme contingente humano que vivia sob esses impérios.

Pouco depois, milhares de pessoas viveram a experiência dramática de outra grande guerra e do Holocausto em que tantas vidas foram sacrificadas. Cada homem e cada mulher que viveram e sobreviveram a essas experiências tiveram de reinventar-se para poderem viver no novo mundo que surgia. Partindo desse contexto histórico é que expresso as contribuições antropológicas e filosóficas com aspectos que são alicerces e inspiração para as nossas reflexões neste estudo.

Entendendo as subjetividades: entre a filosofia e a psicologia

Começamos pelo resgate da Antiguidade clássica, com os filósofos pré-socráticos e suas especulações sobre a natureza da realidade sensível, acerca das origens e atributos do mundo físico, marcada pelo surgimento de ideias como o atomismo que influenciou escolas modernas de psicologia. O alvo dessa fase é a natureza da realidade física externa do mundo.

Ao que me parece, a preocupação com o conhecimento sobre o ser humano se iniciou com os pré-socráticos, porém com maior ênfase em Sócrates, que fez da filosofia um exercício de questionamentos sobre os saberes. Platão o seguiu ao discutir a essência da alma, o mundo das ideias. E Aristóteles, que escreveu um tratado especulativo sobre temas como a personalidade e a percepção, intitulado *Sobre as almas*. Nessa fase, a filosofia deslocou suas perguntas para a natureza da alma, isto é, para a totalidade psíquica ou consciência humana; pressupondo-a imortal (REALE & ANTISERI, 1990a).

Por intermédio da filosofia grega, instituída no Ocidente, foi possível conhecer as bases e os princípios fundamentais de conceitos que se conhecem como razão, racionalidade, ética, política, técnica, arte, física, pedagogia, psicologia, cronologia etc. Segundo Reale e Antiseri, esses conceitos têm raízes na contribuição de filósofos como Pitágoras (séc. V a.C.). Para ele, a completa sabedoria pertencia somente aos deuses, mas era possível apreciá-la, amá-la e, com isso, obtê-la. Dizia que a natureza é formada por um sistema de relações ou de proporções matemáticas, de tal modo que essas combinações aparecem aos nossos órgãos dos sentidos sob a forma de qualidades dualísticas.

Nas descrições de Ghiraldelli (2003), Parmênides (*c.* 544-450 a.C.) considerava que, para chegarmos à verdade, não podemos confiar nos dados empíricos, pois temos de recorrer à razão. Nada pode mudar, só existe o ser imutável, eterno e único, em oposição ao não ser. Há que se ignorar os sentidos e examinar as coisas com a força do pensamento. O que está fora do ser não é o ser, é nada, o ser é um.

Seguido a esse entendimento, vem Heráclito (*c.* 540-470 a.C.), cujas ideias são contrárias às de Parmênides e é considerado um dos mais importantes pré-socráticos. Para ele, tudo flui. O *logos* é o princípio cósmico. Não entramos no mesmo rio duas vezes, pois nem a água, nem as pessoas são mais as mesmas. A verdade encontra-se no devir e não no ser. A alma não tem limites, pois o seu *logos* é profundo e aumenta gradativamente. O pensamento humano participa e é parte do pensamento universal. A terra cria tudo e tudo volta para ela.

Esses e muitos outros filósofos, chamados de pré-socráticos, contribuíram para uma visão mítica e religiosa sobre a natureza e, desde então, daí foi adaptada uma maneira científica, racional, de pensar. Sócrates é considerado um "divisor de águas" nesse âmbito da filosofia.

A biografia de Sócrates (470-399 a.C.) é contada por Platão em várias de suas obras. Conforme relatam estudiosos, Sócrates usava um método próprio, chamado de maiêutica (trazer à luz – fazer conceber), que partia de perguntas feitas às pessoas. Ele fazia com que elas "parissem as próprias ideias" sobre as coisas, situações e ideias em elaboração. Na visão socrática, o humano só tem sentido e explicação se referido a um princípio de interioridade que há presente em cada pessoa, que ele designou de alma. Alma, para Sócrates "[...] é a sede de uma *areté* que permite medir o homem segundo a dimensão interior na qual reside a verdadeira grandeza humana" (LIMA VAZ, 2006, p. 28).

Após Sócrates, houve alguns filósofos, cujas ideias são de enorme importância para que a psicologia, na qualidade de ciência, estude a subjetividade e a existência humana. Platão, Aristóteles e outros filósofos gregos se preocupavam com muitos dos problemas que, hoje, cabem aos psicólogos pesquisarem explicações – a memória, a aprendizagem, a percepção, a motivação, os sonhos e, principalmente, o comportamento do ser humano (LIMA VAZ, 1992).

Aristóteles (384-322 a.C.) tornou-se discípulo de Platão, contudo, um dos primeiros e o maior crítico da teoria platônica das ideias, principalmente em sua *Metafísica*. É hábito dizer que foi ele quem realizou importante e decisivo trabalho de revisão e elaboração da história dos pré-socráticos. Aristóteles argumenta que é a razão a controlar os atos da pessoa e nela há o raciocínio por meio dos dados dos sentidos. Para ele, a relação sujeito-objeto seria direta. Assim, concordava com Platão, que punha a essência do ser humano na alma. A função do humano é a atividade da sua alma, que implica um princípio racional; daí considerar o ser humano como racional. Aristóteles entende que a infinita variedade da vida podia ser disposta em uma série contínua e que existe uma "escada" da natureza, que evolui dos organismos mais simples para os mais elevados (PADOVANI & CASTAGNOLA, 1978).

Com essa rápida passagem pela filosofia antiga, são perceptíveis suas contribuições para o entendimento da subjetividade. Passo agora à Idade Média, pois considero que a fase teocêntrica, baseada na dogmática filosofia de padres como Santo Agostinho e Tomás de Aquino, que fizeram leituras hermenêuticas de Platão e Aristóteles, adaptando-os à teologia judaico-cristã, também tiveram influências na formação da psicologia como disciplina acadêmica que investiga os processos humanos e as estruturas subjetivas na Hipermodernidade.

A visão medieval sobre o ser humano está perpassada pelos binômios Deus e homem, fé e razão. E essa é a base para toda reflexão sobre o ser humano e os seus processos subjetivos no pensamento medievo. O conhecimento humano se dá à medida que todas as coisas concorrem para elevar a capacidade de ser ou de agir retamente, identificando-se com a vontade do supremo Bem e, desse modo, com a sua boa vontade. A retidão da vontade e a retidão do intelecto harmonizam-se na vida humana por meio da responsabilidade e da liberdade para que a graça de Deus aja e esclareça, com a ajuda da razão, aquilo que já se possui com a fé (REALE, 1990a).

O pensamento medievo tem uma grande confiança na razão humana que, em sua opinião, é capaz de lançar luzes sobre os mistérios da fé cristã e demonstrar sua coerência, sua conveniência e sua necessidade. Nesse sentido, é possível se compreender afirmações como: a fé se ilumina pela inteligência de modo que a razão serve para desarticular as verdades da fé ou para iluminá-las mediante argumentações dialéticas. Desse conjunto, surge uma perfeita concordância entre fé e razão, com a condição de que esta seja utilizada segundo normas precisas ou pressupostos indubitáveis (LIMA VAZ, 2006).

Com efeito, para alcançar essa meta, se realizará, então, a perfeita união do intelecto possível concretizado pelo saber com o intelecto divino que está sempre em ato. A concretização trabalhosamente amadurecida do intelecto possível se fundirá então com a concretude permanente do intelecto divino. Dentre tantos pensadores que trabalham a concepção de subjetividade, exprimo, tempestivamente, a visão de Santo Tomás sobre o ser humano que perpassa o Medievo. É a concepção teológica que não se pode perder de vista. Assim, o entendimento medieval procede

> [da] tradição bíblica, vétero e neotestamentária, e [da] tradição filosófica grega. A tradição bíblica goza, na formação do pensamento cristão romano, de uma primazia em termos de normatividade, pois constitui uma instância última e referência, segundo a qual deve ser julgada a autenticidade cristã das concepções e teorias que se apresentam no campo teológico (LIMA VAZ, 2006, p. 49).

É importante ressaltar o fato de que a ideia medieval do ser humano emerge no contexto das grandes disputas teológicas do século IV sobre o tema da imagem de Deus ou do assemelhar-se a Deus. Tais temas evocam, por sua vez, problemas e conceitos da tradição filosófica. A concepção cristã-medieval do homem nasce, assim, no terreno em que as duas grandes tradições tecem uma complexa trama conceitual que se pode seguir em suas grandes linhas: a bíblica e o pensamento grego. De tal modo, a visão sobre o ser humano na Idade Média denota uma surpreendente riqueza para posteriores estudos da subjetividade feitos pela psicologia na Modernidade e na Hipermodernidade (LIMA VAZ, 2006).

A compreensão tomista sobre o ser humano, no entender de Lima Vaz (2006), sintetiza e constitui o que de melhor se tem, hoje, a respeito da visão latino-ocidental sobre o ser humano. Tomás retoma a definição clássica e compreende que

> é da unidade do homem ou da relação da alma racional com o corpo, que se apresenta como um dos temas mais vivamente polêmicos na filosofia medieval. A tese da pluralidade das formas substanciais e hierarquizadas no mesmo composto atraía muitas simpatias e parecia a mais hábil a conservar a natureza espiritual da alma intelectiva. Mas Santo Tomás a rejeita decididamente mantendo, com Aristóteles, a unidade da forma substancial e, portanto, a rigorosa unidade hilemórfica do homem. Ao mesmo tempo, no entanto, mantém a estrita espiritualidade da alma, e, portanto, sua essencial transcendência sobre a matéria e sua criação imediata por Deus (LIMA VAZ, 2006, p. 62).

Com isso, a grande conclusão para a ética tomista é que a unicidade deriva da comunhão do agir e do fazer humanos, que, por meio da racionalidade, encontra o seu diferencial específico. O ser humano encontra seu lugar na natureza e pode empreender a busca do seu fim: o ser humano, imagem de Deus.

Para Tomás de Aquino, o ser humano, portanto, é natureza racional, isto é, um ser capaz de conhecer, capaz de consciência. E é justamente essa concepção do ser humano que se encontra na base da compreensão da subjetividade que ora estuda a psicologia. Para ele, o ser humano conhece o fim ao qual cada coisa tende por natureza e conhece uma ordem das coisas em cujo cume está Deus como o Bem supremo (REALE, 1990a). Desse modo, como seres racionais, os homens conhecem a lei natural, cujo núcleo essencial está no preceito de sempre fazer o bem e a qualquer custo evitar o mal, porque, para o ser humano, feito ser racional, é um bem conhecer a verdade e viver em sociedade.

É bom se dizer que, para Tomás de Aquino, Deus é o ser por essência, as criaturas o são por participação. Tal conceito implica amor, liberdade e consciência, mediante o que Deus transmite ao seu ser fora de si. "O Deus de Tomás atrai para si as criaturas, que criou por amor, encerrando o ciclo de amor aberto com o ato criador" (REALE, 1990a, p. 571).

Tomás de Aquino, bebendo da fonte aristotélica que acentua a unidade entre corpo e alma, salvaguarda essa unidade. Para Tomás, é o ser humano como indivíduo que pensa, não apenas a alma. O homem e a mulher, pois, em todo o seu ser é que sentem e que pensam com toda sua totalidade, não apenas o corpo ou a alma. Para ele, mesmo a alma sendo espiritual, ela é a forma do corpo e é a sua formalidade que funda a sua substancialidade. Tomás de Aquino realiza uma síntese equilibrada e profunda da tradição clássica e da visão cristã sobre o ser humano. Posterior a ele, surgem, então, outras tendências do pensamento filosófico que desagregam a síntese medieval, percorrendo um caminho que conduziu à concepção moderna sobre o ser humano.

Depois dessa rápida passagem pelo período medieval teocêntrico, adentro as contribuições que a Modernidade traz para o saber psicológico e conhecimento sobre as subjetividades. No século XVII, os filósofos estudavam a natureza humana mediante a especulação, a intuição e a generalização. Até então, a pessoa humana olhava para o passado no intuito de obter as suas respostas. Somente aplicavam instrumentos e métodos científicos que já se tinham mostrado eficazes nas ciências físicas e biológicas. Ocorreu uma transformação substancial na maneira de proceder nos seus estudos, fazendo assim um esboço essencialmente científico, apoiado em observações e experimentações cuidadosamente controladas para estudar a mente humana, fazendo com que a psicologia alcançasse uma identidade que a distinguiria das suas raízes filosóficas.

Com os avanços da física e das novas tecnologias, os métodos e as descobertas científicas cresciam vertiginosamente, pondo em funcionamento figuras mecânicas que realizavam movimentos variados, reforçando o espanto das pessoas ante o milagre das máquinas. Desenvolveram-se e aperfeiçoaram-se todos os tipos de máquinas para a ciência, a indústria e o entretenimento, como relógios mecânicos bastante precisos, bombas, alavancas, roldanas, guindastes e outros, tudo isso criado para servir ao ser humano moderno. Parecia não haver limites de criação e usos para essas máquinas. A ideia básica originou-se da física como era conhecida pela filosofia natural. A observação e a experimentação, seguidas pela medição, eram marcas distintivas da ciência moderna. Evidentemente, todos os fenômenos poderiam ser descritos e definidos por um número, ou seja, eram quantificáveis. Essa necessidade de medição era vital para o estudo do universo. Com as máquinas, surgiram diversos aparelhos de medição, como termômetros, réguas, barômetros, relógios de pêndulo etc.

Nesse processo de constituição da epistemologia da ciência psicológica, o empirismo se tornou dominante. Surgiu uma nova desconfiança sobre todo o conhecimento até então obtido. Foram questionados os conceitos, a visão que existia das coisas, dos dogmas filosóficos e teológicos do passado, aos quais os novos conhecimentos estavam presos. Para a história da psicologia moderna, René Descartes (1596-1650) simboliza a transição da Renascença para o período moderno da ciência e que representa os primórdios da psicologia moderna como um campo de conhecimento específico.

A maior contribuição de Descartes para a história da psicologia moderna foi a tentativa de resolver o problema corpo-mente, que era um ponto controverso e que perdurava desde o tempo de Platão, sendo que a maioria dos pensadores deixou de adaptar uma visão monista e se utilizava de uma posição dualista: mentes e corpos são de naturezas distintas.

A posição cartesiana implica outra questão: *Qual é a relação entre mente e corpo?* A mente e o corpo influenciam-se ou só a mente influenciava o corpo conforme pensavam até então? Descartes argumentava que a função da mente era apenas a do pensamento e que todos os outros processos eram realizados pelo corpo. Então, mente e corpo, apesar de serem duas realidades distintas, eram capazes de exercer influências mútuas e interagir no organismo humano. Essa teoria foi chamada de interacionismo mente-corpo. Uma vez que o corpo está separado da mente e é formado por matéria física, este deve compartilhar as suas características com todas as leis da física que explicam a ação e o movimento (REALE & ANTISERI, 1991).

Para Lima Vaz (2006), uma vez que existe essa interação mútua corpo e mente, Descartes foi forçado a crer que havia um ponto no corpo onde essa interação poderia acontecer e, como percebeu que as sensações viajam até o cérebro por percursos bem definidos, acreditou ser esse o órgão responsável por tal interação. Precisamente a glândula pineal, pois é esta a única estrutura não duplicada no cérebro. Considerou então ser esse o ponto onde acontecia a interação mente-corpo.

Após Descartes, a ciência moderna e a psicologia desenvolveram-se rapidamente e, em meados do século XIX, o pensamento europeu foi impregnado por um novo espírito: o positivismo. Esse conceito foi obra de Auguste Comte (1798-1857), que, para tornar os seus conceitos os mais viáveis possíveis, limitou-se apenas a fatos cuja verdade estava acima de qualquer suspeita, ou seja, somente aos fatos que poderiam ser comprovados cientificamente, observáveis e indiscutíveis. Esse espírito materialista ensejou ideias de que a consciência poderia ser explicada por meio da física e da química, e os investigadores nesse campo se concentraram na estrutura anatômica e fisiológica do cérebro. Durante esse período, na Inglaterra, estava em grande atividade o terceiro grupo de filósofos, os empiristas. Eles investigavam como a mente adquire os conhecimentos e diziam ser somente pelas experiências sensoriais que isso poderia acontecer (REALE & ANTISERI, 1990).

Positivismo, materialismo e empirismo converteram-se nos alicerces filosóficos de uma nova disciplina, a Psicologia, na qual os fenômenos psicológicos eram constituídos de provas factuais, observacionais e quantitativas, sempre baseadas na experiência sensorial. O método empírico apoiava-se completamente na observação objetiva e na experimentação, e diziam que a mente se desenvolve por via da acumulação progressiva das experiências sensoriais. Com efeito, é nítido que essas ideias iam de encontro à teoria de Descartes, ao expressar que algumas ideações eram inatas. Dentre os empiristas britânicos, as principais contribuições para a psicologia vieram de John Locke (1632-1704), com seu *Ensaio acerca do entendimento humano*, de 1690, que começou por negar a existência de ideias inatas e que, mediante a experiência, a pessoa humana adquire conhecimentos (CHAUÍ, 1994). Esse processo era composto de duas fases: as sensações e as reflexões; por meio destas, as pessoas recordam e combinam as impressões sensoriais para formar abstrações e outras ideias de nível superior.

A origem geral das ideias estaria sempre nas experiências ou nas impressões sensoriais, mas a formação das ideias de nível superior proporcionou a noção da associação de ideias, assim como a decomposição de processos mentais em ideias simples e a combinação dessas ideias passou a ser o núcleo da investigação central da nova psicologia. Tudo o que se pode crer é naquilo que se percebe, pois a percepção está dentro do ser humano e, portanto, é subjetiva, assim como se elimine a percepção, a qualidade desaparece, não existindo substância material de que se possa estar certo.

No preâmbulo teórico-filosófico para a constituição da psicologia como disciplina que estuda as subjetividades há muitos outros que contribuíram para essa história, como David Hume (1711-1776) com o *Tratado sobre a natureza humana* (1739). David Hartley (1705-1757) com suas *Observações sobre o homem, sua constituição, seu dever e suas expectativas* (1749) e James Mill (1773-1836) com a *Análise dos fenômenos da mente humana* (1829), entre outros. Assim, as influências da fisiologia sobre a psicologia ocorreram em razão das diferenças pessoais, dadas pelos fatores pessoais, que foram recebidos e sobre os quais não há controle. São as influências subjetivas na percepção dos fenômenos mentais.

A Antiguidade e o Medievo se diferenciam da Modernidade, portanto, quando o foco da discussão muda do real, ou do mundo para o como é conhecido este mundo. Os modernos colocam em pauta que, seja o mundo que for, existe um sujeito que irá percebê-lo, de tal modo que não se pode simplesmente dizer o que é o real sem que essa resposta passe antes por um sujeito; e, se assim o é, preciso saber como esse conhecimento do real chega até o sujeito, ou seja, como se haverá de conhecer ao real.

Os pensadores modernos compreendem o existente como algo representado, posto por outro. Então se coloca entre o conhecimento e o real um novo ente, o sujeito, ou, precisamente, a subjetividade. A verdade, eterna pergunta dos filósofos, será apontada apenas pelo sentimento de evidência, a certeza. Ao se obter certeza, se detém a verdade; e a certeza por sua vez é um sentimento subjetivo, logo o centro do pensar filosófico moderno passa a ser o sujeito. O ser humano se torna o sujeito, o crivo da realidade, o juiz da verdade. Inicia-se a metafísica da subjetividade; a verdade antes de acontecer deve passar pelo sujeito, pois somente ele tem esse sentimento de certeza. O mundo, então, acontece diante do sujeito, nele e para ele. É um esforço de criar um modelo de sujeito, o qual suporte a compreensão da realidade, apreensão da realidade e apresentação dela ao mundo (REZENDE, 1996).

A ótica da psicologia sobre as subjetividades hipermodernas

A filosofia se engaja nesse processo de subjetivação do mundo mediante a criação de um sujeito racional, o qual tem uma concepção de mundo. Ela possibilita a este "ser" apreender, reapresentar o mundo por meio do seu sentimento de certeza, compreendido como o único método pelo qual é possível se conhecer o real.

Para Cotrim (1993), durante todo o tempo em que Descartes, Hume, Hegel, Kant e muitos outros autores trabalharam o conceito de sujeito, a psicologia não era, ainda, uma disciplina acadêmica separada da filosofia. Logo, a assim chamada metafísica da subjetividade influenciou profundamente o modo de pensar da psicologia, de modo que é importante mostrar como esses 400 anos de estabelecimento de uma noção de sujeito influenciaram uma disciplina acadêmica que acabava de nascer e começava a engatinhar no cenário mundial em finais de 1800.

Impõe-se mostrar como as principais escolas do pensar psicológico foram influenciadas pela tradição de ideia de sujeito, bem como outras foram influenciadas pelas críticas de Nietzsche e de outros filósofos e pensadores daquele momento. A psicanálise de Freud, por exemplo, foi influenciada por essas noções. É uma escola que merece um entendimento diferenciado pela concepção de sujeito que denota; entretanto, ainda assim, é um bom exemplo das tradições de concepção de subjetividade na senda da psicologia. Davidoff (1983) considera que o ponto fundamental é o inconsciente, o que por definição ataca o sujeito moderno; mesmo assim, não o nega em sua totalidade. Nesse campo de entendimento, ele se distancia do sujeito criado pela filosofia moderna, entretanto, o principal da filosofia ainda reside na concepção psicanalítica que é a subjetividade. Atentos à questão dos filósofos modernos, logo se percebe a presença da reflexão sobre a subjetividade. Aqui é importante observar que o sujeito em Freud não deixa de existir, o que ocorre é apenas uma mudança de foco do consciente para o inconsciente, mas o sujeito ainda existe, a subjetividade ainda tem curso.

A psicanálise de Freud, para o pensamento ocidental, é expressa como uma grande ferida narcísica sofrida pelo saber, ao produzir uma descentralização da razão e da consciência. Freud considera o sujeito como uma instância que existe. O fato de que o sujeito não existe na consciência, mas sim no inconsciente, mostra que a psicanálise freudiana, na verdade, aprofunda o olhar transcendental sobre o sujeito e o leva a outro lugar que não a racionalidade consciente proposta por Descartes e os outros modernos, mas para a perspectiva ou lógica do inconsciente (GARCIA-ROZA, 2001).

Então, passo agora a mencionar algumas escolas e pesquisas realizadas sobre os aspectos propriamente psicológicos que envolvem as sensações e as percepções com o objetivo de alcançar o conhecimento científico a que vem se propondo a psicologia. No entender de Micheletto e Sério (1993), o behaviorismo de John Watson (1878-1958) tinha a proposta de fazer da psicologia uma ciência respeitável como as ciências naturais. Isso só seria possível se os psicólogos utilizassem como objeto de estudo o comportamento observável, isto é, que pode ser mensurado, pois os processos mentais pouco importavam por não serem passíveis de mensuração até então. Essa nova proposta atraiu vários jovens psicólogos que se sentiram conquistados pela proposta objetiva e pelo estilo do behaviorismo que, como a psicanálise, é uma das abordagens da psicologia.

O behaviorismo começou por estudar os comportamentos controlados em laboratórios com animais, comparando-os aos dos humanos, de acordo com estímulos que lhes eram apresentados. Com o passar do tempo, essa metodologia foi ampliada pelas ideias de Skinner (1904-1990), uma das mais importantes figuras do comportamentalismo.

A psicologia, no âmbito da Gestalt, não expressa crítica ao objeto de estudo, a mente, no entanto questiona o método utilizado pela psicanálise e pelos behavioristas acerca do reducionismo praticado por eles. Assim, passeando pelos séculos da história para compreender os rudimentos primeiros da elaboração da psicologia como disciplina acadêmica, convém analisar as relações psicológicas entre a pessoa e a sociedade. São relações fortemente marcadas pela constante interferência de forças poderosas e divinas no comando da vida cotidiana do ser humano.

Nesse sentido, se observou que, desde a Antiguidade, os deuses exerciam soberania sobre o destino dos "mortais" e o mito, sob tal perspectiva, podia ser entendido como o relato de satisfação do desejo humano, a maneira de encontrar sentido e sistematicidade nos fenômenos que cercavam os seres humanos da Antiguidade. Esse enfoque mítico, sua aceitação social, revela na sua contextualização a rudimentariedade por que passou a psicologia em seus primeiros passos. O relato mítico é importante porque exprime o engatinhar da psicologia.

A psicologia moderna, na tentativa de compreender e de se posicionar no mundo, tanto individual quanto socialmente, quer no âmbito da subjetividade, quer na esfera da personalidade e do desenvolvimento humano, encontra expressões de pensamentos míticos. Para Berenice Carpigiani (2002, p. 11), "os pensamentos filosóficos e científicos tomaram impulso dando lugar às explicações dos movimentos naturais a partir de observações e experimentações atreladas ao sujeito – o que é um prato cheio para o divã de Freud".

Nesse sentido, para compreensão da psicologia como disciplina acadêmica, é imprescindível considerar que dela fizeram parte o mitológico, o filosófico, o sociológico, bem como houve uma importante contribuição do pensamento psicanalítico, para que a psicologia fosse o que é hoje. A combinação sistematizada desses elementos propicia a argumentação que é, em última análise, uma estrutura, um meio de pesquisa, uma vez que oferece textualmente condições de argumentação esteadas em dois elementos principais: a consistência do raciocínio e a evidência das provas.

Após essa breve retomada das raízes históricas da psicologia como ciência, que se propõe pensar a pessoa humana, adentro aquilo que é hoje, uma senda fértil no âmbito psicológico: subjetividade, identidade e personalidade. O conceito de subjetividade não é novo, mas denota papel crescente no terreno da psicologia contemporânea. Posso dizer que o termo "subjetividade", da maneira como é empregado na psicologia, não deve ser confundido com uma visão particular de algo, ou como se está habituado a ouvir, "essa é uma questão subjetiva". O par "objetividade" *versus* "subjetividade", posto como operações separadas, ainda que sejam mantidos em dicotomias, tal como indivíduo e sociedade, e assim por diante, não é sustentável na área da psicologia.

Pensar a subjetividade e sua compreensão no saber psicológico implica perceber que diversos autores e escolas teóricas, não só advindas do pós-freudismo, mas de psicologia, sociologia e filosofia, também o empregam. Tal constatação é importante para se pensar que a delimitação desse operador conceitual – a subjetividade – merece detida análise sobre sua aplicabilidade e efeitos discursivos e políticos em um *locus* de conhecimento. Empregar o significante "subjetividade", como, por exemplo, pensar a subjetivação na perspectiva psicológica, implica esforço intelectual considerável para esclarecê-lo, não sendo, portanto, uma substituição para o conceito de psíquico ou de desenvolvimento psicológico. A perspectiva e a conceituação de subjetividade para a psicologia sócio-histórica, certamente, diferem dos empregos do termo para a teoria psicanalítica, o que me remete à pluralidade de significados possíveis, retratando a complexidade das teorizações sobre a subjetividade.

Ante as diversas possibilidades de sentido da subjetividade e da subjetivação, para compreender seu surgimento, em maior ou menor grau, é necessário recorrer à compreensão de Michel Foucault (1995), para quem a subjetividade é da esfera da produção de um "si", sobretudo. É em sua obra que a ideia de processos de produção de formas de ser, emaranhada a pontos como política, poder, linguagem e verdade, são delimitadas como meio analítico-conceitual. As razões que levam Foucault a realizar essa invenção conceitual parecem ocorrer pela compreensão desse autor de que o conceito de ideologia não é suficiente para responder pelos fenômenos sociais e humanos testemunhados no final do século XX.

Nesse entendimento, o conceito de subjetividade é proposto como sendo "[...] a maneira pela qual nos tornamos o que somos" (FOUCAULT, 1995, p. 246). Constitui-se um aparato intelectual para se fazer referências ao ser humano ou à subjetividade como resultante de um processo amplo, que implica a história, a antropologia, a medicina, a sociologia e todo acervo, justamente, das "ciências humanas". Somos todos, então, essa resultante de atravessamentos, ordenamentos semióticos, regimes de verdades e controle, além de aparatos linguísticos.

Com efeito, em psicologia, aprende-se que ninguém é parecido com ninguém. Somos todos subjetividades em nossa maneira de ser. Esse modo de ser, denominado de subjetividade pela psicologia, é formado à medida que a pessoa vai se constituindo por meio de vivências e experiências sociais e culturais. Os elementos que constituem a subjetividade são vividos no campo comum da objetividade social que está nas emoções, nos pensamentos, nas fantasias, nos sonhos etc. São constitutivos característicos que fazem o ser humano ser o que realmente ele é. Conforme percebe Schnitman (1996), a subjetividade é entendida como o espaço de encontro da pessoa com o mundo social, resultando tanto em marcas singulares na formação da pessoa quanto na constituição de crenças e valores compartilhados na dimensão cultural que vão estabelecer a experiência histórica e coletiva dos grupos e populações. Assim, a psicologia social utiliza frequentemente esse conceito de subjetividade, entendendo-o como um espaço relacional onde as insistências dos modos de percepção irão instaurar a realidade.

A subjetividade, no contexto da Hipermodernidade, vai de encontro a uma noção de sujeito oriunda de uma sociedade abrangente, competitiva e complexa. Ela se vale do estatuto da pessoa, mas abre as suas lentes para as inter-relações sociais que mantém com os outros sujeitos. Cada pessoa pode ser considerada como um nó em uma extensa rede de inter-relações em movimento. O ser humano desenvolve, por meio dessas relações, um "eu" ou pessoa (*self*), isto é, um autocontrole egoico, que é um aspecto do eu no qual a pessoa se controla pela autoinstrução falada de acordo com a autoimagem ou imagem de si próprio (BONIN, 1998).

Conforme ressalta Morin (1997), o sujeito, em si ou em sociedade, não existe sem o outro. Objetivamente, o objeto não existiria especificamente sem que o sujeito dele fizesse parte. Assim, o termo "subjetividade" veio a englobar o que antes era chamado de ser humano, psiquismo, eu-privado, homem íntimo, indivíduo psíquico etc. Ele caracteriza essa relação sujeito-objeto não numa dimensão de polos contrários, mas das relações que os mantêm. O sujeito se constitui numa relação com o outro sujeito e é constituído pela integração do sujeito psíquico que tem uma história individual de desejos, sonhos e fantasias, mas também é um sujeito social, concebido como ser histórico-cultural que o produz e, do âmbito histórico-cultural, recebe as influências e transformações necessárias.

Esse entendimento de subjetividade traz embutida a própria questão da realidade, pois o que se constitui um fato muitas vezes não é o que se vê, mas o que se parece ter visto. Para Morin (1997, p. 8), "[...] a única coisa que é real é a conjunção da ordem e da desordem". Seguindo esse entendimento, Gatti (1998, p. 110) considera que as subjetividades se organizam nas redes das representações com o estabelecimento de perspectivas que criam suposições, pressupostos, projetos, portanto, desejos, motivações, expectativas. O olhar é, pois, sobre a "transformação e a transmutação que se processa em pessoas, crianças, jovens, adultos, idosos, pelas interações de caráter educativo, como também pelos autoeducativos".

Winnicott (1994, p. 3) acrescenta a essa reflexão a ideia de que o sujeito se perfaz na interação da objetividade com a subjetividade, de acordo com a afirmação de "que a realidade interna e a realidade externa se compõem na experiência de viver". Guattari (1991, 1993) mostra que a categoria da subjetividade compreende um conjunto de agenciadores que se cruzam, de fatores que determinam uma escolha, permanecendo o processo de subjetivação vinculado às transformações sociais.

Depois de mencionar algumas compreensões sobre o que é subjetividade, vale salientar que Foucault (1995) não considera suficiente para compreender os processos de subjetivação apelar unicamente à linguística. O ser é, em parte, ser de linguagem, mas a emergência de novas figuras existenciais supera o conceito de sujeito tal como é descrito pela filosofia. Subjetividade e processos de subjetivação não devem, todavia, ser confundidos. Os processos de subjetivação são estratégias criadas pelo poder para produzir não só corpos dóceis, mas subjetividades alinhadas a determinadas finalidades. Em termos gerais, poderia ser dito que a subjetividade resulta de vários processos de subjetivação. Sendo assim, torna-se significativo para os pensadores do chamado "campo psi" esclarecer o que se entende ao utilizar o significante "subjetividade", sob o risco de se estar tomando um conceito por outro ou incorrendo em consideráveis fragilidades do ponto de vista epistemológico. A expressão "campo psi" abarca as práticas, discursos e produções teóricas da psicologia e psicanálise em suas intersecções com o pensamento freudiano e as ciências humanas.

O entendimento é de que a subjetividade não é somente fruto das circunstâncias sociais hipermodernas, embora estas sejam fundamentais, mas também de um projeto histórico implícito no desenvolvimento da atual civilização, leva a crer que os problemas relacionados ao seu estudo devam ter dupla perspectiva: a da noção histórica de pessoa humana, que está na literatura e na filosofia, e a da possibilidade da realização desse projeto no conto hodierno.

A subjetividade resulta em um terreno interno que se opõe ao mundo externo, mas que só pode surgir deste. A formação do indivíduo e de sua subjetividade se confunde com o seu meio social e natural. Tal subjetividade se desenvolve pela interiorização da cultura, que permite expressar os anseios individuais e criticar a própria cultura que permitiu a sua formação.

Ante o exposto, subjetividade implica a adaptação para poder ir além dela, significando que, pela própria mediação da cultura, a pessoa pode pensá-la. Isso não implica que se reduzam umas às outras, pois, uma vez que o indivíduo se diferencia, passa a se distinguir da cultura, embora esta continue a exigir dele a adaptação. Nesse sentido, só uma cultura que tenha como fim a liberdade individual é que pode suscitar a crítica a si própria, ou seja, a contínua autorreflexão. Por outro lado, quando a cultura se presta a ser um fim em si mesma, separada das pessoas, passa a ser tão ameaçadora quanto a natureza que pretendeu enfrentar, em razão de seu caráter de exterioridade, impedindo que aqueles nela se reconheçam. Então, essa inter-relação subjetividade e cultura enseja uma identidade.

Identidade não deve ser confundida com o conceito de subjetividade. Segundo Roudinesco e Plon (1998), na psicanálise, não está na obra freudiana o conceito de identidade. No lugar de identidade, cabe no pensamento freudiano o termo "identificações"; processos primitivos que implicam a lenta produção de um sujeito – neste caso, tratando-se de sujeito por sujeito do desejo. De acordo com o pensamento freudiano, a identificação será o primeiro traço do bebê como humano, de onde nascem os rudimentos do Eu e outras linhas de identificação, que serão primordialmente de natureza inconsciente (FREUD, 1996). É imperativo ressaltar o argumento de que a concepção de identidade pode ser encontrada na psicologia do ego, mas, mesmo assim somente como representante do sentimento de continuidade – inerente ao Eu – e soma de representações que o sujeito produz de si mesmo. É importante lembrar, todavia, que essas representações de si são mantidas em grande parte na relação de alteridade e olhar, logo não completamente fixas e imutáveis.

No sistema de pensamento lacaniano, a teorização mais próxima que se obtém da identidade é o resultado do estágio do espelho, onde a criança se identifica por meio do olhar da mãe – obviamente, aqui tomada como metáfora – com uma imagem integrada, toda, justamente em um momento em que a vivência corporal é de fragmentação. Não que não haja um esboço de sujeito antes do estágio do espelho; a existência do sujeito é, com efeito, já acenada no desejo dos pais e no bebê imaginado, aquele que é desejado e que habita o psiquismo deles. Sempre é relevante lembrar que as operações e metáforas psicanalíticas devem ser tomadas justamente por metáforas, operações simbólicas e funções.

Como alguns segmentos psicanalíticos já indicaram exaustivamente, o sujeito e seus rudimentos genealógicos remontam a uma época anterior à identificação com o olhar da mãe, via função materna, que é sustentada pelo Outro. Por ser de função simbólica ou um lugar vazio, pode ser ocupada pela mãe, mas também pelo pai, pela tribo, por qualquer um que alcunhe e sustente um desejo para que tal sujeito exista. O resultado no jogo das identificações é uma identidade inacabada, pois constantemente resvala na incompletude da falta;-por isso o estatuto de ficção atribuído à suposta estabilidade do Eu. Logo, não há princípio do idêntico, pois mesmo a repetição do sintoma denota uma diferença em relação à sua insistência pulsional (BERNARDES & HOENISCH, 2003).

Se o conceito de subjetividade surge com a finalidade de desalojar o sujeito da razão e da emancipação, como pensá-la analogamente à personalidade? Por esse fato, é importante mostrar que a psicanálise não é uma escola que adota diretamente os conceitos da filosofia moderna, mas acredita neles de um modo diferente. Assim como a psicanálise, muitas outras escolas (muitas delas derivantes dos conceitos psicanalíticos) se utilizam das ideias dos pensadores modernos a respeito do sujeito. Como se processa a formação da personalidade no indivíduo? Há, na psicologia, distintas posições teórico-conceituais sobre a personalidade. Entendo que o conjunto de comportamentos e sentimentos que uma pessoa desenvolveu durante sua vida como resultado da interação de um intrincado conjunto de influências genéticas, de história de vida pessoal e de determinantes da vida atual do indivíduo configura a sua personalidade.

É importante entender que a pessoa não nasce com uma personalidade pré-moldada, basicamente estável, que o acompanharia pela vida e à qual se poderia atribuir a função de causa essencial de seus atos, quer os considerados adequados, quer os havidos como impróprios. A visão que atribui à personalidade a propriedade de originar as ações humanas é alienante e desloca a análise da conduta das pessoas de seus reais determinantes: são todas as suas vivências no decorrer de sua história de vida pessoal e sociocultural.

Há tantos padrões quantas forem as variadas histórias de interação de uma pessoa com seu meio afetivo, social, cultural, bem como com sua história genética. Não há duas pessoas com o mesmo conjunto de comportamentos, nem com igual sensibilidade afetiva, simplesmente porque não existem duas histórias de vida idênticas. Nem mesmo filhos gêmeos univitelinos, criados por uma mesma família, têm histórias iguais. A crença de que os pais criam seus filhos da mesma maneira é mito. Para Carpigiani (2002), os determinantes das condutas humanas são por demais sutis. É por essa razão que, muitas vezes, é surpreendente se deparar com filhos problemáticos, provenientes de famílias aparentemente bem estruturadas.

Na verdade, os pais podem não exprimir padrões comportamentais claramente destrutivos (não são alcoólatras, não espancam os filhos etc.), mas cometem erros sistemáticos na educação dos filhos. O fato de tais erros serem sutis não os torna pouco significativos. A mesma frase de um pai ou mãe pode ser para um filho uma simples pergunta, para outro uma crítica. O que faz a diferença? Cada criança teve uma história de relacionamento particular com seu ambiente físico-social. Mesmo que os pais quisessem proporcionar idênticas condições e experiências, isso seria impossível. A vida é um processo que não se repete, porém avança.

Está claro que os teóricos da personalidade costumavam atribuir um papel crucial aos processos motivacionais. Em uma época na qual muitos psicólogos ignoravam a motivação ou tentavam minimizar a contribuição desses fatores em seus estudos, os teóricos da personalidade viam nessas mesmas variáveis a chave para o entendimento do comportamento humano. Freud (1996) e McDougall (1983) foram os primeiros a considerar seriamente o processo motivacional. A grande lacuna entre a arena da vida e a teoria desenvolvida por psicólogos de laboratório é retratada por McDougall (1983, p. 2-3), quando ele justifica suas tentativas de desenvolver uma teoria adequada do comportamento social (que era mais uma teoria da personalidade do que do comportamento social). O ramo da psicologia mais importante para as ciências sociais é aquele que trata das fontes de ação humana, dos "[...] impulsos e motivos que sustentam a atividade mental e corporal e regulam a conduta; e este, de todos os ramos da psicologia, é o que permanece no estado mais atrasado, em que ainda reinam a maior obscuridade, imprecisão e confusão".

Assim, variáveis que eram vistas primariamente como um incômodo para o psicólogo experimental passaram a ser alvo de estudo intensivo e interesse focal para o teórico da personalidade. Relacionada a esse interesse no funcional e no motivacional, está a convicção do teórico da personalidade de que um entendimento adequado do comportamento humano só vai surgir do estudo da pessoa em sua totalidade. A maioria dos psicólogos da personalidade insistia em que o sujeito deveria ser visto como pessoa inteira funcionando em um habitat natural. Eles defendiam ardorosamente o estudo do comportamento no contexto, com cada evento comportamental examinado e interpretado em relação ao resto do comportamento da pessoa. Esse ponto de vista era um derivativo natural da prática clínica, em que a pessoa inteira se apresentava para o tratamento e que era realmente difícil limitar o exame a uma modalidade sensorial ou a uma série restrita de experiências.

A personalidade consiste nos esforços de ajustamento variados e, no entanto, típicos, realizados pela pessoa. Em outras definições, a personalidade é igualada aos aspectos singulares ou individuais do comportamento. Nesse caso, o termo designa aquilo que é distintivo na pessoa e a diferencia de todas as outras.

Finalmente, alguns teóricos consideram que a personalidade representa a essência da condição humana. Essas definições sugerem que a personalidade se refere àquela parte da pessoa que é mais representativa de sua humanidade, não apenas porque a diferencia dos outros; mas, principalmente porque é aquilo que a pessoa realmente é. A sugestão de Bernardes e Hoenisch (2003) é de que a personalidade é o que um ser humano realmente é. A implicação aqui é que a personalidade consiste naquilo que é, na análise final, o mais típico e característico da pessoa.

As teorias da personalidade abrangem uma ampla variedade de comportamentos e processos e consideram o ser humano como unidade integrada. Os estudos da personalidade baseiam-se em uma teoria geral do indivíduo como um todo em funcionamento e não empregam medidas isoladas de tendências de resposta. Assim sendo, é importante exprimir que o subjetivismo e o materialismo são correntes de pensamento que não nasceram da psicologia, mas que foram tomadas por ela na tentativa de compreender os processos humanos, sejam eles mentais ou comportamentais.

As ciências humanas possuem em sua constituição uma visão de ser humano, contudo, o problema que a psicologia investiga não é diferente e, embora haja divergências internas e externas com relação a esse problema, cabe ao profissional de psicologia compreender as raízes de seu pensamento para que possa se questionar sobre o trabalho que está desenvolvendo.

Em suma, saber das influências que o pensar psicológico recebe é saber o porquê do que se pensar e a maneira como se reflete. Ante o exposto, este capítulo teve a intenção de expor as concepções de subjetividade, identidade e personalidade, bem como delinear em que consiste a ideia de pessoa dentro do construto histórico da psicologia, como disciplina que cuida do ser humano e o estuda. Foi realizado um panorama histórico, mesmo que de maneira breve, para em capítulos seguintes fazer aportar as especificidades da Logoterapia e da Análise Existencial de Viktor Frankl.

6
Influências das relações líquidas na constituição da subjetividade dos educandos

No contexto sociocultural da Hipermodernidade, os discursos midiáticos conformam as maneiras de viver. Os referenciais culturais múltiplos, líquidos e frouxos internalizados pelos jovens formandos, em suas famílias e por intermédio do meio cultural, saem de cena rapidamente quando uma nova moda é anunciada pelo mercado. Nessa realidade, a constituição das subjetividades na cultura contemporânea é alvo de influxos nas relações líquidas aos moldes da indústria do consumo. Consoante tal configuração, a lógica do hiperconsumo se legitima como uma maneira de ser incorporada pelas pessoas.

O momento histórico é caracterizado pela invalidação dos grandes discursos ou "metarrelatos" (LYOTARD, 2004), pela queda das figuras e instituições que detinham autoridade, como família, religião, escola (TENZER, 1991), por uma mudança radical no modo de lidar com o tempo e o espaço (LYOTARD, 2004; LIPOVETSKY, 2004b, 2007). Agrega-se a esse cenário um clima de insegurança generalizada proveniente do aumento do desemprego e dos índices de violência urbana (BAUMAN, 1998, 2008b), influenciado pelo turbocapitalismo (LUTTWAK, 2001) e turboconsumismo (LIPOVETSKY, 2007); e, enfim, por mudanças que perpassam a vida e as relações das pessoas em sociedade de maneiras diversas.

Ao se entender o ser humano como construtor de cultura, por meio de sua atividade, e ao mesmo tempo se constituindo como sustentáculo subjetivo da realidade objetiva na qual está inserido, é perceptível que cada modalidade de organização social, além de determinar ou influenciar o modelo de subjetividade preponderante, também dele necessita para se sustentar. Com efeito, caso se queira compreender as subjetividades hipermodernas, ou ao menos alguns de seus aspectos, há que se investigar o modo pelo qual as transformações econômicas, sociais, políticas e culturais da corrente época – que ocorrem em um ritmo frenético e sem precedentes (GIDDENS, 1991) – podem repercutir no âmbito subjetivo e nos processos de formação para a vida presbiteral e religiosa.

Esse estudo da relação entre subjetividade e cultura no contexto hipermoderno parte da correlação feita por alguns autores – tais como Lipovetsky (2004b, 2007), Bauman (1998, 2005, 2008a, 2008b, 2008c). Nesse sentido, indigito no primeiro momento, algumas características da sociedade de consumo, enfatizando aquelas mais diretamente relacionadas com o despontar do consumismo. Em seguida, reporto-me aos mecanismos psíquicos envolvidos nesse processo de promoção social do narcisismo (PEDROSSIAN, 2008), bem como algumas consequências do ponto de vista das subjetividades, principalmente em termos de sofrimento psíquico. Disso decorre uma especificidade deste trabalho em relação às teorias consultadas, a saber: compreender esse narcisismo da juventude, hoje, como um fenômeno bastante diferente daquele originalmente descrito por Freud (1914/2004), principalmente no que se refere aos aspectos integradores do psiquismo ou ao que é válido chamar a dimensão "saudável" ou constitucional do narcisismo.

O chamado narcisismo hipermoderno é antes entendido como "anti-narcisismo" (MATOS, 2002) do que como narcisismo propriamente dito, apesar de também se assemelhar ao chamado narcisismo de morte, tal como descrito por Green (1988b) e ao narcisismo patológico configurado por Lasch (1983), do qual Freud (1914/2004) já apontara algumas características.

A intenção é evitar tanto os reducionismos, que localizem as possíveis causas do problema apenas no âmbito individual, quanto o desvirtuamento do sentido do narcisismo, tendo em vista a indispensabilidade desse último para o enamoramento. Entendo que a pessoa supostamente narcisista da Hipermodernidade é, de fato, aquela que se privou do amor do outro e de si mesma, em uma onipotência que apenas denuncia aspectos de autodestrutividade. Antes de seu considerável sofrimento psíquico, o rótulo de doente ou uma inculpação exclusiva por tal estado tende mais a agravar o problema do que propriamente ajudar a pessoa a suplantá-lo.

Como Pedrossian (2008), permite se compreender, em tempos de desamparo subjetivo acirrado, nos quais a sociedade se torna injusta por não ter entre seus objetivos a felicidade e a autonomia individuais; não obstante proclamá-las como seu valor, não convém atribuir culpa ou patologia ao indivíduo, como se ele fosse o responsável único pela totalidade que oprime. Cabe, antes disso, procurar compreender o que sustenta e perpetua esse modo de organização social, a fim de buscar meios para sua superação e o fortalecimento do indivíduo-sujeito.

O estabelecimento de relações entre algumas das concepções teóricas analisadas e a interpretação de significados, que podem ser depreendidos por meio de tais relações, evidenciam o caráter de tal conhecimento a ser produzido por meio do processo formativo do jovem que se prepara para a vida presbiteral ou religiosa. A interpretação emerge como método preferencial, porque se abordam o psiquismo e a subjetividade por intermédio de procedimentos que consistem no acompanhamento personalizado, na presença constante na casa de formação, na escuta autêntica dos jovens e no levantamento de documentos escritos que tenham relação com a história de vida do candidato à vida consagrada, com o intuito de obter informações para respaldar as avaliações e escrutínios realizados.

O conhecimento da realidade subjetiva dos jovens candidatos à vida religiosa e presbiteral consiste na reflexão crítica que se dá por meio de um conhecimento acumulado e que produzirá uma síntese, o concreto pensado, observado e comprovado pela convivência comunitária e pastoral (QUIROGA, 1991). É indispensável enfatizar que o conhecimento que o formador tem do formando precisa estar em constante diálogo com a realidade própria de cada postulante, ou seja, com as categorias qualitativas que justificam a permanência do jovem no processo de formação se apreendem desde a realidade observada e do movimento histórico, real e concreto do formando (PONTES, 1997).

O contexto sociocultural dos jovens formandos

Como apontado por Bauman (2008c) e Lipovetsky (2007), a sociedade atual é líquida e hiperconsumista, trazendo ínsitas transformações, seja no modo de organização do social, seja nas relações que se constituem entre as pessoas em seus processos.

É uma sociedade marcada pela febre das novidades, pelo movimento contínuo de criações e descartes de tendências sociais, produtora de um círculo cultural do descartável e do efêmero. Como assinala Bauman (2004, p. 22), o contexto hipermoderno é caracterizado como "[...] líquido mundo moderno que detesta o que é sólido e durável".

O durável, o compromisso e o eterno na Hipermodernidade são entendidos como cristalizados e ultrapassados, sendo supervalorizado o ciclo da transitoriedade, na contextura do qual tudo é facilmente substituível por novidades. Essa época é marcada pela capacidade de encurtar o espaço e o tempo de durabilidade, de esquecer o longo prazo, de enfocar a manipulação da transitoriedade em vez da durabilidade.

As possibilidades que a Hipermodernidade denota são cada vez mais diversas e sedutoras, de modo que não há espaço para o irrevogável. O objetivo é manter as possibilidades na ordem do infinito, com vistas a preservar a fluidez e a liquidez das relações hodiernas (BAUMAN, 2004); inclusive a concepção de amor, amizade, vida etc., que na Hipermodernidade está afetada por esse imperativo de descartabilidade.

A sedução hipermoderna se efetiva por meio do investimento no consumo de coisas, pessoas, espiritualidades, apropriando-se da ideia de "felicidade" como algo alcançável, por meio da satisfação imediata de necessidades e desejos, gerando uma série de comprometimentos para a saúde do sujeito em processo de formação, tendo em vista que a ideia social hipermoderna de "felicidade" é utópica e que essa ilusão levará o sujeito a um ciclo de busca incansável. Com esse entendimento, faz-se imprescindível refletir no fato de que quanto mais se busca a felicidade pessoal como meta exclusivista, mais se distancia dela como uma possibilidade viável. Como sugere a antropologia frankliana, ela pode ser atingível como consequência do sair de si em vista do outro (FRANKL, 2005).

A cultura do mundo hipermoderno é essencialmente marcada pelo excesso, pela urgência, afetando diretamente a constituição da subjetividade dos jovens candidatos à vida presbiteral e religiosa, que, por sua vez, desemboca na fragilidade, na angústia, produzindo sujeitos individualistas e consumidores de coisas, porém carentes de afetos, pelo fato de estarem isolados de outras pessoas e da coletividade. Suas características são: superabundância de objetos, informações, tecnologias, mensagens e imagens, publicações e postagens. Para contextualizar melhor tal processo, impõe-se considerar alguns aspectos de desdobramento do consumismo. Segundo Lipovetsky (2007), o período compreendido das últimas duas décadas do século XIX até a Segunda Guerra Mundial foi marcado por um aumento vertiginoso da produção industrial. O avanço tecnológico permitiu que as indústrias produzissem em fartura e de um modo muito mais veloz. É quando os mercados locais cedem lugar aos grandes mercados nacionais, graças ao desenvolvimento do transporte e do comércio.

A produção em massa, característica dessa fase, permitirá que se instale o consumo massificado. No capitalismo de consumo, o lucro passa a ocorrer mais pelo volume de vendas do que pelo preço unitário dos produtos, o qual tem agora uma margem de ganho menor. A primeira fase de seu desenvolvimento, segundo Lipovetsky (2007, p. 29), cumpriu as primeiras condições para dar-se semelhante dinâmica, pois "[...] inventou o *marketing* de massa, bem como o consumidor moderno", tendo como consequência um extraordinário aumento no volume das vendas e inaugurando o "consumo-sedução" e o "consumo-distração" que perduram até hoje. A segunda fase do capitalismo de consumo iniciou-se por volta de 1950 e desenvolveu-se, principalmente, durante as três décadas seguintes. Foi um período de grande desenvolvimento econômico, coincidindo com a "sociedade de abundância" e o consumo de massa propriamente dito (LIPOVETSKY, 2007).

Com a ampliação do poder de compra dessa classe social, passou a ser acessível à massa "uma demanda mais psicologizada e individualizada, um modo de vida (bens duráveis, lazer, férias, modas) antigamente associado às elites sociais" (LIPOVETSKY, 2007, p. 33). Ainda na segunda fase, emergiram "as políticas de diversificação dos produtos bem como processos visando reduzir o tempo de vida das mercadorias" (LIPOVETSKY, 2007, p. 34). A lógica é a da moda, o imperativo é renovar sempre e com rapidez em busca de um hedonismo centrado em satisfações imediatas. O individualismo exacerba-se e, consequentemente, há um desinvestimento dos ideais e das causas coletivas. O consumo, entretanto, ainda era, na segunda fase, mais do tipo "para o outro" (LIPOVETSKY, 2007, p. 42), no sentido de que os objetos de consumo eram adquiridos no afã de obter *status* e diferenciação social – os quais foram apreciados e/ou invejados pelos demais.

A terceira fase do capitalismo de consumo – iniciada nas últimas décadas do século XX – inaugurou o "consumo emocional", marcado pela hiperindividualização da demanda e destinado a propiciar, sobretudo, "experiências afetivas, imaginárias e sensórias" com a proliferação desenfreada de produtos cuja obsolescência é programada já em sua fabricação (LIPOVETSKY, 2007). Os jovens recebidos nas casas de formação estão profundamente perpassados por essa cultura do "consumo emocional". As relações com as máquinas e as redes sociais passam a ter um cunho central em seu imaginário de experiências afetivas.

A função do consumo atinge um nível mais profundo: o que está principalmente em questão para o consumidor hipermoderno, que é o caso dos jovens formandos, agora, é a tentativa de encontrar a si próprio, o que os vai equiparar ao nível da mercadoria; já que, "em uma época em que as tradições, a religião, a política são menos produtoras de identidade central, o consumo encarrega-se cada vez melhor de uma nova função identitária" (LIPOVETSKY, 2007, p. 44-45). A relação com as mercadorias adquire um novo significado na fase do consumo emocional: por meio delas, o hiperconsumidor logrará conferir um sentido, muito embora superficial, como assinala Lipovetsky (2007), ao mundo que o rodeia e à sua existência.

O consumo de signos de distinção social não desaparece na chamada terceira fase do capitalismo de consumo. O poder das marcas é ainda soberano e, assim, é a imagem do produto e não sua realidade objetiva ou de funcionalidade que seduz o consumidor à compra. A relação do consumidor com as marcas e com os signos do consumo, entretanto, [...] "psicologizou-se, desinstitucionalizou-se, subjetivou-se" (LIPOVETSKY, 2007, p. 49).

O consumidor emocional ainda quer impressionar e obter admiração, porém o que mais lhe importa é a imagem que pode fazer de si mesmo por meio desses signos. A famosa ideia de que "o importante é sentir-se bem consigo mesmo" ilustra claramente a "onda" neoindividualista na qual esse consumidor, ao pretender nela "surfar", frequentemente acaba sendo levado (talvez fosse mais adequado dizer arrastado) aos destinos predeterminados pelos caprichos da moda.

O chamado "culto das marcas" está profundamente arraigado na vida e no comportamento dos jovens que se candidatam à vida religiosa ou presbiteral. Aqui se justifica a busca desenfreada por vestes clericais e hábitos religiosos, com uma marca, um rótulo, uma visibilidade. E isso adquire importante sentido nesse tipo de sociedade e para essa modalidade de sujeito hipermoderno. Este tem consigo uma preocupação: a busca por "segurança" subjacente às ansiedades específicas dos sujeitos hipermodernos. As tradições e os referenciais das culturas de classe se encontram em ampla dissolução com o acesso da massa ao consumo e o desaparecimento das formas de socialização que, no passado, "distinguiam inequivocamente o alto e o baixo, o bom gosto e o mau gosto, a elegância e a vulgaridade, o chique e o popular" (LIPOVETSKY, 2007, p. 49). Isso se torna sensível, em algumas ocasiões em que se presencia um misto de vestes tradicionais, como batina, *clergyman* entre outras vestes clericais e tênis ultramodernos, tornando-se destoante a combinação. Em consequência, o consumidor, temeroso, confuso e ansioso, recorre às pretensas garantias de autenticidade, bom gosto e condições salutares que as marcas logram representar.

A dissolução das tradições e dos referenciais está relacionada à crise de autoridade vivenciada na sociedade hipermoderna, em virtude da queda de vários sistemas historicamente constituídos como elementos de unidade, os quais representavam referenciais coletivamente determinados e aceitos. Bauman (2012), contudo, questiona se não é a diversidade de valores articulados com frouxidão e de figuras de autoridade diferentes e, às vezes, discordantes que tornam as escolhas dos candidatos à vida consagrada difícil e as implicações subjetivas confusas.

A sociedade se desagrega em uma multiplicidade de grupos de interesse, em virtude dessa queda da autoridade que abrange não só o campo político, mas também o escolar, o familiar, o jurídico e o religioso (TENZER, 1991). No caso, a autoridade religiosa, conforme entendo, tem a finalidade de convergir interesses e constitui-se, condição indispensável para que se instaure um sentido de comunidade do mundo, sentido este que não pode existir se não se reconhece a hierarquia dos princípios fundadores de ordem intelectual, doutrinal, moral e hierárquica.

No processo de acompanhamento desses jovens, é importante que o formador ou a formadora levem em consideração a ideia de que a ideologia de consumo, na estrutura subjetiva dos candidatos, privilegia a satisfação de desejos individualistas e imediatos. Para muitos deles, não foi exigido comprometimento social com o bem comum, apenas tem como exigência à adesão pessoal os seus princípios, ensejando, por conseguinte, uma "[...] natureza fragmentária e narcísica do consumo" (SEVERIANO, 2001, p. 155).

A terceira fase do capitalismo de consumo marca, ainda, a passagem do consumo centrado na família para o consumismo com fulcro na pessoa. A ocasião da escolha cede lugar à era de excessos de objetos e serviços de consumo que se multiplicam, em vista de atender a demandas criadas velozmente e que se tornam, confusa e turvamente, as possibilidades de escolha desses jovens na Hipermodernidade. Nesse contexto, a produção em excesso atinge, como tudo mais, a sua fase "hiper" – assim como há o hipertexto, o hipermercado, o hipercapitalismo, há, em nossas casas de formação e seminários, candidatos com características de hiperindividualismo, hiper-relacionamentos em redes sociais, hiperfechamento ao processo de transformação no tempo de formação (LIPOVETSKY, 2004b).

A sociedade de consumo, portanto, é baseada no consumismo, na produção de excessos e no desperdício, de modo que não pode ser pensada sem "uma florescente indústria de remoção do lixo" (BAUMAN, 2008c, p. 31). O modo de sobrevivência no mundo líquido irá depender em grande parte da capacidade de remoção dos refugos, os quais ganham essa qualidade nos projetos humanos, pois não possuem nada que lhes seja inerente para assim classificá-los. A estratégia do excesso consiste em separar e excluir o que se tornou inútil em um modo de viver orientado para o consumo da novidade. O hedonismo, que encontrará no consumo sua via de expressão máxima, aliado à pretensa liberdade individual, passa, então, a ser "[...] o valor pelo qual todos os outros valores vieram a ser avaliados" (BAUMAN, 1998, p. 9). Os jovens candidatos à vida consagrada, separados entre si, são instigados pelo mercado a experimentarem sensações sempre novas e cada vez mais intensas, a se deleitar com o ato de vestir e despir identidades, resistindo a qualquer possibilidade de fixar compromissos e projetos de vida duradouros. Isso faz dessa suposta felicidade do consumidor algo pontual e passageiro.

De acordo com Severiano (2001), é em decorrência de uma realidade hostil que o ego, ameaçado por sentimentos de impotência e desamparo, desinveste sua libido dos objetos e dos ideais e aciona os mecanismos de defesa. Para Lasch (1983), são estratégias de sobrevivência às quais o ego recorre, tais como: a preocupação exclusiva com o desempenho pessoal em detrimento das causas coletivas; o enaltecimento do poder pessoal; ilusões de onipotência; supervalorização do presente com desprezo pelo passado e atitude negligente em relação ao futuro.

As subjetividades são expropriadas de suas potencialidades reflexivas e levadas a buscar soluções imediatas, regressivas, contrárias à emancipação e ao esclarecimento do indivíduo. Ocorre uma "pseudoindividuação" que não visa à diferenciação entre a pessoa e a sociedade, mas sim à mimese, de modo que não pode ser considerada uma individuação verdadeira. "Um poder simbólico fundamental no remanejamento do psiquismo, inscrevendo sua lógica não no nível da racionalidade crítica, mas do inconsciente, atuando como estruturantes invisíveis na construção da realidade" (SEVERIANO, 2001, p. 22).

A lógica hiperindividualista do mercado e a "cultura consumista" (BAUMAN, 2008c) estão intimamente relacionadas na vida dos jovens que se apresentam para fazer a experiência de discernimento no processo de formação. Há nesses sujeitos o declínio de duas capacidades fundamentais em um candidato para a vida presbiteral e religiosa, a saber: a aversão crítica – que poderia conduzi-lo à utopia ou à transcendência – e o estabelecimento de vínculos amorosos que permeiam a constituição mesma de sua subjetividade. Além disso, o imperativo do gozo, da satisfação imediata e do consumo, praticamente, proíbe comprometimentos ou apego (BAUMAN, 2004). Os consumidores tornados mercadorias (BAUMAN, 2008c) declinam gradualmente em sua capacidade de dar e receber amor, amizade ou mesmo empatia.

Nos relacionamentos desenrolados pela circulação de mensagens via internet, o importante é manter o fluxo de mensagens truncadas e inconclusas, é mostrar aos outros que está conectado, vinculado frouxamente e, por vezes, superficialmente, a determinada rede de relações. Independentemente de onde a pessoa esteja e com quem esteja, é imprescindível que se mantenha conectada, senão pode até passar a não ser mais lembrada e ficar de fora do grupo relacional (BAUMAN, 2004). Observa-se que os jovens nos convívios em locais públicos ou privados, em geral, consomem bastante tempo desses momentos de convivência atrelados aos aparelhos celulares, em função de "alimentar" a rede com novas informações e oferecer a todos os outros membros de sua rede de relações virtuais "degustações" do momento vivido, mediante registros fotográficos ou vídeos com o intuito de ter visibilidade e gerar a disseminação de comentários.

A individualidade na sociedade do consumo não passa de uma ficção que "reduz todo narcisista a um produto de uma cultura homogeneizante" (SEVERIANO, 2001, p. 142). Assim, a individualização dos jovens hipermodernos – narcisista e em mimese com a ideologia dominante – só seria possível na esfera da personalização, pela aquisição de bens diferenciados de consumo. Em outras palavras, diria Bauman (2008c) que a subjetividade do consumidor é reduzida às suas opções de compra.

Vida apressada, solitária, líquida e de laços frouxos

As pessoas estão cada vez mais aparelhadas com *iPhones, tablets, note-books* etc. Tudo para disfarçar o medo da solidão. O contato via rede social tomou o lugar de boa parte das pessoas, cuja marca principal é a ausência de afeto, de relações interpessoais concretas, tangíveis, e de comprometimento afetivo com outras pessoas do mesmo ambiente social ou familiar. A ideia de relacionamentos virtuais é uma característica das relações humanas atuais. As relações se misturam e se condensam com laços momentâneos, frágeis e volú-veis, em um mundo cada vez mais dinâmico, fluido e veloz, seja real ou virtual.

Vivemos tempos líquidos, nada é feito para durar, tampouco há algo sólido. Os relacionamentos escorrem das nossas mãos por entre os dedos como água. Com isso fica evidente a dificuldade de comunicação afetiva, já que todos querem se relacionar com o máximo possível de pessoas, cur-tir e receber curtidas de suas postagens. Experimenta-se um narcisismo de-senfreado. As relações terminam tão rápido quanto começam. Com essa perspectiva, observa-se que os jovens em discernimento pensam terminar com um problema cortando seus vínculos virtuais ou reais, mas o que fazem mesmo é criar problemas em cima de problemas. Não basta bloquear, é pre-ciso maturidade para encarar e procurar saídas salutares para as demandas da existência, em processo de maturação.

É um mundo de incertezas; cada um por si. Há relacionamentos instá-veis, pois as relações humanas estão cada vez mais flexíveis. Acostumados com o mundo virtual e com a facilidade de "desconectar-se", as pessoas não conseguem manter um relacionamento de longo prazo, têm dificuldade em assumir um projeto de vida que seja duradouro. A sociedade atual cria ilu-sões ou fantasias para tirar-lhes a responsabilidade de compromissos sérios e duradouros. O que se observa na formação, precisamente na relação entre candidato e candidato, entre candidato e formador, são pessoas sendo tra-tadas como bens de consumo, ou seja, caso haja defeito se descarta – ou até mesmo se troca por "versões mais atualizadas".

Em tempos hipermodernos, existe uma categoria que convoca a atenção dos formadores: o amor-próprio dos candidatos. Em alguns casos, requer atenção, pois, em nome do amor-próprio, há um culto ao corpo e um narcisismo exacerbado. Na sua função, o formador precisa, por meio de atitudes e modos de proceder, levar os formandos a sentirem que são amados, ouvidos e amparados, sem supervalorizar as carências e atitudes infantis e mimadas.

No mundo das incertezas, o ambiente formativo deve denotar um espaço e pessoas que inspirem confiança e segurança. Visto que há relações sem forma – líquidas – os amores e as relações humanas hipermodernas são todas instáveis, e assim os formandos não têm certeza do que esperar. A vontade livre que, segundo Bauman (2001), constitui a marca da chamada Pós-modernidade, Modernidade líquida ou Hipermodernidade como aqui se nomeia. Esse princípio se opõe diretamente à projeção em torno de um projeto de vida religiosa, como ensinam e orientam os documentos da Igreja sobre a formação (CONGREGAÇÃO PARA O CLERO, 2016). Em razão do sistema globalizado, a sociedade e algumas estruturas sociais e religiosas são tidas como um barco à deriva, pois não têm mais a proteção do Estado, não há confiança na "proteção" antes oferecida por instituições como a política, a escola, a família e a religião. Compreende-se que os fenômenos sociais, visando a interagir adequadamente com a previsibilidade para que não se termine de surpresa, influenciam diretamente os processos subjetivos e, por conseguinte, de formação para a vida consagrada na Igreja.

A percepção de mundo enfatizada por Bauman (2001) e Lipovetsky (2004b) é realista e não propõe a "volta ao passado". Investiga, entretanto, características do acelerado processo de transição entre a Modernidade e a Hipermodernidade, o que assinala a fase atual. Ao refletir acerca desse evento histórico, lembro que tudo o que era sólido derreteu ou está derretendo e, utilizando essa linguagem, pode-se inferir que o espírito do "hiper" e da "liquefação" está nos jovens recebidos nos seminários e casas de formação. Nesse sentido, a estrutura formativa deve orientar-se com base nos documentos da Igreja, contudo precisa conhecer e se utilizar de uma visão de homem ou uma antropologia de base para responder às demandas dos jovens no momento sociocultural atual; todavia, "o derretimento dos sólidos" abriu caminho para novos e aperfeiçoados sólidos (BAUMAN, 2001, p. 9). Essa deixa de Bauman de novos aperfeiçoamentos sólidos pode nos conduzir às perspectivas de liberdade, responsabilidade e sentido, orientadas por Viktor Frankl para os processos de logoeducação na formação de seminaristas, religiosos e religiosas.

Chamamos atenção para essa perspectiva de derretimentos dos referenciais sólidos na relação entre formandos e formadores:

• O respeito, as lealdades tradicionais, os direitos costumeiros e as obrigações. Tal investidura fragilizou a complexa rede de relações sociais, entre formandos e formadores, que ficaram débeis em face dos critérios de racionalidade mercadológica.

• Esse elemento possibilitou a invasão e a dominação da informação e a racionalidade instrumental vinculada à lucratividade capitalista (coisificação ou "objetalização" das relações), pérola da economia, pois, sem os ditames embaraçosos da política, da ética, da religião e da cultura, o sujeito é livre para realizar escolhas acessíveis aos sabores subjetivos.

• Vive-se aparente autonomia, mas os modelos quebrados foram trocados por outros, de forma que, nos processos de formação, se entende que se tornam de grande valia a autonomia e liberdade com igual ênfase na responsabilidade (FRANKL, 2011).

• Entendo que, neste momento, dos processos fluidos, os elos que entrelaçam as escolhas individuais em projetos e ações coletivas (sociais e religiosas) só são possíveis se houver integração e interação da pessoa do formador com as marcas da sociedade hipermoderna, que, apesar de conflitos internos, eclesiais, constitui sinônimo de segurança para os jovens candidatos ao sacerdócio e à vida religiosa.

• Também é desafio para o formador encarar as provocações sociais, as escolhas individuais e práticas dos formandos com rotinas e padrões de comportamento por meio da obsolescência, em que o próprio candidato não consegue estabelecer critérios para conduzir seu projeto de vida individual.

• Outro desafio é o divórcio entre o poder e o respeito, enfatizando que o poder sem respeito é fator que incapacita o formador de agir em vista de ação planetária, ocupando-se da dimensão antropológica a que convoca Viktor Frankl.

• Apresentam-se como importantes no processo formativo os laços inter-relacionais entre os formandos e formadores, haja vista a fragilização de laços familiares de onde procedem os jovens, pois não há mais tempo para a convivência nas famílias, nem motivo para o investimento de tempo e esforço para o afeto e o suporte emocional.

• As relações tornaram-se afeições temporárias, virtuais; a sociedade se tonou "rede" sem "estrutura" e é vista como "matriz de conexões e desconexões aleatórias", com incontáveis permutações.

• É desafiador para o processo formativo o colapso do pensamento, do planejamento e da ação em longo prazo, pois a sociedade, enfraquecida em sua estrutura, não consegue prever com antecedência o que existe em curso, em desconexão da história pessoal, familiar, religiosa das vidas individuais, cujos projetos de vida tendem a apresentar-se como episódios de curto prazo, com raras combinações de desenvolvimento, maturação.

• Salienta-se o fardo das responsabilidades e exigências para aqueles que exercem a função de formadores, pois os formandos vêm marcados por dilemas existenciais, gerados por circunstâncias voláteis e instáveis no lar de origem.

• Há incertezas objetivas e subjetivas, de modo que o bem-estar nunca é imaculado em relação à miséria do outro. Tal constatação leva a inferir que os jovens hipermodernos comungam dessa vulnerabilidade por meio da sensação de insegurança, de medo e instabilidade emocional.

• Ressalta-se, ainda, que o processo informacional propõe que o planeta seja uma autoestrada da informação e da virtualidade, que potencialmente coloca em evidência tudo o que está externo à subjetividade do jovem candidato.

• Em face da insegurança e das incertezas na relação com o forman-do, o formador precisa trabalhar a sua maturidade para evitar que se instaure em seu ministério de formador a dinâmica da desconfiança institucional, pela sua in(capacidade) de forças e domínio, pois indefe-so, se evapora no espaço global, mesmo no âmbito do astuto e pródigo exercício da unidade eclesial – isso se aplica tanto a formadores como a formadoras.

• Na relação com os jovens formandos, o formador deve considerar a autonomia, a liberdade, a democracia e a responsabilidade como im-portantes instrumentos no processo educativo, haja vista a estrutura subjetiva de caráter global, de medo e insegurança que acompanha os jovens que se recebe para um processo de discernimento vocacional. A insegurança do presente e a incerteza do futuro produzem e alimentam o medo mais arrepiante e insuportável, introjetando nos jovens forman-dos o sentimento de impotência individual.

A dinâmica do humano no contexto hipermoderno

A humanidade está em permanente dinâmica e movimento de mudança. Esse contexto fez com que autores como Bauman e Lipovetsky aprofundas-sem reflexões sobre aspectos da globalização de comportamentos e atitudes e observassem o enfraquecimento e a desregulamentação de instituições que eram referenciais sólidos para a juventude no âmbito social e no religioso.

Essa liquefação desenraíza o sujeito em sua existência social, dificul-tando aspectos essenciais do seu cotidiano e produzem sofrimento humano. Essa instabilidade é fruto da inadequação dos regulamentos que ajustam as relações dos seres humanos na família, no Estado e na sociedade, e isso in-terfere diretamente na estrutura formativa para a vida presbiteral e religiosa. Com a ajuda dos estudos de Castells (1989), isso possibilita inferir que há uma polarização e um distanciamento acentuado entre os mundos de duas categorias sociais, por exemplo, pais e filhos adolescentes, pais e jovens, ido-sos e adultos jovens, professores e alunos, formadores e formandos etc. Isso, em parte, decorre da comunicação global, do permanente uso e da influência que as mídias sociais têm sobre a formação de valores e de relacionamentos interpessoais, influenciados pela vasta rede de intercâmbio, aberta a mensagens e experiências que envolvem o mundo inteiro.

Bauman (2007) caracteriza o desejo de isolamento que a juventude almeja como uma desconexão social e espiritual, criando muros que estabelecem uma dicotomia entre os de "dentro" e os de "fora", os de uma categoria social e outra. Nesse sentido, as estruturas formativas não ficam fora dessa realidade que, paulatinamente, se torna uniforme. O processo de individualização da Modernidade líquida confronta e exige das pessoas a compreensão da alteridade, que é impossível sem o diálogo para certificar as reais intenções dos interlocutores.

O medo e a insegurança, como já mencionados, são fatores característicos da juventude hipermoderna. O fluxo da busca de melhores condições de vida é um fator de tormento para a sociedade do hiper. As mudanças repentinas e velozes, as relações (pessoais, de trabalho e comunitárias, em conjunto) sociais não são mais estáveis, concretas, duráveis diante dessa sociedade; a juventude sente a "sociedade impotente como nunca", tem dificuldade em decidir com certeza o caminho a seguir (BAUMAN, 2007, p. 13).

O progresso desencadeou o ritmo estonteante, em que as relações interpessoais então perpassadas pelos medos e anseios, sob constante preocupação com questões como o câncer, o tabagismo, o colesterol, a pressão alta, o estresse, entre outros problemas que mascaram o ritmo acelerado que a sociedade consumista vive, inferindo do senso de desordem uma sensação de abandono e sentimento de rejeição que atormentam a juventude, não sendo diferente naqueles que se apresentam para o processo de formação e discernimento vocacional.

O medo está lá, saturando diariamente a existência humana, enquanto a desregulamentação penetra profundamente os seus alicerces, e os baluartes de defesa da sociedade civil desabam. O medo está lá – e é preciso recorrer aos seus suprimentos aparentemente inexauríveis e avidamente renovados a fim de reconstruir um capital político humano depauperado. Em um mundo onde poucas pessoas continuam a acreditar que mudar a vida dos outros tem alguma relevância para a sua, o desafio da formação para a vida consagrada tem por meta a entrega por causa do serviço a outrem, tomando uma proporção de desafio ainda maior.

São esses os cenários da formação, onde estranhos se cruzam, mas não querem contato por receio, medo, insegurança, desconfiança um do outro. O individualismo enfraqueceu os vínculos humanos, acabando com a solidariedade, com o convívio em grupo – esse é o reflexo da atual realidade formativa. A sociedade deixou de ser tolerante e de se preocupar com o "próximo". Conforme Bauman (2007), o medo moderno surgiu da desregulamentação com a individualização, em que os vínculos humanos (de parentesco e vizinhança) solidificados por laços comunitários se quebraram, se soltaram, romperam, substituindo os vínculos naturais (danificados pelo mercado comercial) por vínculos artificiais e virtuais em tempo parcial. O fim da solidariedade significou o fim do estado sólido (de relações concretas). A natureza, o ambiente, o lugar e o espaço passaram a representar realidades suscetíveis e melindrosas. Com suporte autoral, enfatizo o fato de que [...] "a insegurança moderna não deriva de uma carência de proteção", mas sim da "falta de clareza de seu escopo" (BAUMAN, 2007, p. 63).

O ritmo acelerado da sociedade moderna, em que tudo é intenso e constante, os tormentos cotidianos, o estresse, a impaciência e a intolerância uns com os outros são sintomas de uma sociedade doente, com necessidade e fragilidades. A inadequação da sociedade globalizada que ajusta as relações dos seres humanos na família, no Estado e na própria sociedade provoca mazelas e fragilidades nas estruturas públicas e privadas, prejudicando indivíduos e comunidades. Dessa maneira, a sociedade tem substituído as comunidades e corporações, estreitamente entrelaçadas, que no passado definiam as regras de proteção e monitoravam sua aplicação pelo "dever individual do interesse, do esforço pessoal e da autoajuda tem vivido sobre a areia movediça da contingência" (BAUMAN, 2007, p. 63).

É uma eterna busca por satisfação do ego; o consumismo ajuda momentaneamente a satisfazer o ego, mas faz com que a pessoa saia constantemente para "perseguir" algo, consumindo muita atenção e energia, tornando-se um vício do consumo. A utopia buscada atualmente é enganadora, ilusória, fraudulenta. Lipovetsky não trata a moda somente como um produto da sociedade de consumo em massa, mas também como uma instituição social. A moda é parte da definição da sociedade, é parte de seu funcionamento. A sociedade embasada na moda é a sociedade neofílica, tarada pelo novo, em constante inovação e que tem como pressuposto essa incessante inovação – a moda, inclusive a moda religiosa, a moda litúrgica e a moda espiritual e representam aquilo que seduz para o consumo e que faz do dispêndio uma parte fundamental da constituição da identidade do formando e formador hipermoderno.

Se as sociedades tradicionais eram pautadas numa repetição de um modelo do passado, de um modelo mais ou menos pedestalizado, a sociedade regida pelo sistema-moda é regida pela transformação rápida e desesperada – a regra passa a ser, em vez da repetição de um modelo mais ou menos projetado, a repetição da transformação. A regra é a inovação. O modelo que se repete é não ter um modelo para se repetir.

Ao finalizar este capítulo, sugiro aos formadores, em sua função de estimular processos, que tenham foco e encontrem caminhos para a integração, de acordo com os sonhos dos utopistas. Isso requer capacidade de sentir respeito pelo formando, para ajudá-lo por meio de uma revisão completa do seu projeto de vida; e, ainda, confiar na capacidade humana de operacionalizar esse empreendimento, observando que "nós podemos fazê-lo", racionalmente por meio de critérios éticos, de modo que cada um seja capaz de estabelecer os princípios norteadores de sua conduta no mundo, substituindo aquilo que está doente, capacitando-o a partir da realidade humana. Portanto, em tempos líquidos, constatamos elementos significativos para o avanço da análise reflexiva acerca da possibilidade de resgate do sentido da vida e da existência humana, no âmbito da formação, como nos sugere a antropologia de Frankl, que indicaremos nos próximos capítulos.

7
A letargia espiritual e o processo de formação hipermoderno

Os valores sobre os quais os formandos estão pautados numa sociedade tomada pela pressa, pelo hiperconsumo e pela aceleração dos ritmos sociais os conduzem mais ao entretenimento fugaz do que à possibilidade de apreensão temporal mais reflexiva, meditativa, contemplativa e de espiritualidade comprometida com o seguimento de Jesus Cristo. Nesse encaminhamento, numa sociedade que valoriza o tempo ocupado para a geração de resultados materiais, de conexão e desconexão virtual, os formandos por vezes se ajustam a uma condição existencial entediante e marcada pelo torpor espiritual. Assim, a formação, que poderia ser um tempo voltado para a recriação de si e do projeto de vida, torna-se um âmbito de riscos ao desenvolvimento subjetivo, podendo ensejar repercussões danosas também para as demais relações.

Este livro se propõe refletir sobre um estado que se alcança, ao desprivilegiar a apropriação do tempo subjetivo da conexão espiritual com a pessoa de Jesus Cristo, com a sua Palavra e com o projeto que veio implantar o Reino de Deus. Essa desconexão espiritual estimulada por excessos de informações produzidas pelas redes sociais pode se tornar instrumento que colabora com as frequentes queixas de vazio existencial, aborrecimento dos jovens formandos, entediamento paralisador da vida. Com isso, infiro que as pessoas acometidas pela acídia desenvolvem um estado de falta de sentido existencial. Isso se expressa por meio de insatisfação, melancolia e apatia traduzidas em certa aversão ao tempo que se apreende como propício para a interioridade, como retiros e vivências espirituais.

Partindo-se do exposto acima, impõe-se exprimir que se faz necessário, no exercício da função, o formador estabelecer uma pedagogia formativa de convergência de processos de sensibilização perante a valorização do tempo para si, a oração, a convivência com a comunidade formativa, para o estabelecimento de relações interpessoais, compreendidas como aspectos essenciais para o processo de formação do jovem que se prepara para a vida presbiteral e religiosa. Esses aspectos são compreendidos no âmbito da recriação de si, visando a favorecer o desenvolvimento do valor do tempo subjetivo e sua apreensão a fim de estabelecer tempo para a espiritualidade e relação com Deus.

Contemplar esses aspectos no processo formativo contribui para um caminho possível para o formando trilhar rumo à prevenção dos estados de torpor espiritual, estados ansiosos e depressivos, entediantes, estressores e alienantes, facilmente identificados nos contextos formativos da Hipermodernidade.

Esses aspectos indicados são fortemente influenciados pelo ritmo no qual se desenrolam as relações humanas na Hipermodernidade, encobrem elementos vitais à existência, na medida em que não permitem ou favorecem a preservação de um tempo para a pessoa estar consigo, em atitude de silêncio e contemplação, introspecção e interiorização. Quando se negligenciam tais elementos vitais, suas ausências produzem frustrações, descontentamentos, desencantamento e a não realização do sentido existencial.

Essa nova dinâmica social entorpece a pessoa, que "foge" do seu interior vazio, abalada pela falta de objetividade e de sentido da existência (FRANKL, 2005a, 2005b). Nesse contexto, importa refletir acerca da tibieza e do vazio existencial e suas repercussões para a vida interior. A palavra "tibieza" qualifica o que é tíbio – que se expressa em frouxidão, fraqueza, indolência, acídia – cujas forças vão se debilitando e deixando à mostra a ausência de clareza interior que afeta o formando ao comprometer sua vitalidade.

O sujeito tíbio ou entorpecido espiritualmente busca o que é mais cômodo, o que exige menos esforço, em todas as suas esferas, seja no trabalho, na família, nas relações pastorais, na vida comunitária, nos estudos e na dimensão espiritual. O egoísmo perpassa o seu modo de agir e, em todos os seus processos existenciais, o tíbio procura a si mesmo. Carvajal (1990, p. 93) observa que "[...] um dos primeiros sintomas da tibieza é a recusa, ou mesmo o desprezo mais ou menos consciente da mortificação". No seu entendimento, "a tibieza nasce de um descuido prolongado na vida interior".

Com isso, entende-se que os aspectos sintomáticos do torpor espiritual que se acentua nos jovens em processo de formação são comparáveis às características da acídia, cujo estado é entendido como abatimento, torpor, depressão, desgosto ou inquietude do coração, desconsolo interior, apatia, instabilidade e ansiedade, angústia da espera e confusão mental, podendo ensejar sofrimento psíquico e dor moral. A acídia é a não integração da pessoa humana consigo, com seu projeto de vida e com o seu modo de estar e existir (MATOS, 2012).

O tédio surge nesse contexto como resultado do estado de acídia-tibieza e configura-se como uma temporalidade de mal-estar, porque a pessoa não sabe o que fazer com o tempo que tem. Então, o que é entediante "mata" a experiência temporal. Esse estado é marcado por tempo vazio, inatividade e desocupação, de que a pessoa busca fugir, em uma "evasão sem itinerário", por não encontrar possibilidades de acolhida e deleite nas pessoas com as quais convive no ambiente formativo e naquelas que compõem a equipe de formação (MATOS, 2012).

O desânimo decorrente do fastio acomete a vida humana, impossibilitando a pessoa de realizar atribuições às quais poderia se dedicar. O enfado, ao invadir e consumir o entusiasmo de viver e suas possibilidades autênticas de sentido, incapacita e entorpece o formando em seu processo.

Com efeito, o formando ou o formador entorpecido, tomado pelo desânimo e pelo desconsolo, desenvolve inércia intelectual, tendo suas capacidades e habilidades de apreensão estagnadas e truncadas para o conhecimento e seus amplos horizontes. Esse desconsolo e abatimento subjetivo, característico do estado de acídia, desdobram-se em preguiça-acídia, preguiça do coração e preguiça-tristeza, exercendo poder sobre a nobreza do ser humano (MATOS, 2012).

Entre a letargia espiritual e o vazio existencial

Com base nessas observações, este capítulo propõe encaminhamentos para se refletir sobre o torpor espiritual e o vazio existencial como desafios da vida interior no processo de formação na Hipermodernidade, que podem influenciar a desmotivação do formando quanto à própria vida. Em casos mais graves, os formadores, ao perceberem a própria desesperança ou a de seus formandos e a sensação de desamparo que domina o ser da pessoa, ponderam ser essencial dedicar maior atenção e investigar a forte vinculação entre essas problemáticas hipermodernas, histórias de vida e familiar e o padecimento da ausência de sentido para a vida.

Tal reflexão brota da conjectura de que os formandos hipermodernos, ao exprimirem desapropriação do seu tempo subjetivo, submergem na condição de predominância do meio exterior e dos mecanismos socioculturais e virtuais de alienação, destituindo a autonomia e a capacidade de gerência subjetiva do tempo existencial, que envolve as dimensões da formação: espiritual, intelectual, humana e pastoral, bem como comprometendo suas possibilidades de implicação no seu processo de formação.

Dentre as características já mencionadas da Hipermodernidade líquida e de laços frouxos, têm ressalto a cultura dos excessos e a urgência na satisfação de necessidades da alma deslocada para a posse de objetos. Nessa perspectiva, o consumismo tem representado uma maneira danosa de tecer vínculos entre pessoas e coisas, pois a relação de utilidade das pessoas aumenta e a afinidade com coisas sobressai (PINHEIRO; RHODE & MARTINS, 2010) e, nesse caminho, o formando hipermoderno submete suas possibilidades existenciais aos imperativos da lógica consumista.

Essa lógica, por sua vez, está alicerçada em uma falsa segurança do bem-estar material e do prestígio que não é incomum ser percebido nos formandos, por meio do egocentrismo, do narcisismo e do carreirismo, o que pode desencadear quando o almejado não é atingido na falta de esperança, tristeza e torpor espiritual, dando vez a um lugar no qual estreitam-se os horizontes pessoais, possibilitando o esquecimento dos ideais da existência e do projeto de vida a que se almeja. Esse torpor, essa desesperança, a tristeza "[...]

deixa-nos sem forças; é como o barro pegado às botas do caminhante, que, além de sujá-lo, o impede de caminhar" (CARVAJAL, 1990, p. 33).

O formador em tempos hipermodernos não pode se esquecer de que está em um mundo globalizado e interdependente e, apesar de toda a teia que une as pessoas em uma rede de aproximações virtuais, a sensação de abandono, desamparo e solidão é muito intensa nas gerações atuais, pois os formandos são fruto de relações cada vez mais líquidas e perpassadas por frágeis suportes emocionais (BAUMAN, 1998). Com isso, indicamos que as probabilidades de recebermos formandos fragilizados emocionalmente, fragmentados em suas relações familiares e de valores religiosos e espirituais tende a aumentar, visto que a tendência hodierna é de constituir sujeitos profundamente individualistas, excessivamente consumistas, isolados da coletividade (BAUMAN, 2003; LIPOVETSKY, 2004b), cada vez mais cheios de coisas, de desejos de fazer coisas, possuir coisas e vazios de si mesmos.

Diante de tal perspectiva, observa-se a ascensão de um mal-estar subjetivo, denominado de torpor, tédio, acídia, tibieza, caracterizada por um estado de entorpecimento, uma angústia associada à melancolia, ao vazio interior, por fazer imperar uma permanente percepção de insatisfação e incompletude existencial (CARVAJAL, 1990; MATOS, 2012).

O formador deve estar atento a esse estado existencial, em um tempo social em que as pessoas em geral carregam esses sentimentos, especialmente os jovens que sofrem de extremo estresse, são mais ansiosos, entediados e esvaziados de si mesmos; cabe um cuidado especial, pois o torpor espiritual e seus influxos sobre a viabilidade para a vida interior se transformam em desafios a serem enfrentados para o desenvolvimento subjetivo no mundo interior do formando no contexto atual.

Com efeito, a temporalidade se constitui como possível fonte de aflição para os formandos, principalmente nas exacerbações em todos os âmbitos da vida, onde a percepção de desapropriação temporal se externa quando não se dedica tempo para o que é vital e enobrecedor.

A junção desses fatores produz uma despotencialização do desejo de viver, sobretudo, um estreitamento das possibilidades de percorrer caminhos transcendentes. Para Dutra (2000), essas situações de intenso sofrimento conduzem o jovem ao comportamento de fuga e, em condições de maior comprometimento, resultam em desespero, em que a morte surge como alternativa para interromper a dor que entorpece a vida.

Ao desviar o olhar dos valores vitais e dos influxos socioculturais nas escolhas cotidianas, o ser humano não se exprime passível de encontrar tempo viável para a vida interior: reflexão, meditação e contemplação. De acordo com Matos (2012), as características mencionadas dizem respeito à acídia, que neste estudo se correlaciona com o conceito de tibieza, a qual é destacada como o desânimo e a profunda desesperança que geram desespero, pois, imersa em tal estado, a pessoa não enxerga as realidades com clareza e tende à exaltação de aspectos acidentais em detrimento do essencial, que se encontra no âmbito ontológico. Aí está a caracterização de um mal-estar hipermoderno perpassado por aspectos próprios do que se pode denominar de torpor espiritual, que vem permeado de desânimo, aflição, marasmo, descontentamento e desleixo, que desprivilegiam e desmerecem a condição de apropriação de um estado de ócio valioso (FRANCILEUDO, 2013; FRANCILEUDO & MARTINS, 2016).

Tal condição de mal-estar "traz consigo sempre uma crise de esperança, de desalento, e ao mesmo tempo de fé e de amor" (CARVAJAL, 1990, p. 35). Versa sobre uma grave doença interior, que pode se manifestar em qualquer idade da vida espiritual. Já que dedicar tempo a algo significa lhe atribuir valor, entende-se que, quando a vida interior, de algum modo, fica reduzida ou restrita apenas a fazer coisas, surge como possibilidade a instalação de um mal-estar subjetivo.

A insatisfação é uma constante na letargia espiritual, pois "[...] o coração é tão voraz como o estômago, quando não se lhe dá um verdadeiro amor se enche com qualquer coisa" (CARVAJAL, 1990, p. 64). A vida torna-se repleta de falta de esperança e incapacidade para elaborar uma vida interior rica e exigente; de imaginação descontrolada que preenche o seu vazio com uma sensação de felicidade fictícia; de torpor e preguiça mental para se implicar em experiências engrandecedoras; de carência de ânimo e motivação para a interiorização e o encontro consigo mesmo. Esse estado de vida interior direciona o formando a padecer de uma preguiça que o impede de fazer coisas que lhe vão beneficiar a vida interior e a das outras pessoas de sua comunidade formativa. Esse benefício se torna perceptível, também, na Igreja e na sociedade (FRANKL, 2005, 2011).

Ao descuidar-se da vida interior, o sujeito foge de si mesmo no fazer coisas e sentir-se útil; ele se encontra frequentemente empenhado em atividades nas quais consome todas as suas energias, como se nisso tivesse a sua vida. "Essa correria põe em evidência um desejo de procurar algo chamativo, brilhante, com que suprir o sentido que já não se encontra no trabalho habitual, cujo peso e valor – sobrenatural e talvez humano – perderam força motivadora, a diligência, a alegria e a grandeza de ânimo" (CARVAJAL, 1990, p. 64).

O princípio de qualidade vital e de bem-estar na sociedade hipermoderna tem, por vezes, se compatibilizado com a aquisição de um prazer possível, materializado no alcance de satisfações pessoais materiais e imateriais, perpassadas por um âmbito utilitário e econômico. Por sua vez, cada formando necessita descobrir o sentido que norteia seu existir e persegui-lo com clareza e sinceridade, ciente de que se é limitado e cheio de potencialidades e possibilidades que caracterizam e amadurecem as pessoas. O sentido da alegria interior torna-se possível quando se vive em um tom elevado de vida interior, de serenidade, de satisfação subjetiva e clareza de projeto de vida abraçado (CARVAJAL, 1990). Esse tom elevado de vida interior favorece a alegria serena e amável que se pode transmitir no trabalho pastoral, nas relações interpessoais no seio da comunidade formativa e nos demais âmbitos da formação.

Intenta-se, com isso, indicar a perspectiva antropológica e existencial de Frankl, que retorna à questão filosófica da existência e da essência, ante a necessidade de retomar valores fundantes do humano que foram sendo reconfigurados nos últimos tempos. Cada formando necessita descobrir o sentido que norteia seu existir e persegui-lo com clareza e sinceridade, ciente de seus limites e potencialidades, abraçando valores que os caracterizam, os identificam e os constroem em direção à maturidade humana e espiritual.

Em contrapartida, a temporalidade constitui-se como fonte de aflição para os sujeitos, principalmente nas exacerbações hipermodernas, em que a sensação ou percepção de redução temporal se externam quando eles não dedicam tempo para a vida, para os valores transcendentes. Para tanto, urge a necessidade de tempo livre para si e para a constituição de um *self* saudável, pois este só é possível quando o formando ou formador "faz-se um" consigo mesmo e, sem conflitos na alma, consente em seu próprio ser, administrando as preocupações e entregando-se ao processo de maneira piedosa, não deixando o tédio, o torpor espiritual, a incapacidade de se dedicar ao projeto de vida tomarem as infinitas possibilidades e tentativas de preenchimento do vazio existencial por coisas, consumo e relações virtuais. Ao desviar o olhar dos valores vitais e das influências socioculturais nas escolhas cotidianas, o ser humano não se exprime passível de encontrar tempo viável para a vida interior, de reflexão e contemplação.

O desânimo e a profunda desesperança, portanto, ensejam desespero e idolatria, pois não enxergamos as realidades com clareza e tendemos à exaltação de aspectos acidentais em detrimento do essencial, que se encontra no âmbito ontológico. Nesse sentido, encontramos a caracterização de um mal-estar subjetivo, perpassado por aspectos que Matos (2012) denomina de acídia: entorpecimento, angústia da espera, melancolia, inquietação interior, apatia, desgosto, indiferença e negligência. Acídia é desânimo que se transforma em aversão pela vida, podendo desencadear transtorno de ansiedade, síndrome do pânico e depressão, levando inclusive à ideação suicida.

Nessa mesma perspectiva, uma crise de esperança é uma grave doença interior, que pode se manifestar em qualquer idade da vida espiritual. A insatisfação é uma constante no sujeito tíbio. A vida desse sujeito é repleta da falta de esperança e padece de uma preguiça que o impede de fazer coisas que reverterão em benefício da sua vida interior. "O tíbio pôs de lado o amor, o seu coração encheu-se de pequenos egoísmos e compensações procuradas à sua volta. Um sintoma claro da tibieza é ir tendo cada vez mais coisas, mais caprichos, mais necessidades, e menos desprendimentos" (CARVAJAL, 1990, p. 63). Nesse sentido, a consequência da tibieza é um vazio interior que a pessoa necessita preencher. E o formando hipermoderno, na busca incansável por essa sensação de preenchimento, muitas vezes recorre a artefatos supérfluos que o afastam de um caminho transcendente, de experiências espirituais que produzam sentido no seguimento e discipulado de Jesus Cristo, sobretudo o distanciam de uma força protetora que se expressa pelo diálogo, pela oração e pela vida fraterna. Quando esses artefatos são perdidos, a vida tende a sofrer um abalo, em razão da ausência de sentidos consistentes para a vida.

Ao descuidar-se da vida interior, o formando foge de si mesmo, e, ao fazer coisas e sentir-se útil, encontra-se frequentemente empenhado em atividades nas quais consome todas as suas energias, como se nisso tivesse a sua vida. "Essa correria põe em evidência um desejo de procurar algo chamativo, brilhante, com que suprir o sentido que já não se encontra no trabalho habitual", o qual foi esvaziado de sua força motivadora (CARVAJAL, 1990, p. 64).

Nesse contexto de falta de sentido, de vazio existencial, o formador, em sua função, precisa estar atento ao processo que vem realizando o formando. Na medida do possível, esse processo precisa ser personalizado, visto que é cada vez maior o número daqueles que vêm perdendo entusiasmo pelo social, pelo amor, pelo trabalho. Tomada por esse vazio, a pessoa se sente impotente para a realização de valores em quase todas as áreas da vida, sentindo uma insatisfação vital cada vez mais comum no tempo fluente.

A frustração com a existência ou falta de sentido para a vida

As frustrações existenciais, causadas pela falta do sentido de existir, produzem conflitos no âmbito da vida comunitária, da vida espiritual, pastoral e intelectual (FRANKL, 1991). Tais conflitos são constatados na Hipermodernidade, em larga escala, em fenômenos como depressão, suicídio, agressividade, homicídio, alcoolismo, drogadição etc. Esses fenômenos exemplificados expressam verdadeira frustração da vontade de sentido (FRANKL, 1978).

Para se entender o vazio, há de se verificar seu conteúdo antropológico, cujos componentes são: o sentido da vida vai paulatinamente se perdendo, estado em que a pessoa, inconscientemente, deixa de lado o projeto de vida pessoal e vai desfalecendo nos acontecimentos do cotidiano, que não mais o envolvem. Assim, a vida desmorona, pois, sem foco e finalidade, a vida desaba.

O vazio de sentido desenrola-se, sobretudo, pelo não estabelecimento de metas e objetivos por parte do sujeito. Surge, daí, um estado de angústia, já que a pessoa é submetida a uma tensão constante, entre o que deveria ser e o que é de fato. Nesse contexto de vazio existencial, Frankl (1992, p. 68) apresenta o sentido como algo que pode ser encontrado e, nessa busca, é a consciência que orienta a pessoa. Para o referido autor, a consciência é um órgão de sentido, que "[...] poderia ser definido como a capacidade de procurar e descobrir o sentido único e exclusivo oculto em cada situação".

A Hipermodernidade é apontada como uma época em que as pessoas estão imersas numa falta de sentido para a vida. Tal sentimento acontece pelo fato de as pessoas experimentarem uma enxurrada de estímulos sensoriais e uma ausência quase completa de experiências com sentido. "Se o ser humano quiser subsistir aos meios de comunicação de massa, ele precisa saber o que é e o que não é importante, o que é e o que não é essencial, em uma palavra: o que tem sentido e o que não tem" (FRANKL, 1992, p. 70).

Com efeito, formandos e formadores precisam estar atentos, visto que a falta de sentido que caracteriza seu tempo os leva ao esconderijo sob diversas "máscaras" e "disfarces". O vazio existencial, no entanto, transparece sob tais máscaras. Desse modo, a satisfação psíquica é buscada, por exemplo, por meio de drogadição, alcoolismo, consumismo e modismos passageiros, inclusive modismos espirituais e orações movidas pelo emocionalismo, entre outras modalidades de compensações.

Expressado de outro modo, essas máscaras equivalem ao resultado da procura por parte de formandos e formadores de superação do vazio existencial mediante uma satisfação compensatória imediata, por meio de tentativas de busca de sentido mediante o enriquecimento material, da obtenção de *status*, a qualquer custo, por meio do "poder". Nessa busca, eventualmente, o sujeito procura se inserir na lógica capitalista hodierna, assumindo passivamente sua posição de consumidor. Nessa razão, tudo se configura em mercadoria e em propriedade. Sua vida se organiza em torno da cultura do ter e não do ser. Ainda em busca de compensação, o sujeito hipermoderno poderá se lançar também numa busca frenética pelo "prazer". Essa busca é caracterizada pela banalização dos sentimentos nas relações afetivas, observada com veemência no tempo que corre.

As experiências de interioridade, de meditação, de contemplação e de vivências espirituais na Hipermodernidade estão mais raras por falta de tempo e espaço, porque o consumidor voraz e insaciável por notícias, informações, privilegia vivências instantâneas, circunstanciais, fragmentadas, fugazes. Assim, falta tempo para a experiência, entendida como aquilo "que nos passa, o que nos acontece, o que nos toca. Não o que se passa, não o que acontece, ou que toca" (LARROSA, 2002, p. 21).

O ato de silenciar exige implicação subjetiva e investimento temporal, convoca à "perda de tempo" para a interiorização, que desencadeia autoconhecimento, o que é uma exigência essencial para a vida se tornar memorável. Em contrapartida, no contexto atual, em que o tempo se fez representação de mercadoria e de consumo, em que a aceleração temporal impera em uma obsessão por aproveitamento das temporalidades em vista da lucratividade, do sucesso, das satisfações hedonistas, relativistas e permissivistas (CIFUENTES, 2003), nada acontece às pessoas.

Nesse sentido, é importante ressaltar que o tempo é uma constituição da pessoa, já que a qualidade do tempo em que se vive diz respeito à qualidade de ser quem se é. Como não se sabe nomear e atribuir sentido ao tempo do vivido, o sujeito hipermoderno é impulsionado a não descobrir quem ele é, de modo que vive imerso em um fluxo de volatilidades constante em relação a si mesmo, aos outros e até mesmo ao projeto existencial. O valor do "tempo que nos resta" encontra-se na descoberta e na realização do sentido vital, da consciência de se ser finito e ao mesmo tempo inacabado, porque em devir (DUPUY, 2012).

Outro sintoma do vazio de sentido na sociedade contemporânea é a violência. Esse fenômeno está vinculado à falta de sentido transcendente. Frankl (1989) oferece algumas reflexões sobre o seu aumento no mundo atual. Para ele, não existe um *logos*, ou seja, um sentido na violência e na agressividade humana. Como fenômeno não humano, a agressividade tem suas "causas-origens" de ordem fisiológica e psicológica, nas quais não existe a intencionalidade, apenas impulsos animais. Colocado diante de um evento estressante, o ser humano é livre para escolher um comportamento que seja condizente com o *logos*. Assinalo, no entanto, que os "homens humanos" são minoria, muitos são tomados pelos impulsos animalescos.

Para Frankl (1990), a violência que a sociedade atual está experimentando tem como causa o que ele denomina de "neurose de massa" ou "neurose coletiva". Para ele, tal neurose é o sintoma da perda de sentido coletivo. Sua causa está relacionada com a perda da tradição, dos valores, e com o reducionismo científico. Assim, o vazio existencial, neurose em massa da atualidade, pode ser descrito como modalidade privada e pessoal de niilismo. Este, por sua vez, pode ser definido como a posição que diz não ter sentido o ser (FRANKL, 1991).

Encontra-se em Frankl algo semelhante à concepção de niilismo de Nietzsche (2002, p. 54) como sinônimo de falta de meta e falta de resposta a um "porquê". Ele usa esse termo para caracterizar o estado de total apatia e falta de sentido, sobretudo aquele que tomou conta da sociedade da segunda metade do século XX até os dias atuais: "O niilismo não afirma que não existe nada, mas afirma que tudo é desprovido de sentido" (FRANKL, 1991, p. 128). O niilismo é uma doutrina segundo a qual nada existe de absoluto, apontando, pois, para a descrença em relação a valores.

O ser humano deste tempo também está em busca do sentido de sua existência que, como propôs Frankl (1991), está numa dimensão em ultrapassagem ao próprio ser humano, que transpõe sua realidade psicofísica. Essa ultrapassagem ou autotranscendência é que o capacitará para superar os condicionamentos da vida hipermoderna: "Ser homem necessariamente implica uma ultrapassagem. Transcender a si próprio é a essência mesma do existir humano" (FRANKL, 1990, p. 11).

Em contraposição ao vazio existencial vivido pelo ser humano na Hipermodernidade, Frankl (1978) entende a pessoa humana como dotada também de uma "vontade de sentido", para a qual é motivada inconscientemente a fim de encontrar o sentido de sua existência. Trata-se de uma motivação básica que impulsiona a pessoa e a faz buscar um sentido e realizá-lo. É também a motivação para encontrar sentido para a existência sob a forma de um "tu", para lhe dedicar o seu afeto.

Dessa maneira, o formador, como ser que existe no mundo e lida diretamente com outros seres que estão completamente impregnados das realidades do mundo hipermoderno, deve compreender as situações que vivencia. Esse entendimento pressupõe a capacidade de dar liberdade ao formando para que em sua autonomia atribua sentido às suas experiências e, daí, gradativamente, possa constituir e conhecer o mundo e a si mesmo com a devida consciência de si e a responsabilidade pelo projeto de vida almejado e que se prepara para abraçá-lo. A vivência do processo formativo sempre ocorre acompanhada de humor, com sentimentos agradáveis de sintonia e bem-estar, ou sentimentos desagradáveis de preocupação e contrariedade, com níveis variáveis de intensidade.

Com isso, tenciona-se dizer que a existência de formandos e formadores é permeada pela sintonia e pela preocupação, que se alternam no decorrer da trajetória formativa. Assim, o modo preocupado de existir caracteriza-se por uma vivência global de desconforto e mal-estar, que varia de um vago sentimento de intranquilidade a uma profunda sensação de angústia, que chega a ser dominante, e isso está fundamentado no próprio ser-no-mundo do sujeito em inter-relação.

O torpor existencial hipermoderno e o processo de formação

O vazio existencial, portanto, observado e reclamado nos processos de formação nada mais é do que uma situação de perda de sentido na vida. O formando ou formador age sem clareza de objetivos e sem mesmo saber a razão de estar agindo: "há uma insatisfação remota, um sentimento de tristeza, uma esterilidade existencial e criativa junto com uma perda de objetivos e metas da existência" (RODRIGUES, 1991, p. 186).

Como visto, na Hipermodernidade são facilmente encontrados sujeitos que se apropriam de recursos materiais para viver, entretanto, destituídos de valores espirituais e de um sentido pelo qual viver (FRANKL, 1989). Fazem parte desse contexto, em decorrência do próprio sentido de ser-no--mundo, a inautenticidade e o vazio existencial. Para superar esse vazio existencial, ora observado, escutado e reclamado, é necessário ressignificar a existência e os processos de formação e de relacionamento no contexto atual, constituindo um projeto formativo e de vida de maneira autêntica (isso se aplica a formandos e formadores), oriundo do interior do próprio ser, com base em suas escolhas vocacionais, privilegiando as escolhas subjetivas e não se deixando entorpecer pelas imposições contingenciais e sociais. Expressa-se isso como indicativo de superação da valorização das relações interpessoais e sociais, bem como da busca de sedimentação da interioridade por meio de uma verdadeira espiritualidade que oriente a pessoa para o desvelar de sentido por meio da dimensão espiritual que ocorre no ser humano.

Sugere-se ao formador, em sua função, estar atento a um detalhe considerado importante no processo de formação de um candidato para a vida consagrada e presbiteral. Se o formando ou formanda for incapaz de penetrar o seu mundo interno, consequentemente, terá dificuldades de compreender o mundo interno dos outros, razão pela qual não seria possível o estabelecimento de relações significativas. Dessa impossibilidade resulta o sentimento de vazio e de falta de sentido. Não obstante, tudo pode ser reconstituído nas possibilidades de um desenvolvimento que perfaça um novo ser-para--o-mundo, com acompanhamento, ajuda oferecida e disposição subjetiva de quem fará o processo.

Em suma, essa reconfiguração poderá ocorrer pela busca de sentido, porquanto é questão de sobrevivência, pois é por meio do encontro desse sentido que o sujeito se adapta à vida (FRANKL, 2008). Destarte, a procura por sentido é uma motivação primária, podendo ser caracterizada como a força que movimenta a vida e direciona o sujeito à transcendência e à descoberta do seu verdadeiro ser.

Direcionar e centralizar suas intenções – desejos e anseios, unicamente na busca de bens materiais, coisas externas, prestígio, poder, personalidades midiáticas e excesso de exposição – conduz o formando a estar permanentemente apressado, pois dispõe de um tempo limitado que é o tempo finito da existência mundana para encontrar, apropriar-se e desfrutar desses bens. Habita-se, pois, uma sociedade sobrecarregada de informações, superexcitada (FRANKL, 2005), superestimulada, repleta de demandas novas e descartáveis. Com isso, os formandos provenientes de famílias inseridas nessa sociedade buscam soluções e respostas rápidas, produzidas e alteradas velozmente, onde seguranças e estabilidades fabricadas pelo mercado se esvaem a fim de ascenderem informações mais recentes e passíveis de nova substituição, porque "[...] a experiência e o saber que dela deriva são o que nos permite apropriar-nos de nossa própria vida" (LARROSA, 2002, p. 27). Para tanto, faz-se imprescindível um processo de formação que possibilite a tomada de consciência acerca dos valores cristãos e orientações eclesiais oferecidas pelos documentos sobre a formação para a vida presbiteral e religiosa consagrada, como experiência de adesão subjetiva.

Portanto, um processo formativo inspirado na ciência contemplativa se faz necessário, uma vez que a Hipermodernidade revelou o torpor espiritual, traduzido em novos e vários nomes, como tédio, angústia, melancolia, ausência, ansiedade, falta de algo que lhe ofereça sentido etc. Tais termos conduzem a pensamentos e ideações sobre abandono e morte. Assim, como meditar, contemplar, silenciar, orar, refletir, "pensar é o passeio da alma" (MATOS, 2012). Trata-se de um passeio gerador de encontro consigo, inserido em um tempo avesso à aceleração e ao utilitarismo, o lugar do espiritual na formação presbiteral e religiosa vem a ser "o reencontro do tempo perdido, aquele que passou sem ser cuidado: melhor é estar ocioso do que se agitar sem fazer nada" (MATOS, 2012, p. 59). Empregar e ocupar-se de tempo para si é vivenciá-lo, superando a aflição e a angústia diante da sobrevivência; é exercitar o encontro consigo no tempo livre ocupado pelos canais virtuais, porque valores espirituais são aperfeiçoados no repouso. "Recomeçar cada dia, nas coisas grandes e nas pequenas, é necessário o conhecimento próprio" (CARVAJAL,

1990, p. 53): educação para o espiritual, para o silêncio, para a contemplação, para a oração, uma vez que "o coração não sente apenas, também sabe e entende" (p. 71). Daí ser imprescindível aos formandos apropriação do tempo subjetivo e desfrutá-lo como experiência valorosa e engrandecedora da vida.

O ritmo vital acelerado entorpece as pessoas que estão fugindo do seu interior vazio, o qual propicia falta de objetivo e de conteúdo para a existência (FRANKL, 2005). Na sociedade líquida (BAUMAN, 1998, 2003), hiperconsumista (LIPOVETSKY, 2005) e apressada (BERIAIN, 1997), não é preservada nem favorecida a existência de tempo para estar consigo, em atitude de silêncio e contemplação, introspecção e interiorização. A fluidez e a flexibilidade imperam e deixam as pessoas em constante estado de insatisfação e incompletude, vazias interiormente, porque carentes de consciência histórica, biográfica, intencional e transcendente (AGUIRRE, 2002); receosas e temerosas de encontrarem-se consigo para enfrentar a verdade do ser no tempo do existir.

Mais uma vez, volta-se à questão filosófica da existência e da essência, pois o que é antigo se faz novo ante a necessidade da retomada de valores fundantes do humano que foram sendo desconfigurados e desagregados. Cada um, seja formando ou formador, necessita descobrir o sentido que norteia seu existir e prossegui-lo com clareza e sinceridade, ciente de que se é limitado e cheio de potencialidades. Então, infere-se que o tempo da formação inicial constitui fonte de aflição para os formandos, principalmente nas exacerbações de expressões de sensibilidade e melindres, em que a sensação ou percepção se externa quando não se dedica tempo para a vida, para os valores transcendentes, para o trabalho interior por meio de uma sólida formação humana e espiritual.

Conforme Carvajal (1990, p. 42), "a tibieza nasce de um descuido prolongado na vida interior"; é uma grave doença do amor que pode aparecer em qualquer idade da vida interior. Na verdade, a tibieza traz consigo um envelhecimento interior. O tíbio é um velho prematuro. Entende-se a tibieza como doença do amor, porque dedicar tempo a algo significa atribuir-lhe valor, e isso é uma propriedade do amor.

O tíbio pôs de lado o amor, o seu coração encheu-se de pequenos egoísmos e compensações procuradas à sua volta. Um sintoma claro da tibieza é ir tendo cada vez mais coisas, mais caprichos, mais necessidades e menos desprendimentos. Talvez, mais do que um sintoma, seja uma consequência: produziu-se um vazio interior, que é preciso preencher (CARVAJAL, 1990, p. 63). Ao descuidar-se da vida interior, o formando foge de si mesmo; ao fazer as coisas e sentir-se útil, ele está frequentemente empenhado em atividades nas quais consome todas as suas energias, como se nisso tivesse a sua vida. "Essa correria põe em evidência um desejo de procurar algo chamativo, brilhante, com que suprir o sentido que já não se encontra no trabalho habitual, cujo peso e valor – sobrenatural e talvez humano – perderam força motivadora" (CARVAJAL, 1990, p. 64).

Na percepção de Carvajal (1990, p. 66), "a tibieza é compatível com certa laboriosidade. Porque o verdadeiro oposto à tibieza não é a laboriosidade e a diligência, mas a grandeza de ânimo e aquela alegria que é fruto do amor divino sobrenatural". Para tanto, o maior erro humano é basear a vida na falsa esperança e no bem-estar material, no prestígio, no dinheiro, enfim, em coisas carentes de consistência.

Assim, o desânimo e a profunda desesperança ensejam desespero, vazio existencial e idolatria, pois não se enxergam as realidades com clareza e a tendência é sobre-exaltar aspectos acidentais numa perspectiva negativista em detrimento do essencial que se encontra no âmbito ontológico. Aí está a caracterização de um mal-estar hipermoderno perpassado por aspectos próprios do que Matos (2012) denomina de acídia: entorpecimento, angústia da espera, melancolia, inquietação interior, apatia, desgosto, indiferença e negligência. Acídia é depressão que se transforma em uma aversão pela vida.

8
Percepções do significado do tempo para si

A dinâmica de funcionamento da sociedade hipermoderna, como já mencionado, se dá em um *continuum*. À medida que surgem alterações nas relações interpessoais, afloram também modificações em âmbito geral. Nesse sentido, na sociedade do hiperconsumo é possível verificar que, cada vez mais, essas alterações ocorrem numa velocidade maior e até mesmo assustadora.

Essas alterações sucedem no campo das tecnologias, das comunicações e das relações subjetivas e intersubjetivas. Portanto, não há dúvida de que a sociedade está em constante modificação (BAUMAN, 1998). Neste capítulo, o que procuro analisar são as consequências que essas alterações provocam no cotidiano dos formandos, olhando de maneira especial para a percepção do significado de utilização do tempo.

Tal análise será realizada, no tocante às relações entre formador e formando, sob uma perspectiva humanista do significado do tempo para si, como é denominado, por Cuenca (2000, 2003), de ócio.

As pessoas estão cada vez mais atarefadas e isso não é diferente no processo formativo. Os sujeitos se encontram cada vez mais ocupados em "curtir", comentar e compartilhar informações nas redes. Tal situação faz com que não se pare para pensar e contemplar uma ideia, uma paisagem, uma pessoa etc. – coisas simples assim, mas que não são consumíveis no sentido empregado pela cultura da sociedade hodierna, razão pela qual aparecem sem significado. O ócio humanista a que se refere Cuenca ou o tempo para si, vivido e experienciado com significado, é apontado como auxílio para reverter essa situação e proporcionar boa qualidade de vida, agregada à saúde física e mental.

Compreende-se o ser humano nesse contexto como um ser instável e tentado a interromper o percurso de seus projetos e metas, conduzindo-se pelas permanentes mudanças. Um número sempre crescente de formandos está imerso nas repetidas ondas de nostalgia, prevalecendo aflição e incerteza, suscitando a busca de experiências inéditas, de aventuras e acentuada diminuição do compromisso.

Os homens e mulheres dos tempos atuais preferem opções abertas. Nessa mudança de disposição da realidade social, os formandos são ajudados e fortalecidos por um mercado inteiramente organizado em torno da procura pela satisfação. A atual conjuntura qualifica o jovem como um ser de sensibilidade, emoções e paixões, integrando-o numa totalidade orgânica e estrutural no âmbito do pensamento da experiência humana como eminentemente existencial.

Entendimento do termo "humanismo"

O humanista é aquele que se dedica às artes liberais e, dentro destas, se destacam a história, a poesia, a retórica, a gramática e a filosofia moral. O humanismo no sentido apontado tem uma significação filosófica que a filosofia renascentista destaca como conhecimento do ser humano como pessoa, ou seja, a pessoa humana na sua dignidade. Com isso, suscitou mudanças na antropologia filosófica da época (MORA, 2001).

O humanismo é em parte um dos elementos da atmosfera filosófica que, na Hipermodernidade, designa as tendências que ressaltam o ideal humano. Esse ideal humano se proliferou em vários humanismos: humanismo cristão, humanismo integral, humanismo socialista, humanismo liberal, humanismo existencialista e muitos outros que enfatizam que o ser humano não se reduz a nenhuma função determinada, mas que é uma totalidade em aberto. O humanismo é marcado, na Hipermodernidade, por características que insistem na liberdade individual, na democracia política, no existencialismo e no personalismo que estejam voltados para aquelas questões ligadas àquilo que dá razão ao que há de mais humano. Nessa perspectiva, focalizo um humanismo de viés existencial para fazer jus ao pensamento de Viktor Frankl.

Para Lima Vaz (2006, p. 101), o sentimento, tendo como sede o coração, ou a consciência moral, está no centro da visão sobre o contemporâneo, dando ao seu pensamento uma rigorosa estrutura subjetiva, que é fruto da cultura em que se está inserido. Fazendo referência a Rousseau, Lima Vaz afirma: "Esta, sendo uma resposta do homem aos desafios da natureza, acaba voltando para o próprio homem na medida em que o torna cada vez mais distante da plenitude original de sua vida natural e, portanto, cada vez mais infeliz".

A concepção hegeliana sobre a humanidade integra os principais traços que definem o ser humano na visão clássica e moderna, inaugurando um dos grandes estádios do humanismo ocidental. É uma gradação que não deve ser entendida como superposição e sim como um movimento dialético que integra cada nível da inteligibilidade do todo na estrutura e na ideia da pessoa como totalidade. Tudo aquilo que é real é racional; tudo o que é racional é real (REALE, 1991).

Lima Vaz (2006), quando faz referência ao humanismo, de modo particular o apresentado por Hegel, exprime a relação que existe entre o homem e o mundo natural, a cultura, a história, e o absoluto. Isso porque a concepção hegeliana do ser humano desemboca, assim, no conceito de espírito que é o verdadeiro centro de sua filosofia. E a ideia do ser humano, em sua significação mais profunda, se mostra como momento, subjetivo e objetivo, da dialética do espírito que, por sua vez, transcende o indivíduo e a história na esfera do absoluto.

Tal compreensão sobre o humanismo engloba em sua essência a passagem dialética da natureza ao espírito, tendo uma abrangência que se articula por via do seu caráter subjetivo, que se insere num âmbito mais vasto, envolvendo espírito objetivo e espírito absoluto, ou melhor, engloba o humano em todo o seu existir: subjetivo, intersubjetivo e espiritual.

Já no pós-hegelianismo, o humanismo passa a ser visto, por meio de Feuerbach, numa concepção rigorosamente materialista, afastando-se decididamente da tradição clássica, e rejeitando de igual modo a visão hegeliana de espírito. Na verdade, para essa concepção, o ser humano é o deus único para ele, e os atributos de Deus que comparecem no discurso teológico cristão deverão constituir a sequência de um antropocentrismo. Essa perspectiva sobre o ser humano vai paulatinamente definindo-o como um ser sensível, cheio de carências, tendo uma relação objetiva com o mundo. E essa relação permite caracterizá-lo como ser genérico aberto aos outros homens e mulheres e à totalidade do gênero humano que, na verdade, é o sujeito real com seus atributos subjetivos, sociais, religiosos e culturais. Essa concepção de humanidade dissipa a ilusão do Deus transcendente e descobre na relação essencial "eu-tu" o caráter radical e fundante da experiência do outro.

É na noção de necessidades humanas que também Marx encontra a definição de ser humano. As necessidades, sejam elas biológicas, psicossociais e culturais, tornam-se o fato fundamental aos olhos de Marx para caracterizar a sua visão de ser humano. A interpretação das necessidades que constituem o fundamento para o estudo de sua plena satisfação, ou seja, de sua satisfação segundo uma medida plenamente humana, o que se supõe terá lugar na sociedade comunista (LIMA VAZ, 2006).

Seguindo-se a Marx, tem-se a visão de Nietzsche sobre o ser humano que se articula em dois planos etimológicos: no da ontologia e no da cultura. Tal visão se define por ser oposta à tradição grega e à tradição cristã. Em Nietzsche, mostra-se de modo radical a dissolução da imagem ocidental do ser humano, cujo início remonta à Renascença.

Nietzsche empreende uma crítica radical a toda tradição, que culmina no dualismo cartesiano que faz da consciência o núcleo ontológico do ser humano. "A consciência, para Nietzsche, é apenas um instrumento de uma unidade superior que ele denomina corpo e que constitui a totalidade do indivíduo" (LIMA VAZ, 2006, p. 127).

A influência contemporânea dessa concepção desenvolvida pelas ciências humanas opera uma revisão profunda sobre o problema das relações do ser humano com a natureza, afastando-se, progressivamente, da relação entre ser humano e natureza, entre ser humano e Deus, gerando uma relação meramente humana. Por isso, o pensamento contemporâneo quando faz a pergunta ontológica fundamental – "o que é o ser?" – remonta às distintas concepções de vários pensadores na historiografia sobre tal significação.

Como não é possível oferecer todas as definições sobre o humanismo encontradas na contemporaneidade de maneira sintética, trago aquelas que considero as principais concepções e os mais relevantes modelos e visões sobre o ser humano para aquilo que me proponho neste capítulo, tencionando mostrar o significado do tempo para si por meio de um olhar humanista. Dentre essas, destaco a visão existencial que encontra em Kierkegaard seu ponto alto. Para ele, "[...] trata-se da existência cristã como existência do indivíduo que manifesta sua singularidade irredutível na explicação lógica ao alçar sua liberdade no salto absurdo da fé" (LIMA VAZ, 2006, p. 129). A visão personalista trabalha com a categoria de pessoa utilizando e distinguindo níveis epistemológicos, como a ontologia, a ética, a política, o psicológico e o pedagógico. São concepções do humanismo segundo os diversos tipos de filosofia que empregam essas categorias.

A concepção personalista caracteriza-se pela inspiração cristã e é a afirmação do Deus pessoal transcendente como paradigma e fim único do ser. Os personalistas que melhor contribuem com a perspectiva que ora se expressa são J. Maritain (1882-1973) e E. Mounier (1905-1950), que mantiveram estrita fidelidade ao tomismo, porém formulando uma concepção de humanismo largamente aberta aos grandes problemas da civilização contemporânea. Dessa pluridiversidade de visões sobre o humanismo, uma espécie de invariável conceitual permanece: a de que o ser humano é um ser universal ou receptáculo intencional de toda a realidade.

Ante essas concepções e modelos, convém dizer que a Hipermodernidade se expressa por via de tendência cada vez mais acentuada de viver em um estado de permanente pressão, para se despojar de toda interferência coletiva no destino subjetivo, tendendo a fortalecer a intrínseca inclinação ao descompromisso, à indiferença e à livre-competição.

O paradigma em mudança das relações interpessoais, nessa nova política de vida permeada pelo domínio do espírito consumista, dificulta a geração de laços duradouros, visto que a imagem que o ser humano hipermoderno tem de si é de uma série de novos começos, que se experimentam como formas instantaneamente agrupadas, mas facilmente demolidas, liquefeitas (BAUMAN, 1998). Nelas, a arte de esquecer é mais evidente do que a de memorizar.

Em suma, o humanismo é o agir no mundo humano no qual a própria pessoa é tomada como paradigma de valor dos diversos humanistas que vão dando razão ao problema fundamental que é pensar sobre o processo de formação com sentido em tempos em que o significado do tempo para si vem cada vez mais se esvaindo.

Sobre o significado do tempo para si (ócio) no contexto da cultura hipermoderna

Na era da informação, segue-se e vive-se conforme o que está em "alta" na mídia. Todos agimos, vestimos, saboreamos o que os meios de comunicação atestam como necessário e imprescindível para as nossas vidas, a ponto de compreender como impossível viver sem um aparelho celular, por exemplo, ou sem estar conectado à internet. Essa necessidade constituída está tão em voga que quem não possui esses aparatos hipermodernos está excluído do meio social, "desligado" da cultura social hiperconectada. E tal homogeneização sequer é perceptível, pelo fato de existir algo que impulsiona a adoção de condutas "comuns". Tudo parece natural, mas o que existe é uma padronização de comportamentos.

A própria estruturação espacial vai se moldando às exigências e necessidades que a pessoa acredita ter. Assim, as grandes cidades estão cada vez mais estruturadas para o dinamismo do trabalho tecnológico. É preciso, no entanto, perceber que, embora a cidade e o espaço pareçam estar sendo edificados em um processo natural de evolução e progresso, o que pode estar acontecendo é progressão e continuidade da mesma dominação de uma classe ou grupo de pessoas sobre outro (SANTOS, 1994).

Nesse contexto, entende-se por tempo para si o transcurso, a sucessão dos eventos e sua trama (WHITROW, 2005). Por espaço, o meio e o lugar material da possibilidade dos eventos (SANTOS, 1994). A cada momento, mudam juntos o tempo e o espaço. De tal modo, a grande tarefa é a de apreender e definir o presente, segundo essa ótica. Assim, a experiência humana do tempo para si é penetrante, íntima e imediata. A vida, a morte e o tempo combinam-se de maneira intrincada e intrigante, difícil de ser esclarecida, porém reconhecida em todas as grandes filosofias e religiões. O tempo é um componente de todas as modalidades de conhecimento, de todos os modos de expressão, e está associado às funções da mente.

Um tempo reservado ao ócio oferece, sobretudo, a possibilidade de introspecção, convívio, amizade, amor e aventura. Nesse sentido, é necessário não apenas ter uma espiritualidade internalizada, mas também ter educação para as coisas simples da vida e que passam despercebidas, como poder ter condições e conhecimento para escolher um bom livro ou simplesmente admirar as belezas da natureza.

O contexto cultural hipermoderno induz as pessoas ao apressamento, a desempenharem os seus papéis na sociedade e não pensar sobre eles. Por isso, é primordial educar para a possibilidade de não apenas fazer coisas, mas também de refletir e ter outro norte para a vida. Educar para o ócio, ter tempo para si, significa ensinar a escolher um filme, uma peça de teatro, um livro. Ensinar como se pode estar bem sozinho, desfrutar da solidão, significa também levar os formandos a habituarem-se às atividades domésticas e com a produção autônoma, fazer o próprio alimento, que o momento atual induz a comprar pronto; ensinar o gosto e a alegria das coisas belas, e inculcar no estilo de vida a alegria de estar juntos, desfrutando da presença de pessoas e não da conexão com máquinas que oferecem a virtualidade.

Salis (2004) entende que não deve ser apenas a pressa, a vida pelo trabalho, a vida pelo consumo que orientem a existência de uma pessoa, mas também a possibilidade de contemplação e de reflexão. É preciso desacelerar a vida para perceber de modo mais detalhado o que acontece. Assim, somente com a recuperação do conhecimento acerca de si mesmo é que será possível sair desse processo de padronização e perceber que existem singularidades, pois cada pessoa é um ser único e que tem vontades com capacidades de desvelar sentido.

A busca do tempo perdido só ocorre a partir do momento em que se logra estabelecer uma quebra nessa relação mecânica de reprodução, uma destruição das engrenagens de articulação desse esquadrinhamento da vida, por meio do desmantelamento do processo unívoco de ver e se articular com o mundo. Requer-se, todavia, a reapropriação dessa subjetividade, mas também, e desde então, a recuperação e a retomada do controle da vida pela pessoa.

Afinal, os candidatos à vida presbiteral e religiosa consagrada que se recebe nas casas de formação, quase que artificialmente, estão formatados por essa cultura da utilidade e pouco disponíveis para formatar a vida para uma cultura do significado. São seres que correm grandes riscos de perder a identidade individual, transformando-se em homens e mulheres com grandes crises de sentido. A pessoa é para os outros e também nos outros, para o mundo e no mundo, antes de ser em si. É por isso que o ócio na Hipermodernidade é um instrumento que ajuda o ser humano a ser mediante a contemplação, criação e consolidação do valor ético da vida como um bem inegociável.

A realidade positiva do ócio, como uso do tempo com significado, e a sua evidente importância na Hipermodernidade estão obscurecidas na sociedade de consumo que fez do ócio uma realidade importante e cheia de possibilidades; mas, ao mesmo tempo, carente de fins. Tecnicamente, o tipo de ócio dominante pode ser qualificado de entretenimento, lazer, lúdico e superficial. É um ócio predominantemente passivo, pois, enquanto uns o desfrutam, outros o idealizam e o organizam; é um ócio que faz parte de uma importante indústria cujo objetivo é o rendimento econômico. No comum, o ócio do nosso contexto atual pode ser considerado, de modo genérico, como um ócio consumista.

Portanto, o ócio entendido como tempo vivido e empregado naquilo que se faz com prazer só se converte em fonte de desenvolvimento pessoal e social quando se parar para pensar o que se quer fazer da vida, para onde se intenta orientar ações e se for capaz de tornar as vivências satisfatórias. O papel do ócio humanista na Hipermodernidade é possibilitar que o progresso empreendedor não destrua a vida humana; mas, por intermédio da experiência de ócio, da permanente busca da sabedoria pela contemplação, homens e mulheres tornem-se fecundos e criadores.

Significados do tempo para si: ócio humanista

O ócio com essa conotação humanista transforma-se em uma experiência integral, um direito e uma possibilidade de personalização. A experiência humanista do tempo para si não depende da atividade em si, nem do tempo ou do nível econômico de quem a vivencia, mas sim está relacionada com o sentido atribuído por quem a vive. Vale salientar, contudo, que "[...] a pessoa formada é capaz de converter cada experiência de ócio em uma experiência de encontro. Cada encontro é uma recriação que proporciona vontade de viver" (CUENCA, 2003, p. 63). Nessa perspectiva, o tempo vivido com significado promove saúde e bem-estar geral, oferecendo uma variedade de oportunidades que possibilitam aos indivíduos e grupos escolherem atividades e experiências que se adéquem às próprias necessidades, interesses e preferências.

Com efeito, para as pessoas atingirem seu pleno potencial de ócio, elas precisam estar envolvidas nas decisões que determinam as suas condições, pois o ócio não pode ser separado de outras metas da vida. Para atingir um estado de bem-estar físico, mental e social, uma pessoa ou um grupo deve ser capaz de identificar e realizar aspirações, satisfazer necessidades e interagir positivamente com o ambiente. O ócio humanista é, portanto, divisado como um recurso para melhorar a dignidade da vida, visto que muitas sociedades em todo o mundo são caracterizadas por insatisfação crescente, estresse, tédio, falta de atividade física, falta de criatividade e alienação na vida cotidiana. Todas essas características podem ser aliviadas pelas experiências de ócio, por meio da contemplação e da criação, gerando harmonia em quem o experimenta e no ambiente onde se encontra.

Pelo que é possível perceber, o mundo agitado e competitivo está passando por profundas transformações sociais e econômicas, que produzem mudanças significativas no padrão de vida e na quantidade de tempo livre disponível para a pessoa no transcorrer da existência. Essas tendências têm implicações diretas em uma gama de atividades da vida formativa e do discernimento vocacional, que influenciam na demanda de sofrimentos ocasionados pela ausência de ócio, por um tempo ocupado, porém vazio de significado.

A experiência humanista do ócio é percebida pela pessoa como experiência de satisfação livre de qualquer aprisionamento, como um fim em si mesmo. E considera que o ócio seja uma necessidade primária, implicando uma educação, uma percepção subjetiva que enseja influência positiva para a vida pessoal e o entorno social. Assim, o ócio é caracterizado pela referência à pessoa, no que diz respeito ao caráter intrínseco e extrínseco da experiência ociosa. Afinal, para ser humanista, o tempo para si (ócio) necessariamente precisa ser uma experiência gratuita e enriquecedora que esteja relacionada com os valores e significados profundos para o ser humano. Também é uma necessidade pessoal e sua satisfação constitui um requisito indispensável de qualidade de vida. O ócio humanista é uma experiência integral, em que a pessoa se afirma e se identifica (CUENCA, 2008).

O ócio humanista tem ainda um caráter emocional, pois compreende experiências que se enquadram no mundo das emoções. Sua importância está no fato de possibilitar o cultivo dos afetos e gerar satisfação intrínseca. A satisfação e a motivação impulsionam a ação e seus resultados ocasionam bem-estar psicoafetivo. Assim, o ócio humanista é também um viés de interação de valores e modos de vida que possibilitam à pessoa o desenvolvimento e a prática de valores em múltiplos campos da vida humana, tais como o sentimento de felicidade, ou sensação de autorrealização da pessoa (CUENCA, 2008).

O verdadeiro ócio é aquele vivido sem finalidades utilitaristas, um tempo com significados profundos e transformadores da existência humana, é o que se manifesta em qualquer dimensão desinteressada da vida humana como, por exemplo, nos âmbitos lúdico, ecológico, criativo, festivo, solidário e espiritual. E, ainda para Cuenca (2008), mesmo que a sociedade do consumo a cada dia venda mais produtos de satisfação que ofereçam respostas aos desejos dos instintos e do prazer, a experiência de ócio humanista estará sempre ligada ao conhecimento desinteressado, à reflexão, à contemplação, à criatividade e abertura ao transcendente. É uma habilidade gratificante expressa pela existência de vivências com sentido, na incorporação de um tempo para recordar os sentimentos e que permite, também, reviver experiências de memórias prazerosas. Enfim, traz alegrias e boas recordações ou situações que proporcionaram final feliz e que se converteram em motivação para um novo processo existencial (CUENCA, 2000, 2003, 2008).

Sendo assim, o ócio é vivido de modo peculiar. Por isso, a intensidade pode oscilar, dependendo da capacitação e aceitação de quem o realiza, pois são diferentes os gostos, as aptidões, os modos de contemplação e de receptividade. Ele evolui de acordo com a concepção pessoal sobre si mesmo, sobre os outros e o mundo. O fundamental da experiência do ócio é o despertar da dignidade do ser humano e os valores pessoais e comunitários que são potencializados.

Nessa perspectiva, o tempo para si se encontra no horizonte da realização do ser humano; por isso, a liberdade se constitui em âmbito fundamental para a formação do sujeito, pois a cultura de humanização deve ser entendida como algo vivo num processo em que é protagonista e não resultado de outrem. É a atitude criadora e criativa da pessoa que assume os valores que a cultura oferece e lhes dá sentido como marco de seus projetos pessoais (AMIGO, 2000). É um tirocínio que propicia um estado mental que permite desfrutar do ambiente, do tempo, que outros sem tal vivência não conseguem desfrutar. Porque a experiência do ócio exige a interiorização, visto que o ser humano hipermoderno se encontra diante de um contexto em que o mais importante é o desenvolvimento do experimento – mais do que a experiência em si. Seguindo essa compreensão, convém salientar que o ócio na visão humanista é um conhecimento que recria e dá vida, e não pode ser um ensaio superficial, mas que deve estar relacionado à vida interior e aos valores básicos do ser e fazer humano, de modo que, no processo de formação, é necessária essa clara vivência e valorização do tempo com significado subjetivo.

Uma experiência de ócio humanista é definida como um conhecimento pessoal que seja marcado por três condições: a percepção de liberdade, o autotelismo e o prazer intrínseco. A percepção de liberdade ou autonomia exige duas condições essenciais: a existência do tempo livre e da responsabilidade pessoal completa para o seu desenvolvimento. Quanto ao autotelismo, a experiência de ócio tem de ser desejada, esperada e motivada por valores intrínsecos. Por isso, está intimamente ligada com o mundo da emoção. Essas qualidades são inspiradoras no acompanhamento de vocações para a vida presbiteral e no processo de amadurecimento das dimensões da formação. Na perspectiva psicológica, a vivência do tempo com significado subjetivo é uma área essencial para o desenvolvimento pessoal, vai além do mero relaxamento, do passatempo ou fuga. E, sociologicamente, significa um espaço de socialização na medida em que o tempo se torna espaço de comunicação, relacionamento e aprendizado para a vida.

Nessa perspectiva, Csikszentmihalyi (2001) entende que uma experiência ótima no processo de formação para o projeto de vida almejado acontece quando a pessoa realiza uma experiência perfeita, que afeta a existência intrinsecamente humana. Com base na importância que é dada à motivação e à ação humana, o autor faz ver que há ótimos tirocínios quando há uma estreita relação entre motivação intrínseca e experiências vividas, quando livremente, escolhidas e satisfatórias, fornecem energia e fortalecem a interioridade.

Os benefícios para o processo formativo dos tirocínios de tempo para si

Como já mencionado, o tempo do ócio deve ser um experimento desinteressado, de reflexão, de contemplação, de criatividade e de abertura ao transcendente. *Então, para que serve o tempo para si? Quais são as consequências da vivência desse tirocínio humanista?* Ele se relaciona a valores que estão ligados à dimensão da interioridade da pessoa como o bem-estar, a contemplação, a vivência espiritual e a felicidade.

O tempo vivido com significado subjetivo é um potencial de motivação, de aprendizagem e de conhecimentos inovadores, criativos e livres, que facilitam o desenvolvimento completo da personalidade e contribuem para uma

126

individualidade saudável e uma equilibrada vida social. Essa experiência proporciona ao formando equilíbrio psicológico, desenvolvimento pessoal na relação consigo mesmo, com o trabalho pastoral, com as outras pessoas, com a dimensão espiritual e com a natureza. Tem como função a busca de atividades que contribuam para o crescimento do formando no âmbito físico, mental e espiritual.

Dessa maneira, tal experimento tem uma função terapêutica. O ócio contribui para manter um bom estado de saúde. Fisicamente, trata-se de resistir à vida sedentária, insana e pouco higiênica. Do ponto de vista mental, traz as funções psicológicas da meditação, do descanso, da criação e da diversão (CUENCA & MARTINS, 2008). Assim, quando se fala dos benefícios do ócio, vivido como um tempo com significado subjetivo, para o ser humano hipermoderno, inclui o sentido da vida ou de uma qualidade de vida que está relacionada às necessidades humanas e à sua satisfação.

Dentre os benefícios, destacam-se a sensação de liberdade para escolher e a responsabilidade pela opção feita (FRANKL, 2016), entrelaçada com o tempo para si, com a qualidade de vida. É uma experiência que é fonte de satisfação com o projeto de vida abraçado, para quem experimenta e constitui um dos momentos qualitativamente mais relevantes da ação humana. São tentames de caráter desinteressado e que supõem desprendimento e independência no que diz respeito aos interesses da vida cotidiana. O tempo para si é vivido em profunda liberdade interior, é autotélico, é sério quando é criador, valioso em si e é relevante para a vida. Realiza-se de modo voluntário e livre. Ele é, também, libertador e capaz de desenvolver a personalidade. Exercido na liberdade, suscita um sentimento de plenitude e deleite, porque favorece a vivência da alegria possibilitada pelo encontro com a pessoa, palavra e projeto de Jesus Cristo.

Outro benefício do que o tempo para si, com significado subjetivo, apresenta, é que o formando se afasta do mero passatempo e vai em direção à fruição do vivido, do serviço ao outro se transformando em motivo de sentido para a vida e expressão pessoal de encontro consigo, com o outro e com Deus. Esse tipo de ensaio é capaz de proporcionar desenvolvimento pessoal e social, porém, ao mesmo tempo, só chega ao ser humano por via da formação para o valor dele no processo de desenvolvimento e harmonização do *self* do formando.

Os benefícios psicológicos do tempo para si

Como é um experimento humano relacionado com os valores e significados profundos, esse tempo se torna fonte de desenvolvimento e prevenção psicológica, emocional e física e possibilita vivências espirituais. A experiência do ócio é integral, relacionada com o sentido da vida e os valores de cada pessoa, coerente com a opção de vida e projeto abraçado. Por isso, reporta-se a um experimento em si que leva a pessoa a ser e, ser mais, é um exame ontológico, diferenciando-se de outras vivências por sua capacidade, seu sentido e sua potencialidade geradora de encontros criativos que originam desenvolvimento pessoal em sua essência. É conveniente afirmar, entretanto, que não é um exame egoísta, narcísico, solitário. O grande benefício da experiência do ócio está em ser vivida como encontro que entrelaça sempre uma vida com outras vidas. É algo transcendente que abre horizontes de conhecimento e compreensão do outro e põe a pessoa em contato com outrem (FRANKL, 2011).

A experiência de tempo para si aufere importância e qualidade à medida que ultrapassa a trivialidade e se encarna na vida rompendo com as barreiras de tempo objetivo imposto pela Hipermodernidade. Para Cuenca (2006), é uma experiência ótima, e, quando se tem como meta central do *self*, o ser humano continuará experimentando e voltará a ter outros tirocínios, de modo que ela se converta em algo que afeta a ação da pessoa em decurso de formação. Para esse entendimento, a *experiência ótima* tem uma relação estreita com as motivações intrínsecas, de modo que os ensaios de ócio, como vivências livremente escolhidas e satisfatórias, proporcionam uma alegria e um vigor interior, na medida em que são repetidas, tendendo a constituir o *self* sobre o modelo de metas emergentes. Assim, as experiências autotélicas de tempo para si têm um vetor positivo, benéfico para o desenvolvimento pessoal e social, abrem a consciência à experimentação de novas oportunidades do ser, que se constituem em metas de aperfeiçoamento (CUENCA, 2003).

Ao se divisar a sociedade hodierna, com sua estrutura engessada e mecanizada que transforma o comportamento humano em reações mecânicas gerando uma sensação de vazio, sobretudo naquilo que a pessoa está realizando, entende-se que essa conjuntura social vai, paulatinamente, fazendo com que a pessoa perca a espontaneidade, a criatividade e a liberdade. A sociedade do consumo oferece tudo pronto. Não cria mais, basta consumir, sem saber quem fez, nem por que fez, nem para que fez.

Nessa conjuntura, é necessário compreender que a formação precisa ser estimulada pelo formador como um tirocínio que traz sentido para os formandos e para a vida fraterna, comunitária, eclesial e social. Hoje, a compreensão do experimento do tempo para si, antes de tudo, deve ser uma experiência pessoal que traga sentido interior e gere a relação interpessoal e o compromisso social. Afinal, como assevera Frankl (2011), o sentido está fora, no outro, no fazer, no amar ou mesmo no sofrimento. A vida só encontra seu verdadeiro sentido quando a pessoa tem um Tu a quem se direcionar e para quem viver. Desse modo, um experimento de interioridade, com uma infinidade de expressões, intensidades e significados direciona o formando a experimentar o tempo para si e percebê-lo como experimentos memoráveis, significativos e também responsáveis por uma "[...] pegada indelével que deve se transformar em algo com sentido no seu protagonismo" (SÁNCHEZ, 2008, p. 81).

Todo tirocínio com sentido está sempre carregado do componente emocional que se transforma em um fator singular, pessoal e intransferível. Em termos subjetivos, adquire um papel importante no contexto da Hipermodernidade, pois integra o formando no processo e na vida, sendo expressão de sua identidade. A pessoa envolvida conscientemente e aberta ao conhecimento descobre satisfação em cada circunstância, de modo que, para viver com sentido em tempos hiper, propõe-se que cada pessoa possa imbuir-se tanto da prática diária de tempo para si mesma – para o descanso, o movimento e a quietude, o silêncio, a solidariedade, para dar e receber – quanto do encontro da pessoa consigo mesma e da busca do equilíbrio interior como indicadores de saúde psicológica (VISO & ORTUZAR, 2002).

O benefício psicológico por excelência do tirocínio de tempo para meditar, contemplar, rezar, silenciar etc. está no contributo que essa prática traz para o desenvolvimento humano. Numa perspectiva psicossocial, implica que se contextualize a experiência dentro da história e da cultura, onde ela é experimentada, pois, como fenômeno psicossocial, com foco no desenvolvimento e formação do jovem para a vida presbiteral e religiosa, no sentido de harmonizar e aprimorar quem o experimenta, se expressa como instrumento que desenvolve determinados níveis de maturidade e interação.

A psicologia social do ócio tem adquirido um papel relevante nos estudos do tempo para si. Dentre os muitos estudos realizados, destacam-se aqueles que procuram explicar condutas e experiências de ócio nessa perspectiva subjetiva. O ócio é um estado mental de caráter subjetivo, pois "ociar" é participar de uma experiência levada a cabo por si mesma livremente e sem coerção. É, ainda, fazer algo de que deriva significado e satisfação e implica o ser humano em sua essência. O tempo para si possibilita à pessoa ser ela mesma, expressar os próprios talentos, capacidade e potencialidade.

A psicologia do ócio trabalha com duas experiências consideradas fundamentais nessa compreensão subjetiva do sujeito: "a liberdade percebida" – estado em que a pessoa percebe, é algo que ela escolheu porque quis. É um ensaio real de liberdade como tal, variando a intensidade de acordo com cada pessoa na sua subjetividade. É também "motivação para a experiência": a fonte da satisfação obtida pelo conhecimento intrínseco e extrínseco daquilo que vive, sente e faz. Só faz sentido se for um ensaio que envolve a totalidade do ser (CUENCA, 2006).

O desenvolvimento pessoal no âmbito psicológico, geralmente, conduz a uma capacidade de aprofundamento pessoal, com o qual a introspecção e a oração precisam ser exercícios necessários e espontâneos no tempo de formação e na vida presbiteral e religiosa. Essa intimidade consigo mesmo ou a reflexão profunda são vivências possíveis de atribuição de sentido para a vida, pois inundam a pessoa da disposição para servir e amar a comunidade a que serve. Cabe destacar que a intimidade ou introspecção pode adquirir modalidades muito variadas: parar e pensar sobre si, orar, meditar, contemplar, apreciar etc. ou não ter nenhuma forma específica, sendo realmente determinante o estado psicológico, cognitivo, emocional e espiritual do protagonista (RHODEN, 2008).

O tempo para o espírito produz benefícios psicológicos e pode significar a oportunidade de a pessoa estar sozinha e desfrutar da contemplação, da meditação e da solidão, especialmente, em se tratando da realidade dos grandes centros urbanos da Hipermodernidade. Estes, por sua vez, com o gigantesco fluxo de automóveis, o barulho dos sons, a agitação de pessoas e o excesso de conexões virtuais, necessitam cada vez mais da criação de oportunidades, para que, na solidão, se estabeleça uma conexão com o *self*. Por isso, retornar à contemplação é fato inspirador para melhor encarar a agitação da hiperconexão.

O relaxamento pode clarear ideias e ratificar valores, na medida em que liberta a pessoa de comportamentos automáticos, ainda que seja apenas um parêntese na vida cotidiana. Os relaxamentos em níveis mais profundos e frequentes se exprimem como uma porta de entrada para o autodescobrimento, levando a pessoa a se libertar de seus hábitos mentais e automatismos, mergulhando em estado de silêncio interior e tranquilidade. A psicologia do ócio oferece essa possibilidade de retomar o sentido mais profundo, pela experiência do ócio, da subjetividade, do altruísmo e das relações interpessoais e sociais.

Nessa perspectiva de entendimento psicológico da necessidade de tempo para si, é conveniente reafirmar que o ócio é uma experiência que reside na pessoa e não na atividade, podendo ser experimentado independentemente de tempo e espaço. O tempo com significado se define como uma maneira de fazer e como uma maneira de estar no tempo e no espaço. Representa um conhecimento pessoal com o qual se realiza algo ou não. E essa experiência subjetiva é, em outras palavras, a dimensão psicológica do tempo para si. O ócio implica um esforço para alcançar uma sensação de adquirir o aumento da própria estima. É uma maneira de compreender as expressões tanto de natureza física como intelectual, social, artística e espiritual.

Cuenca (2006) salienta que as pessoas se acham motivadas de maneira natural, desde a interioridade, a realizar experiências que são satisfatórias pela tendência de estar ativo, a julgar e explorar; e parece que esse elemento é chave para que se identifique um ambiente com sentido para a vida. Nessa perspectiva, para que haja potencial de assimilação e absorção da experiência na manifestação subjetiva do tempo para si, é indispensável à autonomia o componente da motivação intrínseca, em companhia da liberdade percebida, pois esses aspectos se entrelaçam.

Segundo Monteagudo (2004), a concepção humanista de ócio se encaixa muito bem na definição de melhorias para a vida humana, de benefícios para a qualidade de vida e mudanças positivas, ao conceber esse fenômeno como um meio de crescimento e desenvolvimento pessoal. Dada a importância subjetiva do tempo para si no processo de formação, seria interessante observar e ressaltar as vantagens, relevâncias e consequências da percepção da experiência na vida do formando. Por essa razão, os benefícios do tempo subjetivo são vistos como uma melhoria ou mudança positiva na existência da pessoa que protagoniza uma vivência ociosa. O ócio promove a saúde e o bem-estar, oferecendo variadas oportunidades que permitem às pessoas e grupos selecionarem experiências que atendem às próprias necessidades, aos interesses e às preferências.

Na sociedade hipermoderna de complexas relações marcadas pela liquidez, pelo vazio e pelo consumo, o ócio não pode ser separado ou pensado com suportes em outros objetivos fora do âmbito do vivido. Para alcançar um estado de bem-estar físico, mental, espiritual e social completo, um formando ou grupo de formandos deve ser capaz de identificar e realizar aspirações, satisfazer necessidades e interagir positivamente com o ambiente formativo. Portanto, compreende-se o tempo para si no processo de formação inicial como um recurso que aumenta a qualidade de vida de pessoas em discernimento no cotidiano.

O tempo subjetivo pleno deveria proporcionar a expressão autêntica de si mesmo, como escolha livre e motivação pessoal. Por isso é que, pessoalmente, as experiências de ócio positivas caracterizam-se por provas ótimas, consideradas oportunas para integração e resgate dos aspectos mais autênticos e a transcendência de condicionamentos interpessoais e sociais. Nesse contexto, o tempo para si, como fenômeno psicológico, demonstra o impacto deste na formação da identidade, na atualização do *self*, tornando-se importante para o autoconhecimento. Contribui, ainda, para o estado de ânimo e o desenvolvimento de habilidades, criatividade e capacidade de afrontar com êxito novas aprendizagens.

Entende-se que o ócio construtivo é, portanto, um fenômeno que atinge a vida humana e se torna para a Hipermodernidade um caminho de aproximação do sujeito em relação ao seu projeto existencial. Em outras palavras, a experiência de conhecimento de si é a expressão dos sentimentos e a habilidade de lidar consigo mesmo e com as outras pessoas. Usar o tempo a seu favor é vivê-lo além da preocupação com a sobrevivência, é aprender a estar consigo mesmo, em uma temporalidade livre do negócio, do trabalho, da atividade, porque apenas no repouso, no retiro e na contemplação formam-se valores espirituais (MATOS, 2012, p. 59).

Ante o exposto, que parâmetros indicar para a formação humana-religiosa-espiritual dos jovens que se preparam para a vida consagrada e presbiteral? Como ajudá-los a desvelar sentido para o seu projeto existencial e para a vida? Quais critérios pedagógicos educacionais são necessários no processo formativo que estimulem o jovem hipermoderno a identificar valores que deem sentido à sua vida no mundo (fora de si)? (FRANKL, 2005a).

Parte III
Contribuições do pensamento antropológico de Frankl

Ora, o objetivo real do homem não é o de realizar-se a si mesmo, mas realizar um sentido e realizar valores. E só quando ele realiza o sentido concreto e pessoal da sua existência é que ele realiza também a si próprio. A autorrealização surge espontaneamente: não por intenção, mas por efeito.
V. Frankl

9
Realidade social, política e cultural do pensamento de Viktor Frankl

Nestes tempos de Hipermodernidade, de crise existencial e de valores, de violência e depressão, Viktor Emil Frankl é citado como o pensador, o cientista, o filósofo que ofereceu uma importante contribuição para a humanidade. Sua influência tem aumentado significativamente nas diversas áreas da ciência e da convivência.

A vida e a obra de Viktor Frankl (2010) são altamente mobilizadoras e convocam a uma atitude livre e também responsável perante a própria vida. É com essa percepção da importância de Frankl para a psicologia, para a educação e o desvelar de sentido que se mostra o panorama social, político e cultural do pensamento antropológico de Viktor Frankl.

Nasceu em Viena em 26 de março de 1905. Morreu em 2 de setembro de 1997. Filho de uma família judia: os pais de Viktor eram tchecos da Morávia do Sul, em Praga. Caçula de uma família de três filhos, viveu em um lar sereno e alegre; os valores religiosos e espirituais foram cultivados com seriedade; toda a sua infância e adolescência transcorreram no que se poderia chamar de um clima rico em calor humano e cultura.

Partindo do que aparece em seus escritos e aspectos refletidos por comentadores de suas obras e da sua biografia (FRANKL, 2014), apresento, na sequência, o seu contexto familiar, social e cultural (FIZZOTTI & SCARPELLI, 2005).

• Viena como uma cidade histórica, belíssima em suas paisagens, circundada pelo canal do Rio Danúbio e pelas árvores do Prater.

• *O contexto familiar, cultural e religioso contribuiu para a formação da personalidade de Frankl*: um homem sensível e admirador notável da natureza. Desde criança, mostrava o desejo de ser médico e manifestava que sua conduta nessa profissão seria diferente.

• Frankl, com seu estilo de vida, ensinava que o primeiro que influi é a personalidade do educador; o segundo, sua maneira de agir; somente em terceiro lugar, o que fala ou escreve; convém acrescentar, portanto, haver coerência entre a vida e o que orienta e ensina o formador, pois isso aumenta a credibilidade de sua função e sua interação com os formandos.

• Quando, em 1905, Viktor Frankl nasceu em Viena, a cidade era a sede do Império Austro-Húngaro, uma das mais majestosas capitais europeias, expoente nas artes, na arquitetura, na filosofia e nas ciências.

• A Universidade de Viena era foco de atividade intelectual e de criatividade.

• A comunidade judaica era numerosa e a maioria dos médicos e advogados era judia.

• Ninguém podia suspeitar que a monarquia e a unidade do império começavam a desmoronar.

• *A sua família*: o pai, Gabriel Frankl, cursou medicina até o 5º ano; mas, por motivos econômicos, ou antissemitas, não pôde se formar.

• Seu pai foi contemporâneo de Freud durante seu curso, na mesma escola onde futuramente seu filho Viktor iria cursar medicina.

• Trabalhava para a monarquia e depois para o governo.

• Faleceu por inanição no campo de Theresienstadt, sob os cuidados de Viktor.

• Sua mãe, Elza Lion, descendente de um famoso rabino de Praga, morreu na câmara de gás em Auschwitz.

• Seus pais tiveram três filhos: Walter Augusto, Viktor Emil e Stella Josefina.

• Os pais eram judeus praticantes, mas não ortodoxos, rezavam diariamente, conviviam bem com os vizinhos, independentemente de suas crenças religiosas; já enfrentavam a discriminação, mas isso não afetou o sentido de segurança e satisfação da infância.

• No decurso da vida, honrou seu pai e sua mãe, mantendo-se fiel a um dos grandes mandamentos da sua fé.

• Sempre pedia a bênção dos pais, e, depois que o pai faleceu, quando ainda estavam no campo de Theresienstadt, o fazia toda vez que encontrava e se despedia de sua mãe, até ser transferido para Auschwitz.

• *A infância de Viktor* foi feliz, sem carências econômicas, com importantes aportes culturais e religiosos e com um ambiente familiar afetuoso e sereno.

• O pequeno "Vicky", como era chamado, passeava bastante com os pais pelas praças de Viena, principalmente na Praça Prater, e desde pequeno já começava a perguntar pelo sentido, o propósito das coisas, por exemplo, pelo sentido do umbigo, chegando ele mesmo a uma conclusão.

• Aos três anos, *Viktor* decidiu ser médico, aos quatro, manifestou seu interesse pela pesquisa, "inventando" um remédio para quem queria se suicidar, pois com essa idade já o inquietava a ideia de morte, de finitude.

• Com cinco anos, quando despertou, mas ainda mantinha os olhos fechados, sentiu uma imensa felicidade e bem-aventurança, sentimento de amparo e proteção. Ao abrir os olhos, seu pai sorria para ele.

• Com a Primeira Guerra Mundial, sua família passou penúria e fome, pois os alimentos eram racionados; "[...] todos os membros da família aprenderam a sobreviver com poucas coisas e entenderam o significado da palavra 'pobre'" (KLINGBERG, 2002, p. 55).

• Viktor chegou a pedir pão nas casas de campo, durante férias na terra natal de seu pai, Pohrlitz.

- Aos 11 anos, Viktor saía de casa às três horas da manhã, inclusive no inverno, para ficar na fila do mercado para sua mãe comprar pão e somente depois ia para a escola; já nessa idade, experimentava a auto-transcendência, mesmo sem saber conceituá-la.

- Viktor era um bom aluno, mas frequentemente lento e centrado em seus interesses.

- O corpo de Viktor era pequeno e raquítico, bem diferente dos irmãos; com o alpinismo, desafiou suas aparentes limitações físicas.

- Viktor era alegre e bem-humorado e gostava de contar piadas.

- Na adolescência, gostava de discussões com os colegas sobre grandes pensadores ou novas ideias da filosofia e psicologia.

- À noite, assistia às aulas de psicologia para adultos.

- Quando tinha 13 anos, durante uma aula no Sperlgymnasium (onde Freud também estudou), o professor de ciências falou que a vida não era nada mais do que um processo de oxidação e combustão.

- Viktor, ao ouvir isso, enfrentou o professor e perguntou: "Senhor, se é assim, qual pode então ser o sentido da vida?" (KLINGBERG, 2002, p. 65).

- Viktor também passou por um período ateu, niilista, uma crise que foi uma fase de busca, de perguntas e desesperança.

- O pessimismo que sentia não era típico dele, mas foi um período importante.

- Sempre foi implicado pela ideia de que a vida carece de sentido e é fútil e sucumbiu a alguns efeitos desumanizadores dessas ideias.

- Aos 14 anos, lia sobre filosofia, psicologia e fisiologia e escrevia textos.

- Aos 15 anos, começou a filosofar por si mesmo.

- Aos 15 ou 16 anos, fez uma conferência sobre o sentido da vida, desenvolvendo dois de seus pensamentos fundamentais. O primeiro: não se deve perguntar pelo sentido da vida, porque as pessoas mesmas é que são pela vida interrogadas. O segundo: o sentido último transcende a capacidade de compreensão de cada um, e somente se pode crer (GARCÍA PINTOS, 2007; FRANKL, 2003, p. 45-46).

• Depois desse momento de sua vida, começou a se corresponder com Freud, apaixonando-se pela psicanálise.

• *A formação acadêmica propriamente dita teve início aos 17 anos*, quando escreveu o texto: "Sobre a origem da mímica afirmativa e negativa" e o enviou a Freud que o publicou posteriormente no *Jornal Internacional de Psicanálise* (FRANKL, 2003, p. 39).

• Ao mesmo tempo em que se agarrava a Freud, também começou uma relação, que duraria por toda a vida, com a filosofia existencialista, um movimento europeu que surgiu como reação ao resto dos sistemas filosóficos e científicos dominantes.

• O jovem Viktor começou a perceber o niilismo e o reducionismo como uma ameaça, não só para seu ser como também para toda a sociedade.

• *Aproximou-se então dos existencialistas mais positivos e otimistas*: Martin Heidegger, Gabriel Marcel, Karl Jaspers, Martin Buber, Max Scheler (KLINGBERG, 2002, p. 68-69).

• Viktor pôde sair a tempo de sua crise niilista e começou a forjar as próprias convicções.

• Foi, durante um tempo, porta-voz das Juventudes Obreiras Socialistas da Áustria, realizando um trabalho social ligado a Adler.

• Em 1924, com 19 anos, iniciou estudos na Faculdade de Medicina da Universidade de Viena.

• Aos 21 anos, estudante de medicina, fez um discurso sobre o sentido da vida, o suicídio e a sexualidade para a Juventude Obreira Socialista.

• Participou e foi excluído da Associação de Psicologia Individual de Adler.

• Foi vice-presidente da Associação Acadêmica para Psicologia Médica, que tinha Freud como assessor.

• Nessa associação, fez uma conferência em 1926, aos 21 anos, falando de Logoterapia pela primeira vez diante de um público acadêmico.

• Com 24 anos, apresentou as três categorias de valores, o que chamou de possibilidades de encontrar um sentido para a vida. A "primeira: uma ação que realizamos ou uma obra que criamos. A segunda: uma vivência ou um encontro de amor. A terceira: dando testemunho da capacidade mais humana possível, a capacidade de transformar o sofrimento em uma conquista humana, ser capaz de mudar as atitudes diante do sofrimento" (FRANKL, 2003, p. 53-54).

• No exercício de sua profissão, organizou o Serviço de Orientação para a Juventude em Viena, orientando gratuitamente jovens com problemas psíquicos, depois esse serviço foi instalado em mais seis cidades.

• Em 1930, aos 25 anos, organizou uma ação especial na época de entrega dos boletins de qualificações e, como resultado, não se registrou suicídio de escolares, como acontecia sempre nessa época e, pelo resultado obtido, foi convidado a fazer conferências sobre esse tema em outros países.

• Fez residência médica em neurologia e psiquiatria.

• Trabalhou por quatro anos em um hospital psiquiátrico.

• Em 1937, aos 32 anos, abriu um consultório.

• Em 1938, as tropas de Hitler entraram na Áustria.

• Passou a ser diretor do serviço de neurologia do Hospital de Rothschild, que atendia somente judeus e, com esse serviço, logrou adiar a deportação de sua família para o campo de concentração.

• Nessa época, conseguiu o visto para os Estados Unidos, mas permaneceu em Viena para cuidar dos pais.

• Permanecendo em Viena, conheceu no hospital sua primeira mulher, Tilly Grosser, enfermeira-chefe, de quem escreveu: "Por certo que estive muito impressionado pela sua beleza; mas, ainda mais pelo seu ser" (FRANKL, 2003, p. 74).

• E ainda: "Decidi-me a fazer dessa menina minha mulher, não porque era tal ou qual coisa para mim, mas porque ela era ela" (FRANKL, 2003,

p. 76). E estavam entre os últimos noivos judeus que receberam permissão para se casarem.

• *Já no campo de concentração, no seu aniversário, Viktor lhe escreveu*: "Eu desejo para mim que tu te sejas fiel a ti" (FRANKL, 2003, p. 76).

• Os judeus estavam proibidos de ter filhos, e, quando a mulher engravidava, era obrigada a abortar para não ser deportada, e isso aconteceu com Tilly.

• Nove meses depois do casamento, estavam no campo de Theresienstadt.

• Dois anos mais tarde, Viktor foi citado para o transporte para Auschwitz e Tilly apresentou-se espontaneamente para o transporte, mesmo contra a advertência de seu marido.

• Durante o transporte, "ela foi autenticamente ela" (FRANKL, 2003, p. 79).

• Chegando ao destino, foram separados para sempre.

• Tilly faleceu em Bergen-Belsen, logo após a libertação.

• Theresienstadt, Auschwitz, Kaufering III e Türkheim foram os campos de concentração pelos quais passou Viktor. *Este foi seu testemunho* (FRANKL, 2003, p. 86-87): "o campo de concentração foi minha prova real de maturidade. As autênticas faculdades humanas remotas da autotranscendência e do autodistanciamento foram verificadas e convalidadas em forma existencial nos campos de concentração".

• Maiores possibilidades de sobrevivência tinham aqueles que estavam orientados para o futuro, para um sentido cuja realização os esperava mais adiante.

• "Em relação a mim mesmo, estou convencido que para a minha própria sobrevivência, foi um fator importante a decisão de reconstruir o manuscrito perdido" (FRANKL, 1991).

• Foi publicamente contra a "culpa coletiva", chegando a esconder em sua casa um colega que pertencera à Juventude de Hitler e estava sendo procurado.

• Frankl (1991, p. 87) disse que ninguém tem o direito de praticar injustiça, nem mesmo aquele que sofreu injustiça.

• Poucos dias depois de seu regresso a Viena, disse a um amigo: "Quando a alguém se sucedem tantas coisas, quando alguém é colocado a tal ponto à prova, isso deve ter algum sentido" (FRANKL, 2003, p. 94-95).

• *Disse publicamente*: "tenho o pressentimento... como que algo me está esperando, como se esperara algo de mim, como se eu estivesse destinado para algo".

• Por 25 anos, foi diretor da Policlínica Neurológica de Viena, onde conheceu Eleonore Katharina Schwindt, Elly, sua segunda esposa, com quem viveu feliz por 52 anos.

• *Foi Elly, quando viúva, que fez a seguinte afirmação*: "[...] ninguém deveria esquecer-se de que Viktor e eu tivemos um casamento extremamente feliz de 52 anos e todos entenderão que levarei muito tempo para encontrar um novo sentido em minha vida" (ACEVEDO & D'ADAMO, s./d., p. 102).

• *Em sua biografia autorizada está escrito sobre o casal Frankl*: "É uma história de amor, mas é mais do que isso, pois o afeto que cresceu entre ambos não se centrava unicamente no casal. Seu amor apontava ao mundo e a uma causa exterior, transcendendo seus próprios limites" (KLINGBERG, 2002, p. 15).

• *Foi convidado por cerca de 200 universidades dos cinco continentes* para dar conferências.

• Recebeu 27 doutorados honoríficos de universidades de todo o mundo.

• Recebeu na Áustria a maior distinção que a República entrega para méritos científicos.

• Publicou 31 livros em 24 idiomas.

• *Em relação ao dinheiro, tinha uma posição bem definida*: devemos ter o necessário para não nos preocuparmos com ele, e não o demasiado para nos ocuparmos dele... (FRANKL, 2003, p. 108, 110).

- Para mim, o tempo significa muito mais do que dinheiro. Somente quando estou convencido de que uma conferência realmente tem sentido, estou disposto a dá-la, mesmo sem receber honorários.

- *Tinha um espírito empreendedor* que gostava de aceitar e vencer desafios.

- Aos 67 anos começou a aprender a pilotar um avião.

- Escalar montanhas foi sua paixão que cultivou até aos 80 anos.

- Até os 90 anos deu aulas na Faculdade de Medicina de Viena.

- *Sobre o envelhecimento disse* (FRANKL, 2003, p. 113): "não encontro nada mal em envelhecer, pois à medida que estou envelhecendo, estou amadurecendo".

- O envelhecer é um aspecto do perecível da existência humana; mas, no fundo, é um grande incentivo para a responsabilidade, para o reconhecimento de que o ser responsável é uma característica tão básica como essencial da existência humana.

- *Sobre a morte, Frankl afirma*: "[...] a morte, como final do tempo que se vive, assusta apenas aqueles que não ocupam o tempo da sua vida" (FRANKL, 1989, p. 170).

Com isso, estão indicados sucintamente o contexto, a vida e o que fez Viktor Frankl, o fundador da Logoterapia ou Psicologia do Sentido da Vida. Esse homem teve como marca de sua existência a humildade, característica marcante da sua personalidade. No prólogo do seu primeiro livro, *Em busca de sentido: um psicólogo no campo de concentração*, ele relata sua intenção de publicação anônima, daquele que se tornou um grande *Best-seller*. Ele não escreveu esse livro comercialmente, muito menos para "desafogar" suas lembranças dolorosas e conseguir se livrar delas. Ele escreveu, pois queria "[...] transmitir ao leitor, por meio de um exemplo concreto, que a vida tem um sentido potencial sob quaisquer circunstâncias, mesmo as mais miseráveis" (FRANKL, 2006, p. 10).

Seu objetivo com sua primeira obra era apresentar seu relato, entendendo que poderia ser útil a pessoas que têm inclinação para o desespero.

E o resultado, o grande sucesso, confirmou sua teoria de que o sucesso, como a felicidade, não pode ser perseguido; deve acontecer, e só tem lugar como efeito colateral de uma dedicação pessoal a uma causa maior que a pessoa, ou como subproduto da rendição pessoal a outro ser.

A humildade como característica de sua personalidade é revelada ainda quando Frankl (2006, p. 17) atribui sua sobrevivência a "milhares e milhares de felizes coincidências ou milagres divinos" e dizendo, sem hesitação, que "os melhores não voltaram"; e quando, após uma brilhante intervenção terapêutica no seu barracão no campo de concentração, quando ele mesmo se achava desanimado e irritado, diz que "certamente deixou de aproveitar muitas circunstâncias externas favoráveis a um contato desses" (p. 81).

Quando fala da consciência moral como o órgão de sentido, como "a faculdade de intuir o sentido único e peculiar que se esconde em cada situação" (FRANKL, 1994, p. 19), como fenômeno especificamente humano, Frankl agrega a finitude nesse fenômeno, ou seja, a possibilidade de falibilidade de consciência.

Faz parte, então, desse processo a "incerteza" de se acertar ou não, e também a humildade, como disse Frankl (1989, p. 77): o fato de nem sequer no leito de morte se saber se o órgão do sentido, a consciência, não esteve afinal submetido a um sentido ilusório, significa, já de si, que a consciência de outrem bem pode ter razão. Humildade, portanto, significa tolerância. A tolerância não é indiferença, "[...] não consiste em compartilhar a opinião do outro, senão somente reconhecer ao outro o direito de pensar de outro modo" (FRANKL, 1994b, p. 81).

Com efeito, o amor "é a única maneira de captar outro ser humano no íntimo da sua personalidade" (FRANKL, 1991, p. 100), na sua singularidade. E continua: "Ninguém consegue ter consciência plena da essência última de outro ser humano sem amá-lo. Por seu amor, a pessoa se torna capaz de ver os traços característicos e as feições essenciais do seu amado; mais ainda, ela vê o que está potencialmente contido nele, aquilo que ainda não está, mas deveria ser realizado. Além disso, por seu amor, a pessoa que ama capacita a pessoa amada a realizar essas potencialidades. Conscientizando-a do que ela pode ser e do que deveria vir a ser, aquele que ama faz com que essas potencialidades venham a se realizar".

Suas ideias fundantes estão no livro *Em busca de sentido: um psicólogo no campo de concentração*. Por meio dessa obra, sua Logoterapia e a Análise Existencial começam a tomar uma linha existencial-humanista que busca, mediante sua antropologia, entender o ser humano como ser biológico, psicossocial e psicoespiritual, que privilegia todas as dimensões da pessoa humana.

Com isso, a Logoterapia foi adquirindo um formato de terceira escola de psicoterapia de Viena. O termo *"logos"* é uma palavra grega que significa sentido. Assim, a Logoterapia concentra-se no sentido da existência humana, bem como na busca da pessoa por esse sentido. A Logoterapia é a terapia centrada no sentido e vê o ser humano como o ser orientado para o sentido.

A Logoterapia e a Análise Existencial de Viktor Frankl vêm com a proposta de uma escola psicoterápica que pretende superar o reducionismo e condicionamentos, contribuindo com uma visão de ser humano mais holística, de um ser livre e também responsável, que estabelece sua história, que se posiciona diante dos condicionamentos biológicos, sociológicos e psicológicos. As projeções das dimensões biológicas, psíquicas e sociais se expressam em uma dimensão espiritual que se totaliza na existência de cada um.

Desse modo, na dimensão noética, a pessoa pode sair de suas condicionalidades e visualizar sentido para a vida. Sua teoria dentro da Análise Existencial é expressa como uma teoria mais otimista e humanizadora. A Logoterapia é menos retrospectiva e menos introspectiva, concentrando-se mais no futuro (FRANKL, 2014).

Depois de trazer aspectos gerais sobre Frankl, entendo que a sua vida e a sua obra denotam intensa coerência e apontam contribuições significativas para os processos formativos de jovens na Hipermodernidade. Essa coerência de vida, as qualidades e atitudes indicam que, nos processos formativos, o que mais contribui na instrução para o jovem formando é a personalidade do formador, seguida da sua maneira de agir e, por fim, o que fala e escreve. É fundamental, portanto, haver coerência entre a vida e o modo de proceder do formador, pois isso aumenta a credibilidade de sua ação logoeducativa (KLINGBERG, 2002).

Esse período da história de vida de Frankl culminou com um olhar de frente para as perguntas: *O que humaniza um processo formativo para a vida presbiteral e religiosa? Qual o sentido da vida?* Essa busca filosófica é a contribuição direta de Frankl para o que ensaio aqui. Frankl (2003, p. 45-46) insiste em suas obras na ideia de que as pessoas não devem perguntar pelo sentido da vida, pois cada pessoa é e está a toda hora sendo interrogada pela vida.

10
Antropologia analítico-existencial de Frankl

Com o advento da Modernidade, a revolução tecnológica e a sofisticação dos meios de comunicação, os povos se aproximaram, exploraram as artes, teceram parcerias, apaziguaram diferenças político-ideológicas. Esse fluxo de ideias, pessoas e capitais ensejou uma padronização de valores, costumes e princípios que poderá levar o ser humano hipermoderno a correr o risco de desconhecer sua imagem primeira, pois se encontra ante uma multiplicidade de opções, visões e padrões antropológicos díspares e globalizados.

Com essa multiplicidade de visões de ser humano na Hipermodernidade, aproprio-me da perspectiva de Frankl (2011, p. 95-96) e seu modo de conceber o essencial para a vida e para os processos formativos na Hipermodernidade: o que o ser humano realmente precisa não é um estado livre de tensões, mas antes a busca e a luta por um objetivo que valha a pena, uma tarefa escolhida livremente.

> O que ele necessita não é a descarga de tensão a qualquer custo, mas antes o desafio de um sentido em potencial à espera de seu cumprimento. O ser humano precisa não de homeostase, mas daquilo que chamo de "noodinâmica" [...]. Ouso dizer que nada no mundo contribui tão efetivamente para a sobrevivência, mesmo nas piores condições, como saber que a vida da gente tem um sentido. Há muita sabedoria nas palavras de Nietzsche: "Quem tem um por que viver pode suportar quase qualquer como".

No entendimento do pensamento antropológico de Frankl há um pressuposto intransigente de que não importa qual seja a situação concreta da pessoa do formando ou do formador, pois na interação de ambos sempre haverá uma "resposta certa", sempre se poderá, incondicionalmente, viver com sentido, diante das "perguntas" da vida: "e no fundo estamos convencidos de que não há situação que não encerre uma possibilidade de sentido. Em grande parte, essa nossa convicção é tematizada e sistematizada pela Logoterapia" (FRANKL, 1981, p. 115).

Nesse entendimento, não é possível perguntar pelo sentido, já que ele reside na resposta que a pessoa tem para dar. É compreensível que esse olhar antropológico sobre o existir humano seja algo que se constitui e que se pode reler, reorganizar e escolher novamente, porquanto seja noodinâmico. Com esse modo de compreender o ser humano, a inquietação com relação à vida – a pergunta pelo sentido do existir, no entendimento da antropologia de Frankl – deve ser suplantada pelo *para que existir*, pelo para que ser consagrado, pelo e para que ser presbítero. Esse para que existir, ser consagrado, ser presbítero é que concede a base para suportar a vida em suas incertezas e deve ser o marco referencial para ação do formador na interação com os formandos.

A concepção de ser humano de Frankl (2007) tem como característica um ser que se pode conceber a si mesmo como um ser espiritual. O termo "espiritual", aqui, não se dirige a algo da sacralidade ou ligado à religiosidade, mas como aquilo que dá à pessoa essa capacidade de unicidade e de busca de sentido, transcendendo as peculiaridades do biológico, do psíquico e do sociológico. O olhar de Frankl intui o humano com essa dimensão espiritual: *noos* ou *logos* (*nous*) e pode ser chamado de noético. Esse modo de conceituar o ser humano como espiritual transpõe o religioso ou o supranatural.

Nessa perspectiva, o noético ou espiritual só pode ser desvelado em uma dimensão superior e especificamente humana. Por isso, é compreensível que a Hipermodernidade necessite de um conceito de ser humano que responda às aspirações em profundidade que a concepção antropológica convoca. Esse modo de conceber o ser humano compreende, além da dimensão biológica e psicológica, a realidade social e a dimensão que absorve o sentido da vida, a dimensão espiritual. Conforme ensina Frankl (1991, p. 116), o ser humano hipermoderno entende a si mesmo como ser social, possuidor de instintos, precisando ter consciência de que ele tem também "espírito – espírito, liberdade e responsabilidade".

Com isso, é salientado o fato de que o pensamento antropológico de Frankl está marcado por uma ótica holística, integral, visando a ressaltar esse conceito não reducionista de ser humano, evitando, assim, divisões e totalitarismos, porém focado em uma visão analítico-existencial. Quando é concebido o ser humano como parte, não se contempla na totalidade. Com isso vem o risco de reduzi-lo a aspectos do ser e não é atingido a sua essência. A totalidade do ser humano se expressa naquilo que ele tem de mais específico: é o que intuo com este capítulo, isto é, fazer uma constituição conceitual teórica trazendo a contribuição de Viktor Frankl sobre a compreensão do ser humano, de acordo com sua antropologia e sua ontologia dimensional. Para essa exposição, conceituo o ser humano como ser *biológico, psicológico, social* e *espiritual.*

O ser humano projetado no plano biológico tem fenômenos somáticos como resultado. No plano psicológico, exprime fenômenos psíquicos. Sob o prisma sociológico, fenômenos sociais. À luz da ontologia dimensional de Frankl (2011), entretanto, a pessoa está integrada, biológica, psicológica e socioespiritualmente. Com esse modo de compreender, é possível a autotranscendência retratar verdadeiramente a dimensão essencial do humano: a espiritual.

Por essa perspectiva antropológica em Viktor Frankl, resta compreensível o fato de que o ser humano é uma unidade de pessoa, embora consideradas as distintas dimensões de tipo ontológico, e essa antropologia pode melhor promover relações interpessoais, reumanizando os processos educativos, e contribuir intelectualmente para fundamentar trabalhos e projetos nas diversas áreas do saber e da formação humana. Em minha opinião, é preciso compreender a pessoa humana como materialidade da relação interpessoal, por ser tal vínculo integrante de sua realidade.

Esse modo de conceber as relações pode contribuir com novas perspectivas de mudança social e subjetiva, onde o formando passa a ser visto de maneira holística e tratado como ser de possibilidades e potencialidades em todas as dimensões da existência. Seguindo o entendimento personalista de Mounier, o ser humano reflete a imagem que se forma por meio de uma complexa rede de relações: relação consigo mesmo, com o cosmo, com os outros e com Deus (SALVINO, 2009). *O que é, então, um ser humano para Frankl?* "É o ser que sempre decide o que ele é. É o ser que inventou as câmaras de gás; mas é também aquele ser que entrou nas câmaras de gás, ereto, com uma oração nos lábios" (FRANKL, 2008, p. 112).

Esse conceito antropológico de Frankl (2008) indica que o ser humano é aquele que por decisão aprende a ser ecológico, relacional, espiritual, dialógico, intuitivo, emocional, perceptivo, imaginativo e também racional. Com esse entendimento, notadamente na Hipermodernidade, é sensível uma tendência de formandos e formadores a reduzirem suas vidas à busca de prazer, a hiperconsumo, hiperamizades, hiper-relacionamentos, hiperinterações nas redes sociais, entretanto sofrendo de uma ausência completa de afeição e efetividade, de pessoalidade. Por isso, faz sentido a reflexão de Frankl, quando insiste em que a pessoa não pode ser reduzida à procura por prazer, tampouco pelo poder, fato hoje largamente estudado na psicologia. A visão psicoantropológica de Viktor Frankl está longe disso, apostando que a neurose coletiva e as patologias de toda ordem estão relacionadas à falta de sentido e, em ressonância, ao vazio existencial aberto por ela:

> o homem de hoje, ao contrário do que ocorria nos tempos de Sigmund Freud, já não é sexualmente frustrado, mas existencialmente frustrado. E hoje sofre menos do que no tempo de Alfred Adler de um sentimento de inferioridade do que de um sentimento de falta de sentido, precedido por um sentimento de vazio, de um vazio existencial (FRANKL, 1991, p. 155).

A abordagem ontológica de ser humano proposta por Frankl na Logoterapia e na Análise Existencial, desde o seu alicerce, compreende a pessoa humana em sua totalidade. Frankl (2004, p. 26) parte da acepção básica de que o ser humano é biológico, psicossocial e psicoespiritual, necessitado de liberdade e constituído pela capacidade de suportar o sofrimento, mesmo quando a vida parece não ter qualquer significado. A pessoa é um ser "único e total" (XAUSA, 1988, p. 116) e nela estão integradas as dimensões psíquica (anímica), corporal (biológica) e noética (espiritual). É um "[...] ser-no-mundo, descoberta genial de Heidegger".

A Logoterapia e a Análise Existencial de Frankl (FIZZOTTI, 1977) estão fundamentadas no respeito ao ser humano e na sua reumanização. Essa ótica amplia o conceito de ser humano como um ser único, irrepetível, responsável e capaz de posicionar-se diante dos condicionamentos da vida, porque tem uma dimensão espiritual que comporta as outras dimensões da ontologia humana. A ontologia tem como tarefa aproximar-se da realidade em si, ultrapassando os limites e descobrindo as estruturas, os fundamentos, tendo como objetivo o ser em si, o ser tal como existente. "A pessoa é o centro ativo do ser finito, centro do espírito, mas não existe, só possui existência na livre-realização dos seus atos e mediante eles. É que a pessoa não existe senão a título de unidade concreta dos atos que realiza e unicamente na realização desses atos" (COSTA, 1996, p. 89).

Na perspectiva ontológico-dimensional de Frankl, somente a dimensão espiritual deixa transparecer aquilo que constitui a realidade específica do ser humano. À luz dessa perspectiva de unidade antropológica e de multiplicidade ontológica é que a dimensão superior, a mais abrangente da pessoa, a espiritualidade, preserva a unidade sem descuidar das diferenças. Isso não significa dizer que o ser humano seja exclusivamente espiritual, porém somente essa dimensão constitui aquilo que é exclusivo do humano.

A existência propriamente humana é a existência espiritual, noética (FRANKL, 2007). Nesse sentido, a dimensão noética é considerada superior às demais, sendo também mais compreensiva porque inclui as dimensões inferiores. A pessoa humana difere dos animais porque faz parte de seu ser a dimensão noética. Em nenhum momento o ser humano deixa as demais dimensões, mas a essência de sua existência está na dimensão espiritual, dimensão da vivência da liberdade e da responsabilidade, caracterizada justamente pela capacidade de responder, isto é, pela liberdade atuante no momento em que formando e formador, na qualidade de seres de interpelação, decidem responder ou se posicionar ante as circunstâncias do cotidiano. Isso fica muito explícito no pensamento de Scheler (2003, p. 58): só o ser humano, na qualidade de pessoa, consegue – "[...] como ser vivo – alçar-se acima de si e, a partir de um centro que está, por assim dizer, para lá do mundo espaçotemporal, fazer de tudo, inclusive de si próprio, um objeto do seu conhecimento".

Essa *differentia specifica* entre o ser humano e os outros animais torna-se fundamental para a concepção antropológica de Frankl (1991, p. 18). No seu entender, a existência humana só é autêntica se for vivida em termos de autotranscendência. Ele se refere à transcendência completa e, ao mesmo tempo, exprime que a autotranscendência é a essência da existência: autotranscendência assinala o fato antropológico fundamental de que a existência do ser humano sempre se refere a alguma coisa que não ela mesma – a algo ou a alguém, isto é, a um objetivo a ser alcançado ou à existência de outra pessoa que ele encontre. Na verdade, o ser humano só se torna pessoa e só é completamente ele mesmo quando fica absorvido pela dedicação a uma tarefa, quando se esquece de si mesmo no serviço a uma causa ou no amor a uma pessoa.

O ser humano, como ser espiritual, é o ser superior a si mesmo como ser no mundo-vida:

> a determinação fundamental de um ser "espiritual", seja qual for a sua constituição psicofísica, é o seu desprendimento existencial do orgânico, a sua liberdade, a possibilidade que ele – ou o centro da sua existência – tem de se separar do fascínio, da pressão, da dependência do orgânico, da "vida" e de tudo o que pertence à "vida" – por conseguinte, também da sua própria "inteligência" pulsional". O ser espiritual não se encontra sujeito ao impulso e ao meio, ele se encontra "aberto ao mundo" (SCHELER, 2003, p. 49).

Com base nesse entendimento de Scheler, Frankl (1989, p. 45) passou a compreender o ser humano como um ser livre, capaz de se determinar em qualquer situação. Essa liberdade implica liberdade para, no intuito de efetivar seu posicionamento no mundo, sua irrepetibilidade, seu modo de ser único como algo que é constitutivo do ser pessoa humana. "Entregar-se a uma obra a que se dedica, a um homem a quem se ama, ou a Deus a quem se serve." Com efeito, falar de existência humana, na dimensão espiritual na visão frankliana, é reportar-se à pessoa em sua responsabilidade e missão. Ela fica tão absorvida ao executar seus atos "[...] espirituais que ela não é passível de reflexão na sua verdadeira essência, ou seja, de maneira alguma ela poderia aparecer na sua reflexão" (FRANKL, 2007, p. 23).

Para esse entendimento antropológico, a centralidade do existir e do processo formativo em que se encontra o jovem em preparação para a vida presbiteral e religiosa consagrada está precisamente em perseguir um objetivo, em descobrir uma missão que seja capaz de dar sentido à vida pessoal; isto é, que potencializa o humano e faz valer a pena viver. Com esse modo de ver o existir e o sentido da vida, a visão frankliana centra-se na capacidade que cada pessoa tem de se posicionar diante das dependências, como uma tarefa ou um dever, em que cada um é confrontado com uma ação específica no mundo, a sua missão, escolhida livremente, pela qual ele se torna único e insubstituível. Esse modo de compreender também exprime que a pessoa é livre, capaz de autodeterminar em qualquer circunstância, e que a existência humana só é autêntica se for vivida em termos de autotranscendência e plenitude. E, ainda, pode contribuir na reumanização da educação e nos processos de formação para a juventude, de modo particular para os jovens que se preparam para a vida religiosa e presbiteral.

O espiritual, portanto, abrange desde o ângulo de uma antropologia dinâmica marcada pela intencionalidade, incluindo o autodistanciamento, como organismo psicofísico, abrangendo de maneira holística a pessoa em sua subjetividade como tal. Essa análise da Logoterapia e Análise Existencial frankliana manifesta sua capacidade de conceituar o ser humano como totalidade, o que tem influência direta na existência da pessoa e no modo de estar no mundo como ser de responsabilidade.

11
Análise Existencial em Viktor Frankl

Após contextualizar o momento hipermoderno em que se encontram os jovens em processo de formação para a vida presbiteral e religiosa, depois de trazer a perspectiva do pensamento de Viktor Frankl sobre a antropologia sob o olhar analítico-existencial, delineio um dos aspectos que considero mais difíceis para uma interpretação hermenêutico-fenomenológica: o diálogo com uma diversidade de concepções e de propostas pedagógicas e educacionais expressas pela Análise Existencial.

Como, neste estudo, a fenomenologia e o existencialismo são essenciais, trago, mesmo que brevemente, a heterogeneidade de metodologias e concepções de pessoa mostradas por alguns autores da Análise Existencial e algumas modalidades de olhar existencial, com suas fundamentações teóricas e suas necessárias delimitações para o que me proponho neste capítulo. Tal análise tem como âncora a antropologia de Frankl.

Para Frankl (2014), a motivação fundamental da existência é a procura de sentido, único e específico, na existência individual. A falta de sentido conduziria à frustração existencial, e esta, por sua vez, à neurose. Nesse âmbito, Frankl (2005b) qualificou a neurose como noogênica para evidenciar seu vínculo com a dimensão existencial, elegendo a procura de sentido como central na existência subjetivo-espiritual da pessoa humana. Com efeito, a proposta da Análise Existencial frankliana é facilitar ao formando a procura do sentido (*logos*) e desígnio da sua vida, campeando para superar o vazio e o desespero que acomete o ser humano hipermoderno.

Esse olhar antropológico de Frankl (2015) foi influenciado, essencialmente, pela filosofia dos valores de Max Scheler (2003) e pela psicanálise

156

de Freud. Também demonstra significativa contribuição para Frankl o pensamento religioso-espiritual de sua família judia. Com base nesse aforismo, Frankl (PETER, 1999) define o ser humano como um ser que deve viver de acordo com valores e tem um núcleo de espiritualidade e uma tarefa específica na sua vida; ainda, sua experiência como prisioneiro dos nazistas nos campos de concentração, onde encontrou suporte para a ideia de que, mesmo nas circunstâncias mais adversas, o ser humano pode escolher o modo como vai lidar com as circunstâncias que a vida exprimir.

O método da Logoterapia tem por finalidade ajudar as pessoas que sofrem ou não de neuroses noogênicas, de crise de sentido, a redescobrir o significado e propósito das suas vidas, em situações em que o sofrimento seja induzido por fatores externos ou por elementos internos, uma vez que Frankl defendeu o ponto de vista de que o espírito humano é capaz de transcender e desafiar as experiências corporais, dolorosas, psicológicas (normais e perturbadas). De tal modo, assume importância a procura de sentido para o próprio sofrimento psicológico. A função do formador, portanto, é de estimulador de desvelamentos de sentidos para a experiência formativa e existencial.

O existencialismo

O existencialismo tem como alicerce para sua reflexão o pensamento de Kierkegaard (1813-1855), filósofo dinamarquês, que contestava o caráter determinista e intelectual do pensamento de Hegel, voltando-se enfaticamente para o interesse pelo simples e pela vontade. Para o entendimento de Kierkegaard (1961), o ser humano não é nenhum "ente", porque é antes um "existente". O ser humano não é, pois, nenhuma substância suscetível de ser determinada objetivamente. Seu ser é um constituir-se a si próprio. Ele é a própria realidade.

O existencialismo é um modo de entender a existência como existência humana. E a existência é a marca por excelência daquilo que determina o ser humano, e isso produz grande ansiedade, porquanto passa pela luta do ser vivo contra o não ser; marcadamente, se exprime aqui, a crise da vida contra a morte.

Para o entendimento do pensamento existencialista, Heidegger (1981, 2005, 2010) traz grandes contribuições, pois sua centralidade está na problemática existencial do próprio ser humano. Ele dizia que, pelo fato de a vida ser limitada, é continuamente ameaçada, a existência humana está posta diante da morte a todo o momento. O ser humano, contudo, não se pode prender a isso, pois, para Heidegger (2005), o ser da pessoa é um ser além de si, para fora de si. Em outras palavras, Heidegger se pergunta pelo sentido do ser e Frankl, pelo sentido da vida. Assim, o ser humano tem uma maneira peculiar de existir: "[...] ele é, não sendo a si mesmo". É um processo e constante devir.

O existencialismo, então, é um modo de compreender o ser humano, situando-o em inter-relação com o outro. Caracteriza-se pelo cuidado, constituído como ser de liberdade e de responsabilidade. À medida que o indivíduo cuida da sua existência, procurando conhecer-se, compreender-se e descobrir-se na relação com o outro, vai estabelecendo o seu mundo-vida. A existência é um processo que se estabelece com a pessoa, pela sua forma de estar-no-mundo. E esse jeito próprio de estar-no-mundo envolve a unidade entre o sujeito e os meios em suas amplas dimensões existenciais.

Três são essas dimensões: a física, que significa o mundo natural, é visualizada na relação da pessoa com os aspectos biológicos do existir e com o ambiente, que envolve as suas atitudes em relação ao corpo e aos objetos. Exprime-se em permanente procura de domínio sobre o meio natural, que se opõe à submissão e aceitação das limitações impostas nomeadamente pela idade e pelo ambiente (BINSWANGER, 1971).

Em segundo lugar, vem o mundo da relação com os outros, o estar--com-outros. São as relações intersubjetivas, onde se revela e se descobre o que realmente é o ser humano, com suas atitudes e os sentimentos em relação aos outros.

Em terceiro lugar, vem aportar o psicológico, que é o mundo da relação consigo próprio, da existência subjetiva e fenomenológica de si mesmo, da constituição do mundo pessoal, com a autopercepção, da sua experiência e das suas possibilidades, recursos, fragilidades e contradições, profundamente marcado pela procura da identidade própria, da autoafirmação e da polaridade entre atividade e passividade (SPINELLI, 2003).

Inicio, aqui, a entrada naquilo que é, precisamente, o objeto deste capítulo: a constituição de significados, a luta contra o vazio existencial e a falta de sentido para a vida. É lícito e oportuno, todavia, destacar, dentre os tantos aspectos que o existencialismo aborda, a crise existencial, a angústia, a vida solitária, a liberdade, o sentido, a temporalidade no existir do ser humano, pelo fato de a pessoa humana ser consciente de que está envolta em todas essas possibilidades, fazendo-se necessário lidar com a totalidade dessas condições de ser um ser-no-mundo. Isso é possível por intermédio do conhecimento de seu "ser", do modo como se posta junto com as pessoas e como experiencia as coisas que o cercam. Na perspectiva existencialista, o ser humano assume o seu estado de ser como processo: é um ser-sendo.

Prossigo com essa visão existencial, enfatizando o que Heidegger (2005) convoca à atenção: todos somos lançados no mundo, que está diante de nós e permanecerá depois, sem escolha pessoal, sem conhecimento prévio. Portanto, o existencialismo situa a pessoa perante um desafio: assumir ou não a própria vida. Essa modalidade de existência consiste na distinção entre uma condição autêntica e uma condição inautêntica do modo de vida humana e de existência do ser. Isso se aplica perfeitamente no processo formativo e na relação formando/formador.

Na existência inautêntica, Heidegger (2005) ensina que o ser está constantemente temeroso, preocupado com a opinião das outras pessoas, de estar dentro dos padrões materiais e psicológicos a si impostos. A inautenticidade é necessária para que o ser-aí tome consciência de sua perda do eu, e desde então, se esforce para retornar à sua autenticidade. Por outro lado, é necessário considerar que as pessoas precisam estabelecer um modo ativo de existência, porquanto o vivido afirma o corpo e os sentidos. E, na expressividade do vivido, em suas intensidades, possibilidades e devir, é que se constitui e configura a interpretação fenomenológico-existencial como um modo existencial de vida.

Nesse âmbito, impõe-se ressaltar que o existencialismo é compreendido como: procura de si mesmo (MAY, 1987); procura do sentido da existência (FRANKL, 2005b); tornar-se mais autêntico na relação consigo próprio e com os outros; facilitar um modo mais autêntico de existir; promover o encontro consigo para assumir a sua existência e projetá-la mais livremente no mundo (VILLEGAS, 1989); aumentar a autoconsciência, aceitar a liberdade e ser capaz de usar as suas possibilidades de existir. É isso que é proposto aqui para o formador em sua função de criar meios que possibilitem aos formandos penetrarem o mistério da própria existência para serem capazes de compreender o mistério da existência de outras pessoas.

Nessas circunstâncias, quando o ser humano se depara com algo expresso perante sua consciência, primeiro o reconhece e o percebe em total harmonia com sua forma vital e espiritual, por meio de sua consciência perceptiva. Após perceber o objeto, ele entra em sua consciência e passa a ser um fenômeno. Este, então, passa pelo entendimento do sentido, pela intuição do interpretativo e pelo valor no âmbito do fenomenológico-existencial. Assim, o referencial explicativo, interpretativo e compreensivo do ser-no-mundo passa pela possibilidade de um processo, de um caminho que é fundamentalmente o que é realizado no processo formativo para a vida presbiteral ou religiosa consagrada.

Análise Existencial

Com as influências da fenomenologia e do existencialismo, no conceito do humanismo, desenvolveram-se vários modelos terapêuticos, nomeados por psicoterapia existencial e definidos como métodos de relação interpessoal nos processos educacionais. O objetivo desse tipo de abordagem é facilitar aos formadores e formandos processos de autoconhecimento que favoreçam o desenvolvimento da liberdade, da autonomia e da responsabilidade nos mais diversos âmbitos da vida, capacitando os sujeitos envolvidos no processo a assumirem livremente a sua existência (VILLEGAS, 1989).

As técnicas logoterapêuticas e logoeducacionais utilizadas pela Análise Existencial se constituem como artifícios metodológicos, cuja finalidade principal é ajudar no crescimento pessoal e facilitar o encontro da pessoa com a autenticidade da sua existência, de maneira a assumi-la e a projetá-la mais livremente no mundo. De todo modo, o centro de atenção da Análise Existencial está nas pessoas, nas diversas circunstâncias da vida, sejam psicológicas, pedagógicas ou educacionais. Nessa compreensão, convido para este ensaio as contribuições que a Análise Existencial oferece como contributo para os processos formativos de jovens que se preparam para a vida religiosa e presbiteral na Hipermodernidade. Tenho notado que, nos últimos tempos, os jovens cada vez mais são inseguros e sem iniciativa e carregam gigantescas dificuldades de tomar decisões, fazer escolhas livres e assumir as responsabilidades exigidas por seu projeto de vida. Daí entender que a Logoterapia e a Análise Existencial podem oferecer a esses jovens, por meio das qualidades e atitudes dos educadores, estímulos e orientações na dinâmica formativa que ajudem os sujeitos a fazerem escolhas mais autênticas e significativas, pelo que as intervenções pedagógicas devem privilegiar como: o autodistanciamento, a autoconsciência, a autocompreensão e a autodeterminação.

Do encontro entre a fenomenologia, o existencialismo, a psicologia e a psicopatologia resultou um amplo movimento de ideias, reflexão, investigação e intervenção. Esse conjunto heterogêneo de contribuições possibilita intervenções terapêuticas, pedagógicas e educacionais de base fenomenológico-existencial, uma pluralidade de métodos e de teorias expressas em dois grupos diferentes: a psicoterapia experiencial e a psicoterapia existencial.

Como são comumente enfocadas no âmbito da psicoterapia, as diferenças essenciais entre psicoterapia experiencial (humanista) e psicoterapia existencial situam-se no modo como conceituam a capacidade da pessoa para o processo de mudança (VILLEGAS, 1989). Aqui, o foco interpretativo é o pedagógico-educacional, voltado para a função do educador no processo formativo e suas interações com os formandos: formador e formando, família e comunidade formativa. A finalidade da intervenção pedagógica-educacional se define pela autodescoberta (conhecer-se e compreender-se) na constituição mais autêntica e significativa da sua existência livre, autônoma e também responsável em sua formação para o projeto de vida almejado.

Nessa perspectiva da Análise Existencial, impõe-se enfatizar a ideia de que, nos procedimentos pedagógicos, o formador precisa dar especial atenção às dimensões histórica e familiar do formando, às reais motivações para o projeto de vida, à responsabilidade pessoal na constituição do seu mundo-vida, à disposição para mudança e à autonomia subjetiva. Para fundamentar esse modo psicoantropológico de proceder, neste estudo especificamente a finalidade principal é a pedagogia de orientação fenomenológico-existencial e são evidenciados como de suma importância na interação formando-formador os seguintes modos de perceber os processos de desenvolvimento no decurso formativo, conforme delineado com sequência.

a) Procura de si próprio (MAY, 2011);

b) procura do sentido da existência (FRANKL, 2008);

c) tornar-se mais autêntico na relação consigo próprio e com os outros (BUGENTAL, 1978);

d) superar os dilemas, tensões, paradoxos e desafios do viver (SARTRE, 1987);

e) facilitar um modo mais autêntico de existir (HEIDEGGER, 2009);

f) promover o encontro consigo próprio para assumir a sua existência e projetá-la mais livremente no mundo (VILLEGAS, 1989);

g) aumentar a autoconsciência, aceitar a liberdade e ser capaz de usar as suas possibilidades de existir (JASPERS, 1961).

Esse modo fenomenológico-existencial de proceder, pedagogicamente, pretende auxiliar ao formando a escolher-se e a agir de maneira cada vez mais autêntica e responsável. Desse modo, a contribuição para o crescimento e a transformação da pessoa do formando tornar-se-á imprescindível, pelo fato de promover o encontro da pessoa com a autenticidade da sua existência, para que venha a assumi-la e possa projetá-la mais livremente no mundo.

A psicologia existencial é a psicologia da existência humana com toda a sua complexidade e paradoxos, considerando que a existência humana envolve pessoas reais em situações concretas. A intenção aqui é introduzir alguns fundamentos de psicologia existencial com as distintas propostas e aspectos que caracterizam o ser humano como existência subjetiva, um ser que está-no-mundo, com todas as possibilidades de existir.

Na perspectiva da Análise Existencial, o que caracteriza a existência pessoal?

Essa visão psicoeducacional entende a pessoa como um ser que se escolhe, com autenticidade, que estabelece o seu destino, numa dinâmica de vir-a-ser. Esse entendimento antropológico caracteriza o ser humano como individualidade, feito um ser consciente, capaz de fazer escolhas livres e intencionais, isto é, escolhas das quais resulta o sentido da sua existência. E, ainda, é a pessoa que faz a si, escolhendo-se em uma combinação – capacidades, possibilidades e potencialidades – que podem ser desenvolvidas e articuladas no crescimento subjetivo e intersubjetivo no processo formativo. No entendimento da Análise Existencial, o modo de estar-no-mundo é perpassado pelas escolhas livres, sua liberdade para agir, em função do passado e com vistas no futuro.

Esse modo de estar-no-mundo envolve: escolher o futuro, o que submerge a pessoa na ansiedade, no medo do desconhecido; escolher o passado abrange todas as possibilidades de culpabilidade associadas às perdas e situações da vida em que o sujeito não foi bem-sucedido. Com efeito, na perspectiva fenomenológico-existencial, em um processo educacional, pressupõe-se por parte do educador a capacidade de formar para autenticidade (HUSSERL, 2008), implica aceitar a condição humana tal como é vivida e conseguir confrontar-se com a ansiedade e escolher o futuro, reduzindo a culpabilidade existencial. A autenticidade caracteriza a maturidade no desenvolvimento pessoal e social. A escolha é um processo central e inevitável na existência individual, e a liberdade de escolher envolve responsabilidade pela autoria do seu destino e compromisso com o seu projeto.

Nesse entendimento, a liberdade de escolha não é só parte integrante da experiência formativa do jovem que se prepara para a vida presbiteral e religiosa, como o próprio sujeito em seu processo formativo precisa, paulatinamente, ir aprendendo a fazer escolhas. Isso porque a identidade da pessoa e o seu modo de existir no mundo, de certo modo, são consequência das próprias escolhas em toda a sua história de vida.

Nessa acepção, o projeto existencial de cada pessoa é, essencialmente, demarcado pela aderência entre o passado, presente e futuro, como um fio orientador das vivências internas do sujeito. Esse processo repercute na escolha originária que a pessoa realiza de si e que aparece em todas as ações efetivas e afetivas, potencializadoras de sentido, em todos os âmbitos do projeto de vida.

A existência pessoal, portanto, no âmbito pedagógico-educacional do processo de formação, caracteriza-se por palavras-chave como: cuidado, constituição, autonomia, responsabilidade e liberdade. Isso ocorre à medida que a pessoa cuida da sua existência, procurando conhecer-se e compreender-se, descobrindo que, na relação com o outro, constrói o seu mundo e desvela sentido para a existência. Esse modo de existir, tomando por base o olhar antropológico da fenomenologia e do existencialismo, permite indicar que isso é possível mediante a opção que a pessoa faz por valores e por assumir responsabilidades por si, na realização do seu projeto.

Prospero na interpretação sobre a Análise Existencial, enfocando o estar-no-mundo, mediante a exploração do mundo do formador, do formando, da família e da casa de formação na realidade sociocultural em que o sujeito se encontra (HEIDEGGER, 1981). Aqui, é interessante notar que a pessoa, como ser que está-no-mundo, apresenta algumas dimensões constitutivas do seu modo de existir: os aspectos biológicos e tudo o que envolve o domínio sobre o meio natural; o mundo das relações interpessoais; o mundo da interioridade, da existência subjetiva, das experiências vividas e das possibilidades de ser; o mundo da relação com o desconhecido, a relação com o mundo ideal, com o mundo dos valores, dos sentidos, com a dimensão espiritual. É aqui que Frankl (2007) exprime com bastante precisão aquilo que é essencial no ser humano, o espiritual.

Com isso, o estar-no-mundo, do ponto de vista da Análise Existencial, centra-se na constituição de sentidos como meio de lidar com o vazio existencial e a falta de sentido da Hipermodernidade. Como o sentido para Frankl

(2011) está no mundo, ou seja, fora do sujeito, cada pessoa precisa querer estar com outros, com os quais tem um para que viver, a quem amar e a quem servir. O desenvolvimento subjetivo e a integração da pessoa envolvem um confronto incontornável e inevitável da pessoa com os dados da existência, confronto do qual resultam experiências de ansiedade na gestão das quais o sujeito pode utilizar estratégias variadas. De tal maneira, existir abrange a pessoa em sua totalidade. Em outras palavras, abarca todas as dimensões da pessoa e dos processos por que passa. Também é interessante mencionar que a consciência de tragédia inerente à condição humana é constituída por insegurança, frustração e perdas irreparáveis e, oposto a isso, pela consciência da esperança que resulta da liberdade de escolha, da autonomia, da dignidade individual, do amor e da criatividade.

Nesse âmbito, a existência está implicada pela consciência da morte como experiência de contingência e finitude que produz ansiedade e medo. Também existe a consciência da liberdade que, no entendimento de Frankl (2014), implica responsabilidade e autonomia no sentido das escolhas concretas e situadas que envolvem medo do incerto e do desconhecido.

O modo de existir, como ser que está-no-mundo, perpassado pelas peculiaridades da cultura, está envolto na consciência da solidão, na consciência do isolamento e no medo da separação. Tudo isso implica uma tomada de consciência da falta de sentido, vazio e desespero associado ao absurdo de existir.

Sob esse aspecto, importa compreender que a pessoa como ser existente no processo formativo, com história subjetiva, particularidades existenciais, dificuldades educacionais e seus distintos modos de apreender as orientações oferecidas pelo formador são reais, pois são pessoas, processos e histórias diferentes. O estudo sugere que o formador em sua função necessita da consciência da relação do formando com o mundo. Por isso, é indispensável, na formação para a vida religiosa e presbiteral, o relacionamento com as outras pessoas e consigo próprio, no intuito de tentar evitar a angústia que resulta do seu confronto com a sua liberdade e sua responsabilidade.

12
Vazio existencial em Frankl

Nesse contexto hipermoderno de falta de sentido, de vazio existencial, o ser humano perdeu o entusiasmo pelo social, pelo religioso-confessional institucionalizado, pelo amor, pelo compromisso duradouro. Ele é tomado pelas relações frouxas, líquidas e passageiras. Entendo que não é diferente no âmbito do processo formativo o fato de candidatos ao sacerdócio e à vida religiosa consagrada estarem profundamente perpassados por essas ausências de referenciais sólidos para a formação e estruturação da personalidade. Tomados por essa neurose, sentem-se impotentes para a realização de valores em quase todas as áreas da vida, ensejando uma insatisfação vital, tornando-se como uma epidemia no tempo fluente.

As frustrações existenciais causadas pela falta de sentido despertam o surgimento de conflitos relacionais, de autoridade e de vínculos duradouros (FRANKL, 2005b). Tais conflitos podem se manifestar em fenômenos de massa como: depressão, suicídio, agressividade, homicídio, drogadição etc. – sugestivos do que é chamado de frustração da vontade de sentido (FRANKL, 1978).

Para entender o vazio existencial há que se verificar seu conteúdo antropológico. E os componentes antropológicos são: a perda do sentido da vida, a pessoa inconscientemente deixa de lado o projeto de vida; os acontecimentos do cotidiano desfalecem e não a envolvem e a vida desmorona, pois o sentido está no objeto, não na finalidade da vida, no jeito como as vivências serão experimentadas. Para Frankl (2005b), o vazio de sentido é ocasionado, sobretudo, pelo não estabelecimento de metas e objetivos por parte do sujeito.

Surge daí um estado de angústia, uma vez que a pessoa é submetida a uma tensão constante entre o que deveria ser e o que ela é de fato. Frankl apresenta o sentido como algo que pode ser encontrado e, nessa busca, é a consciência que orienta a pessoa. Para ele, "[...] a consciência é um órgão de sentido. Ela poderia ser definida como a capacidade de procurar e descobrir o sentido único e exclusivo oculto em cada situação" (FRANKL, 2007, p. 85).

Os tempos hipermodernos assinalam que as pessoas estão imersas em uma falta de sentido para a vida. Tal sentimento se dá por se experimentar uma enxurrada de estímulos sensoriais oferecidos pelos meios de comunicação. "Se o ser humano quiser subsistir aos meios de comunicação de massa, ele precisa saber o que é e o que não é importante, o que é e o que não é essencial, em uma palavra: o que tem sentido e o que não tem" (FRANKL, 2007, p. 70). Essa fala de Frankl é pertinente para o formador em sua função e sua interação com os formandos, pois todos estamos fortemente envolvidos com as influências que as redes sociais exercem sobre as pessoas e seus processos. Formandos e formadores hodiernos, marcados pela falta de referências, tendem à falta de sentido que caracteriza seu tempo e buscam esconder-se sob diversas "máscaras" e "disfarces". O vazio existencial, no entanto, transparece sob tais máscaras, de modo que a satisfação psíquica é buscada, por exemplo, por meio da drogadição, do consumismo, do *status* oferecido pela mídia de massa, do poder oferecido por alguns cargos na Igreja, das vestes clericais, e das aparências físicas (academias e musculação), o que preocupa muitos no processo formativo. É o resultado da procura por parte do sujeito de superação do vazio existencial, pois esses suportes utilizados como mecanismos de defesa conferem o sentimento de satisfação de uma carência que se dá por meio de um contentamento compensatório imediato.

Frankl define essa satisfação compensatória como "vontade de poder". Tal conceito se refere à tentativa de busca de sentido por meio do enriquecimento material a qualquer custo. Nessa busca, o sujeito procura se inserir na lógica capitalista hodierna, assumindo passivamente sua posição de consumidor. Nessa lógica, tudo se configura em mercadoria e em propriedade. Sua vida se organiza em torno da cultura do ter e não do ser.

Nessa medida, sua vida não é orientada por um modo de ser, mas por uma maneira de ter.

Ainda, em busca de compensação, o sujeito contemporâneo se lança também em uma demanda frenética pela "vontade de prazer". Essa busca é caracterizada pela banalização dos sentimentos nas relações afetivas, de amizade, de vínculos religioso-espirituais, observada com veemência neste tempo. No caso, a frustração existencial acaba em variados modos de ressarcimento. Assim, o sujeito vive na sombra das aparências e das máscaras. A efemeridade das experiências e o estabelecimento de seus laços afetivos desencadeiam o afrouxamento de seus vínculos sociais (FRANKL, 2003). É uma sociedade que tem como características a valorização do aqui-agora, do imediatismo, do deleite ilimitado, do prazer desenfreado e do consumo alienado. É uma sociedade cheia de opções, mas vazia de sentido.

Frankl (2011) oferece outro sintoma do vazio de sentido na sociedade hipermoderna: a violência. Para ele, a violência está vinculada à falta de sentido transcendente. Ele também exprime algumas reflexões sobre o aumento da violência no mundo atual: não existe um *logos*, ou seja, um sentido na violência e na agressividade humana. Colocado diante de um evento estressante, o ser humano é livre para escolher um comportamento que seja condizente com o *logos*.

Segundo Frankl (2008), a violência que a sociedade atual está experimentando tem como causa o que ele denomina de "neurose de massa" ou "neurose coletiva". Para ele, tal neurose é o sintoma da perda de sentido coletivo. Sua causa está relacionada à perda da tradição, dos valores, e ao reducionismo científico. Assim, o vazio existencial, que é uma neurose em massa da atualidade, pode ser descrito como maneira privada e pessoal de niilismo; este, por sua vez, pode ser definido como a posição que diz não ter sentido o Ser, a existência, as inter-relações, a convivência, a vida (FRANKL, 2011, p. 111). Parece que Frankl tomou emprestado de Nietzsche (2002, p. 54) o conceito de niilismo, como sinônimo de falta de meta e falta de resposta a um "por quê?" Ele usa esse termo para caracterizar o estado de total apatia e falta de sentido, sobretudo aquele que tomou conta da sociedade da segunda metade do século XX até os dias atuais. "O niilismo não afirma que não existe nada, mas afirma que tudo é desprovido de sentido" (FRANKL, 2008, p. 128). O niilismo hipermoderno é uma doutrina segundo a qual nada existe de absoluto, de duradouro, de eterno. Aponta, porém, para a descrença em relação aos valores, para o descartável, para o líquido, para a ausência de referenciais e para a intolerância.

Essa descrença e essa ausência de valores fundamentais para a existência, como propôs Frankl (2005), estão numa dimensão transposta, própria ao ser humano, numa dimensão que ultrapassa sua realidade psicofísica. Essa ultrapassagem é que o capacitará a superar os condicionamentos da vida hipermoderna: "Ser homem necessariamente implica uma ultrapassagem. Transcender a si próprio é a essência mesma do existir humano" (FRANKL, 1991, p. 11).

13
Formar para a vontade de sentido

Interpreto como essencial uma reflexão antropológica sobre o modo como os formandos em tempos hipermodernos vêm se empenhando para acolher a pedagogia e a metodologia aplicada no processo de formação para a vida presbiteral e religiosa, na acepção de realizar uma reflexão sobre a formação com e para o sentido em tempos hodiernos.

Creio que a perspectiva pedagógica e formativa inspirada na antropologia de Viktor Frankl responde ao desafio de um tempo de crise existencial e axiológica, afirmando a capacidade intrínseca da consciência de encontrar significados concretos que configurem sentido à vida, no projeto existencial escolhido pelo jovem formando hipermoderno.

Conforme entende Frankl (2011), a motivação básica do ser humano é sua vontade de sentido, o desejo de encontrar sentido para a própria vida e torná-lo realidade. É um sair de si e pôr-se frente a si, ou acima de si, concebendo a pessoa como alguém que se projeta em direção a um horizonte de sentido.

Nesse contexto, a Análise Existencial de Viktor Frankl (2014) exprime uma concepção de ser humano que preconiza a autonomia da existência espiritual e o interpreta, em sua essência mais profunda, como ser responsável por suas escolhas e atos. Em outras palavras, o olhar antropológico frankliano aponta para a pessoa, não apenas como um ser livre, mas um ser que tem potencial de decidir sobre si mesmo, e, cada vez que toma uma decisão, ele não só configura seu destino, como também se configura.

Com efeito, o aporte da antropologia de Frankl para a função do formador tem seu cume no fato de reaver o caráter intencional no agir pedagógico, o qual se insere, justamente, no âmbito existencial de tensão entre o ser e o dever-ser, como um fator constitutivo do processo formativo do jovem que se prepara para a vida consagrada e presbiteral. Esse viés frankliano pressupõe, entretanto, uma abertura, por parte do formando, para o horizonte dos valores objetivos e do sentido para a vida.

Essa visão de ser humano está orientada para a concreta realização de um projeto ontológico e ético, que convoca à compreensão trazida por Frankl (2011) de autotranscendência como elemento essencial da formação. Assim, um modelo pedagógico-educativo, com essa dinâmica vital, deve estar além da concepção tradicional de educação que se restringia à absorção de conhecimento e aprendizado, passando para o significado que o processo formativo precisa apresentar para o formando.

Nesse enfoque, a linguagem assumida, o papel de abrir caminhos para encontrar-se com a realidade ontológica da existência do formando, possibilitando novos sentidos, que vão além do sentido pragmático e utilitário da vida, deve-se em grande parte à função do logoeducador. Essa complexidade, que é a educação com sentido e para o sentido, no mundo hipermoderno, imerge o formador na perplexidade de uma consciência que o impele a lidar com as juventudes alienadas pelas distrações da virtualidade na perspectiva jovial da Hipermodernidade (BAUMAN, 2007).

Há muitas décadas, Victor Frankl já identificava o núcleo da crise de homens e mulheres na atualidade: cada época tem a própria neurose coletiva, e cada tempo precisa de sua psicoterapia para enfrentá-la. O vazio existencial, que é a neurose em massa da atualidade, pode ser descrito como feito privado e pessoal de niilismo, de vazio existencial, de ausência de sentido para a vida e de um para que continuar a existir (FRANKL, 2005a).

Esse vazio existencial a que se reporta Frankl é produzido pela estrutura sociocultural hipermoderna que desestrutura as bases de sustentação do ideal de humanidade. Observa-se que a civilização constituída sobre o niilismo, que centraliza o ter em detrimento do valor do ser, produz sujeitos sem referencial e vidas sem sentido, vazias de um *para que* viver, *para que* estudar, *para que* rezar...

Essa grande massa de sujeitos reclamando de vazio existencial tem por modelo de educação uma pedagogia de passividade, competitividade e obediência acrítica. Esse tipo de processo educacional tem por objetivo levar os formandos a serem consumidores compulsivos de informação, porém com pouca consistência de conteúdos e valores na formação. Corroborando o sistema capitalista vigente, que já foi dissecado, criticado e alvo de várias tentativas de reversão, por teóricos e ativistas de todos os matizes, como socialistas, comunistas, anarquistas, é um sistema predatório da natureza do ser humano e do que há de espiritual em cada pessoa. Ele é um sistema feito para matar a essência da alma e deixar o ser humano apenas com a casca das coisas, transformando a pessoa em objeto de utilidade, impedindo o desvelar do sentido com essência para a vida humana (FRANKL, 2015).

A educação praticada em grande escala no mundo globalizado continua a ser propagada como uma necessidade civilizatória, e não promove a real emancipação das pessoas, porque ela se põe a serviço da reprodução do sistema. Como bem aponta Bauman (2013), a socialização que enriquece o processo formativo dos jovens deve indicar trilhas que as pessoas queiram fazer e façam sentido para o projeto existencial do sujeito; não os levar a reproduzir o que o sistema precisa que façam para que ele subsista. E quem tem a função de promover essa socialização é, em primeiro lugar, a educação, com seus poderes dialógicos e transformadores, seus instrumentos de produzir mentes curiosas, livres e também responsáveis pelo projeto existencial escolhido.

Acredito que não é possível esquecer o papel relevante da grande mídia na modelação da juventude, como formatadora de mentalidades consumistas, precocemente erotizadas e desejantes de toda espécie de satisfação supérflua. Como romper esse ciclo? Como reabilitar o humano em cada pessoa e na sociedade? Como desmontar essas estruturas alienantes que já duram séculos? Partindo do olhar antropológico de Frankl (2005b), indico como possibilidades de saídas:

a) uma pedagogia educacional com práticas transformadoras;

b) mudanças estruturais na dinâmica do processo formativo que envolva valores éticos e não resultados hiperconsumistas;

c) reabilitação de valores espirituais, que sejam, inclusive, fonte de crítica a excessos religiosos tradicionais, fundamentalismo e conservadorismo vazios de sentido.

Por isso, compreendo que o processo formativo precisa agrupar às suas práticas um horizonte de transformação em sua pedagogia, incluindo valores imanentes na consciência dos formandos, que contribuam para a saída do niilismo paralisante em que a juventude está estacionada. Onde morreu a pessoa, para ser substituída por um aglomerado de desejos desconexos – perdido no mundo virtual, como folha ao vento das informações desencontradas, das manipulações mal-intencionadas e das notícias falsas? O ser humano hipermoderno está desconectado de si mesmo e do outro, embora o tempo inteiro conectado na rede. A integração do ser humano hipermoderno resulta da capacidade de ajustar-se à realidade, acrescida da criticidade e da capacidade de optar. "O homem integrado é o homem sujeito. A adaptação é assim um conceito passivo; a integração ou comunhão, ativo" (FREIRE, 2000, p. 42).

Nós, os formadores, imbuídos por esse caos hipermoderno, intuímos que os jovens formandos que se preparam para a vida consagrada e para o ministério ordenado são mais acomodados do que integrados, porque massificados pelos meios de comunicação e resultantes de uma educação, que mais molda, por meio de parâmetros orientados por uma geração das mídias, dificulta o educar com sentido e para o sentido em novos tempos e mudanças de época.

Em tempos hipermodernos, faz-se necessário, na pedagogia formativa, estimular os jovens a uma maior lucidez ao olhar o mundo e a si mesmos em vista de uma perspectiva mais sólida, menos fluida. O risco do caos atual está justamente nos discursos fundamentalistas, totalitaristas, reacionários, que se aproveitam das incertezas vigentes, das inseguranças premente, para oferecerem panaceias autoritárias.

Recordo-me aqui da afirmação da possibilidade humana de transcendência de que fala Frankl (2007, p. 167): "tudo o que podemos fazer é estudar a vida das pessoas que parecem haver encontrado suas respostas às questões em torno das quais gira em última análise a vida humana e compará-la com a vida daquelas que não as encontraram".

Junto com esse pensamento, almejo aliar aspectos que se encontram no humanismo de Sócrates, que praticava a filosofia como um ato pedagógico, maiêutico, de dar à luz o ser. Essa pedagogia invoca como condição para a felicidade humana a posse de si, que parte do autoconhecimento e da segurança naquilo que se é, e não naquilo que se tem. Esse ato filosófico e, ao mesmo tempo, pedagógico-educacional da maiêutica é um ato que faz reconhecer em si mesmo uma alma divina, espiritual, que é despertada pela consciência. Reconhecendo essa essência que habita todos os seres humanos, cabe ao logoeducador, em sua função de formar jovens para a vida presbiteral e religiosa, cuidar dela, porque ali está a fonte de sentido e felicidade real para a vida no projeto existencial escolhido. "Por toda parte eu vou persuadindo a todos, jovens e velhos, a não se preocuparem exclusivamente, e nem tão ardentemente, com o corpo e com as riquezas, como devem preocupar-se com a alma, para que ela seja quanto possível melhor" (PLATÃO, 2003, p. 17).

Assim, só é possível fazer um caminho de volta ao ser neste tempo, ancorando-se na transcendência, afirmando sua identidade espiritual, como ensinou Frankl (2011). Por tudo isso, o nexo que se pode fazer entre os eixos de formação para o sentido e espiritualidade é o reconhecimento urgente e necessário dessa dimensão espiritual do ser humano. Isso porque, no entendimento de Frankl (2007), o ser que não fosse transcendente poderia estar totalmente moldado pelo meio ou pelo determinismo biológico.

Essa volta necessária e urgente ao ser é o que deve ser garantido como eixo estruturante de todo o processo de formação, e deve ter uma identidade, uma segurança interna, que não se deixa abalar pelas ideologias das mídias sociais, pelo sistema hiperconsumista e pelas redes sociais, ou qualquer outro medo.

Os princípios educacionais ficam frouxos, sem forças, porque o dinheiro compra. Quanto mais uma pessoa quer ganhar bem no sistema capitalista, mais ela tem de sacrificar princípios morais e éticos, mais ela tem de pisar no outro, esquecer a família, mais ela deve ser uma marionete nas mãos do sistema que submete os jovens e seus projetos existenciais ao predomínio do consumo. Sugiro que o formador em sua função esteja atento no processo de preparação para a vida presbiteral e religiosa à formação do imutável, essencial e superior que há na natureza humana. Isso resulta possível fazer coincidir os desejos das pessoas mais nobres de todas as instâncias sociais em vista do bem e do aperfeiçoamento dos seres humanos e "[...] criar com segurança nas relações humanas aquela harmonia em que as pessoas se ajudam e se servem umas às outras" (PESTALOZZI, 2008, p. 45).

Isso significa dizer que é por meio de uma formação para a liberdade, para a responsabilidade, para a transcendência e para o sentido, que se desperta esse ser espiritual dentro de cada formando, o que torna possível garantir sacerdotes, religiosos e consagrados solidários, que possam formar uma Igreja capaz de unidade, comunhão e harmonia. Acredito que um verdadeiro processo formativo que leva o formando a ser só é possível quando o formador adota como princípio máximo de sua pedagogia o elo amoroso entre educador e educando.

Há, com efeito, uma conexão necessária entre uma visão otimista do ser humano, uma visão otimista de formação e uma consequente prática pedagógica amorosa e não repressora que possibilitam mudanças nas relações entre os seres humanos e, por conseguinte, entre formando e formador. Evidentemente, o papel do formador é estimular, muito mais do que impor, creio ser a esperança de uma logoeducação baseada na visão de ser humano de Frankl. Nessa perspectiva, são estabelecidas cooperações entre formandos e formadores, retirando do educador aquela dependência na qual ele muitas vezes gosta de manter os formandos.

Essa compreensão conduz o formador a outra visão sobre o processo formativo, em que a competição entre os formandos fazia do educador o juiz, o avaliador, a instância punitiva e reguladora. A pedagogia da cooperação, na perspectiva frankliana, fortalece os laços entre os formandos e os orienta à liberdade para as escolhas e à responsabilidade por assumir as suas decisões autônomas.

O processo educativo para uma nova perspectiva formativa de jovens para a vida consagrada na Hipermodernidade deve ajudar a mudar padrões de mentalidade dos próprios educadores, e uma dessas mudanças mais importantes é a renúncia às relações de poder. Isso é muito atuante no pensamento de Max Scheler, sobre a dimensão da espiritualidade do ser e sua ética dos valores. Esse olhar antropológico teve decisiva influência no estabelecimento da Teoria da Logoterapia de Frankl. A grande contribuição de Max Scheler está no fato de desenvolver uma antropologia centrada na pessoa como ser espiritual, como unidade orgânico-espiritual aberta ao mundo, ser de possibilidade, ser de liberdade e ser de responsabilidade. A pessoa é o centro de uma ampla gama de atos espirituais intuitivos, intencionais e conscientes, não somente racionais. Como ensina Fizzotti (1980, p. 94), Scheler tomou de Husserl o conceito de intencionalidade da consciência. E esta, por sua vez, indica que "todo aquele mundo íntimo e vital constitui a vida emocional e sentimental. De tal modo que, para além da intencionalidade lógica de Husserl, ele põe em relevo uma intencionalidade emocional, centrada no sentimento e nos valores".

Frankl (2011), em se tratando de sentido dado à dimensão noética da pessoa, corrobora Scheler, na convicção do papel prioritário do sentimento no processo de intuição dos valores. O princípio subjetivo da percepção dos valores não significa, entretanto, relativismo no sentido como este é normalmente entendido. Os valores fazem parte de um universo transcendente à consciência intencional, como já expresso: o caráter transcendente do objeto está contido no ato intencional, o que não quer dizer imanente à consciência; ele é transcendente, mas constitutivo do ato intencional. Com isso, intui-se a ideia de que a ética se funda em algo real, nas essências valiosas, desveláveis ao espírito de um modo intuitivo. Quando a consciência objetiva o valor já não tem mais diante de si o mesmo conteúdo que é dado à intuição emocional, e que somente nessa esfera é imediatamente intuído, conteúdo de um saber de algo como alguma coisa pelo espírito (DERISI, 1979).

Em outros termos, Frankl (2005a, p. 81) compartilha inteiramente com Scheler a interpretação da consciência como um fenômeno que transcende a imanência do ser humano: "[...] todo dever é dado sempre ao homem de um modo concreto somente, na concretização do que o homem deve fazer precisamente no aqui e agora".

A consciência no ensinamento de Frankl (2007) é própria do ser humano como ente que delibera, sendo um fenômeno primário. Essa é a concepção do ser humano como sujeito da própria vida, como ser-consciente, responsável e livre, não estando preso a determinismos. Essa antropologia se fundamenta na fenomenologia de Husserl e Scheler e na filosofia existencial de Heidegger. Com essa base, Frankl concebe uma consciência espiritual ou ética, de modo que esses autores inauguram outra visão de pessoa humana, em que a consciência espiritual se revela como uma instância do psiquismo em sua unidade totalizante do ser humano.

Na perspectiva da ontologia dimensional, a consciência, em toda sua profundidade, é um fenômeno primário, que tem raízes no inconsciente. Frankl, no entanto, propõe uma revisão de delimitação do conceito do inconsciente, além da concepção freudiana de um inconsciente instintivo, um reservatório de instintividade reprimida: também o espiritual pode ser inconsciente. Se a psicanálise fala de um inconsciente instintivo, a Análise Existencial frankliana verbaliza e aponta um inconsciente espiritual.

Sob esse aspecto, é imprescindível compreender não tanto o limite entre inconsciente e consciente, mas o linde entre o instintivo e o espiritual. A distinção entre consciente e inconsciente não é só relativa, mas também não constitui "critério de especificidade" ao se referir à existência no sentido analítico-existencial como "ser-responsável" (FRANKL, 2007). Em minha percepção, é a consciência como fenômeno espiritual pré-lógico e pré-reflexivo, que constitui, portanto, o centro motor da possibilidade educativa e reeducativa de Frankl: o lugar da eticidade fundamental da pessoa, no qual se dá o encontro entre o polo subjetivo da autotranscendência intencional e aquele transubjetivo dos significados existenciais.

Na minha interpretação da antropologia de Frankl, a educação parte do ser que decide, escolhe, é responsável e tomador de decisão. O processo formativo com sentido deve estimular e proporcionar espaço para a autodecisão, em que, gradativamente, o formando vai se configurando, formando-se como personalidade e ser humano ímpar que é.

Ao refletir sobre como orientar os jovens, a grande contribuição da Análise Existencial e Logoterapia de Frankl foca-se na perda das tradições, na falência dos valores universais, na deflagração do vazio existencial e na crise observada e vivida no processo formativo e eclesial hipermoderno. A sua antropologia colabora com a perspectiva educacional quando põe no centro do diálogo e da orientação o insubstituível protagonismo da consciência como "órgão do sentido". No entendimento de Frankl (2005a), a evaporação dos valores universais na sociedade líquida tem relação direta com o sentimento de vazio existencial que atinge cada vez mais homens e mulheres na Hipermodernidade. Os valores singulares, no entanto, permanecem, pois estão vinculados à pessoa única e à situação específica. A possibilidade de encontrar sentido e educar para o sentido não desaparece e, para encontrá-lo, o ser humano deve estar munido de valores em que "[...] o homem encontra sentido mesmo em uma era sem valores, deve estar equipado com uma plena capacidade de consciência" (FRANKL, 2005a, p. 67).

Por isso, a principal tarefa do formador, em lugar de ver-se satisfeito com a transmissão de conhecimentos e tradições, é a de "aperfeiçoar essa capacidade que permite ao homem descobrir sentidos únicos. A educação na atualidade já não pode seguir seus modelos tradicionais, ao contrário, deve promover a capacidade de tomar decisões de maneira independente e autêntica" (FRANKL, 2005a, p. 67).

Entendo como fundamental indicar que no pensamento frankliano, o sentido não se inventa arbitrariamente. Ele se descobre, e a consciência, além de ser intuitiva, é também criativa: "[...] a consciência de um indivíduo o conduz a fazer algo que contradiz aquilo que predica a sociedade à qual pertence" (FRANKL, 2005a, p. 66). Existe, portanto, a possibilidade de criar valores com suporte em um sentido particular, isto é, não criar arbitrária e subjetivamente, mas com base numa configuração dada pela situação singular; encontrar novas possibilidades de sentido e valores.

Se o foco da formação com sentido e para o sentido é o afinamento da consciência como órgão de desvelar significados, seus conteúdos específicos são considerados dentro de um enfoque de formação do jovem que se prepara para ser religioso consagrado ou presbítero. A finalidade do processo formativo centra-se em capacitar o formando para agir eticamente e responder às exigências e desafios que o interpelam.

A Análise Existencial recobra do ponto de vista pedagógico o caráter intencional e projetivo do processo educativo, uma vez que o formar-se da pessoa se realiza no espaço existencial de tensão entre o ser e o dever-ser, caracterizado como fator constitutivo de abertura, por parte do formando, a um horizonte de valores que conformam sentido a sua vida. Portanto, a educabilidade não consiste evidentemente em uma mera disposição do formando à experiência formativa, mas precisa contar com qualidades e atitudes do formador que proporcionem uma formação pessoalizada. Nesse processo formativo, a pessoa se prepara para dar-se conta e responsabilizar-se pela própria existência. É função do formador orientar o formando a responder, por ele mesmo, concreta e criativamente, aos apelos que a vida lhe faz. O educador, nesse caso, não deve minimizar essa tensão, mas provocar o encontro com os valores.

A relação interpessoal formador-formando não é mero acessório, mas fundamental no processo formativo para a vida consagrada. Tenho percebido isso no curso de minha experiência como formador, ao mediar consciências e estimular o desvelar de sentido para a vida. Nessa interação formativa, deve o formador abdicar de qualquer ação coercitiva. Na função de formador, a intervenção tem um caráter apelativo, sugestivo, orientador, atuando sobre a vontade de sentido e a capacidade de autotranscendência. O formador, nesse contexto, exerce a função de técnico da intencionalidade como diriam os fenomenólogos. Em termos franklianos, o maieuta da autotranscendência.

No concernente à Análise Existencial de Frankl, que afirma não existir autêntico diálogo sem *logos*, vale considerar as três categorias de valores concebidas por ele como "vias" para se encontrar o sentido e delinear o processo formativo, por parte do formador:

a) Os valores criativos remetem ao potencial criativo e ao caráter de originalidade de cada formando, quando é capaz de oferecer algo de si mesmo ao mundo, por meio de um trabalho ou uma tarefa.

b) Os valores experienciais ou vivenciais, quando o formando toma algo do mundo e transforma em valores, como bondade, verdade e beleza por meio de encontros intersubjetivos, ou pela contemplação da nature-za, ou ainda por via de uma vivência cultural ou de exercícios espirituais.

c) Os valores atitudinais em que o formando assume uma atitude peran-te uma situação-limite, ou ante o projeto existencial escolhido que não pode modificar e é convidado a enfrentar e superar, seja no âmbito da vida comunitária na casa de formação ou seminário, no âmbito acadê-mico ou na experiência pastoral.

Em suma, educar para o sentido e com sentido pressupõe a criativi-dade, a experiência de oferecer algo de si ao mundo, ao outro, por meio da convivência interpessoal, de experiências de cooperação, de solidariedade, de ajuda mútua, da sensibilização para perceber a relação entre o mundo, o valor, a cultura e a espiritualidade. "O que ocorre é que aquela postura que elegeram lhes permite transmutar sua carência em logro, triunfo e heroísmo" (FRANKL, 2005a, p. 72).

Em minha experiência como formador, sinto a necessidade de ter explí-cita uma antropologia de base no processo formativo, uma visão integrativa de caráter fundante no discurso pedagógico e na prática educativa; e, ainda, recuperar a dimensão noética como especificidade humana, dos dinamismos intencionais e existenciais de vontade de sentido e de decisão responsável, como elementos essenciais na pedagogia formativa.

Por último, há um elemento convocado por Frankl, fundante na estru-tura formativa: a autotranscendência. Como apontado pelo pensamento de Frankl, a autotranscendência é elemento central da pedagogia formativa e componente possibilitador de toda a dinâmica formativa na preparação do candidato para a vida religiosa e presbiteral.

14
Formar para o sentido da vida

O ser humano, no entendimento de Frankl (2011), é dotado de "vontade de sentido" para a qual ele é motivado inconscientemente a fim de encontrar o sentido de sua existência. São motivações básicas que impulsionam o ser humano e que o fazem buscar um sentido e realizá-lo, como já mencionado. O sentido da vida é uma motivação primária da pessoa humana; ele existe por si próprio. É também a motivação para encontrar outra existência sob a modalidade de um Tu, para lhe dedicar o seu afeto (FRANKL, 1978). Nessa perspectiva, formar para o sentido pode ocorrer por meio de alguns caminhos. Primeiramente, mediante uma ação praticada ou uma obra criada; em segundo lugar, vivenciando algo ou encontrando alguém. Em outras palavras, pode-se encontrar um sentido não apenas no trabalho, mas também no amor. Além disso, parece saber que há o terceiro caminho para o sentido; pois sempre que se estiver diante de uma situação impossível de modificar, existe ainda a possibilidade de mudar a atitude perante uma circunstância que não se pode modificar (FRANKL, 1992, p. 80).

Frankl, em seu livro *A questão do sentido em psicoterapia*, expressa três exemplos para explicar melhor os três caminhos para a pessoa encontrar o sentido da vida:

1) "[...] pode minha vida tornar-se plena de sentido porque eu realizo uma ação, crio uma obra" (FRANKL, 1990, p. 47);

2) "[...] sentido também pode-se encontrar por meio do que eu vivencio – vivencio algo ou alguém, e vivenciar alguém em sua total originalidade e singularidade significa amá-lo" (FRANKL, 1990, p. 47); "a

segunda maneira de encontrar um sentido na vida é experimentando algo – como a bondade, a verdade e a beleza –, experimentando a natureza e a cultura ou, ainda, experimentando outro ser humano em sua originalidade única – amando-o" (FRANKL, 2008, p. 100);

3) "[...] por fim, mostra-se que lá onde somos confrontados com um destino que não se deixa mudar, especialmente não se deixa mudar por enquanto – digamos uma doença incurável, como um câncer inoperável –, que, portanto, também lá onde somos vítimas sem ajuda, lá a vida pode ainda sempre se transformar numa vida plena de sentido; pois então nós podemos realizar até o mais humano no homem e simultaneamente dar testemunho das mais humanas capacidades humanas" (FRANKL, 1990, p. 48).

O sentido se identifica com encontrar motivos para viver, motivações para a existência. "Diria eu que o homem realmente quer, em derradeira instância, não a felicidade em si mesma, mas antes um motivo para ser feliz" (FRANKL, 1991, p. 11). Para o autor, a pessoa "precisa ter um objetivo de vida, uma tarefa a cumprir, consentânea com suas aptidões; em suma, uma vida que lhe ofereça desafios permanentes" (FRANKL, 1991, p. 65).

Com esse entendimento indico que o sentido para a vida é realizado por meio do movimento da pessoa humana para o mundo e do mundo para a pessoa. Nesse âmbito, posso acentuar que o ser humano não está pronto no mundo, mas vai se constituindo dia a dia, conforme se relaciona. "O homem jamais 'é', sempre chegará a ser" (FRANKL, 1978, p. 232). E é sendo cada vez mais aberto ao mundo, mediante os diversos relacionamentos, tanto com as coisas como com as pessoas, que o homem pode encontrar um sentido para sua existência. "Vivemos numa época em que predomina um sentimento difuso de que a vida carece de sentido" (FRANKL, 1978, p. 20).

Nessa perspectiva, para que o ser humano possa realizar um sentido existencial, é necessário que saia de si mesmo e vá em direção ao outro. Segundo ele, "quanto mais uma pessoa esquecer-se de si mesma dedicando-se a servir a uma causa ou a amar outra pessoa, mais humana será e mais se realizará" (FRANKL, 2008, p. 135). Esse princípio frankliano aplica-se

182

muito bem à perspectiva cristã, especialmente àquilo que é esperado de um candidato ao sacerdócio ou de alguém que tem como projeto de vida a consagração ao Reino – entregar a vida por amor às outras pessoas e pelo serviço a uma causa, o Reino de Deus, na unidade e em comunhão com a Igreja e seu magistério. Conforme Frankl (1992), o sentido não significa algo abstrato; ao contrário, tem um significado totalmente concreto: o sentido concreto de uma situação com a qual uma pessoa também concreta se vê confrontada, comprometida e inter-relacionada.

Ao existir no mundo, o ser humano deve compreender as situações que vivencia, os projetos que almeja abraçar e com que ou com quem quer gastar o melhor de sua existência. Em outras palavras, ele deve atribuir sentido às suas experiências e, daí, gradativamente, constituir e conhecer o mundo e a si mesmo. A vivência sempre ocorre acompanhada de humor, com sentimentos agradáveis de sintonia e bem-estar, ou sentimentos desagradáveis de preocupação e contrariedade, com níveis variáveis de intensidade, podendo ser fortes ou imperceptíveis.

A existência humana é permeada pela sintonia e pela preocupação, que se alternam no decorrer de sua trajetória. Assim, a maneira preocupada de existir caracteriza-se por uma vivência global de desconforto e mal-estar, que varia de um vago sentimento de intranquilidade a uma profunda sensação de angústia, a qual chega a dominar por completo, e isso está fundamentado no próprio ser-no-mundo do ser humano.

Nessa contextura de existir humano, que pode vir acompanhado de um vazio de sentido, Frankl entende que a pessoa age sem ter seus objetivos e sem mesmo saber por que está agindo: há uma insatisfação remota, um sentimento de tristeza, uma esterilidade existencial e criativa aliada a uma perda dos objetivos e metas da existência. Insiste, ainda, que nos dias correntes há um número cada vez maior de pessoas que dispõem de recursos para viver, mas não de um sentido pelo qual viver. Em razão desse quadro, diversos são os problemas existenciais hipermodernos que afetam a estrutura existencial do ser humano, não sendo diferente no âmbito do processo formativo para a vida consagrada, com sintomas e influxos na vida subjetiva e social. Como já mencionado, dentre os sintomas, evidencio a depressão, o estresse, a angústia, o desespero e a ausência de tempo para si.

Surge, então, a necessidade de dar sentido à vida para que o olhar seja direcionado ao sentido mais profundo da existência, pois a perda de sentido aparece no momento em que as pessoas perdem o contato com a vida, no instante em que o contato com outros seres humanos deixa de ser primordial, prevalecendo a superficialidade e o viver sem rumo.

Para superar a ausência de sentido para a vida, sugiro a urgente e necessária ressignificação dos processos existenciais no tempo da formação, priorizando o acompanhamento personalizado, a presença e a escuta autêntica do candidato às ordens sacras. O formador precisa priorizar o tempo e o espaço de convivência com os formandos, de maneira fidedigna, de modo que estimule o educando a desvelar do interior do seu ser o "para que" está e permanece no processo de discernimento vocacional. Essas atitudes no processo formativo despertam no sujeito a necessidade de não se deixar tomar pelas imposições contingenciais e sociais, impostas pelos meios de comunicação social, tornando-se indispensável valorizar as relações interpessoais e sociais e buscar a sedimentação da interioridade na espiritualidade e carisma a que almeja servir.

Para a perspectiva fenomenológica existencial frankliana, a pessoa deve ser valorizada pela sua potencialidade. Isso é um indicativo da sua existência. Ao procurar sentido, ela procura saúde mental. De outra maneira, quando recusa sentido, despreza a própria vida, já que não encontra prazer nem significado para sua existência. Portanto, a procura do sentido é uma questão de sobrevivência, pois "[...] o homem que considera sua vida sem sentido não é simplesmente um infeliz, mas alguém que, dificilmente, se adapta à vida" (FRANKL, 2005, p. 28). Nesses termos, Frankl (2008) acentua que a busca do ser humano por um sentido é a motivação primária em sua vida, e não uma racionalização secundária de impulsos instintivos. O ser humano será um ser sempre à procura do sentido, porque acredita que o sentido move a vida e direciona a pessoa ao encontro da liberdade, da responsabilidade e da transcendência. É só na relação com o outro que o ser humano pode descobrir e encontrar o seu verdadeiro ser e ser capaz da autotranscendência.

Parte IV
O processo formativo ante os aportes da Análise Existencial frankliana

Ex-sistir significa sair de si e se apresentar ante si mesmo, uma dinâmica na qual o homem sai do plano corpóreo-psíquico e chega a si mesmo atravessando o espaço do espiritual. A ex-sistência acontece no espírito. E o homem se apresenta diante de si, na medida em que se apresenta como pessoa espiritual diante de si mesmo como organismo psicofísico.
V. Frankl

15.
A função do formador na Hipermodernidade

Para entender a função do educador de jovens que se preparam para o presbiterado e a vida religiosa consagrada, em tempos hipermodernos, quando os formandos trazem consigo queixas de vazio, de ausência de sentido e um aparente desânimo, é plenamente observável a necessidade de verificar os componentes e as implicações que o formador tem no desempenho de sua função. Aqui, a perspectiva será para os acontecimentos do cotidiano, lembrando o jeito com que os formandos exprimem suas demandas e necessidades subjetivas e intersubjetivas no processo formativo.

Para Frankl (1990a, 2003), o vazio de sentido é causado, sobretudo, pelo não estabelecimento de metas e objetivos por parte do sujeito em processo. Surge, daí, um estado de angústia, uma vez que a pessoa é submetida a uma tensão constante entre o que deveria ser e o que ela é de fato. É nesse contexto que percebo a função do educador como estimuladora do desvelar de sentido para a vida, no decorrer da formação, por meio da vivência da autonomia, da liberdade com responsabilidade pelas escolhas realizadas.

Nesse horizonte, o sentido se mostra como algo que pode ser encontrado e, nessa busca, é a consciência que orienta a pessoa. Para Frankl (1990a), a consciência como responsável por desnudar o sentido precisa ser entendida como a capacidade de procurar e descobrir as motivações mais profundas e exclusivas no oculto de cada situação cotidiana da formação.

O ser humano, no entendimento frankliano, será um ser sempre à procura do sentido, porque acredita que o sentido move a vida e direciona o indivíduo ao encontro da liberdade, da responsabilidade e da transcendência. E é na relação com o outro que o ser humano pode descobrir e encontrar o seu verdadeiro ser. Essa autoconfiguração parte de um dinamismo motivacional da própria existência, que se define como o desejo primário de encontrar sentido para a própria vida, para o projeto existencial, o serviço que intenta desenvolver com a vocação almejada e aptidão para concretizar os projetos existenciais estabelecidos.

Nesse entendimento, a função do formador deve estar incluída no caráter projetivo de desenvolver no espaço-tempo existencial do educando a tensão entre o ser e o dever-ser, em seu decurso existencial de formação. Em sua função, o educador deve ser afinador de consciência como órgão de sentido. Todo esse processo precisa estar ajustado ao horizonte do sentido e ao mundo objetivo dos valores essenciais na ação educativa. Com efeito, a atuação do mestre deve orientar-se para a concreta realização do projeto ontológico e ético por parte do jovem em processo de formação, do seu projeto de vida para o presbiterado ou para a vida consagrada e religiosa.

Frankl (2011, p. 62) deixa muito claro seus cuidados com a educação em suas obras, e reforça, de modo particular, o aspecto do vazio existencial na juventude hipermoderna. Em seu entendimento, um modelo educacional que ainda se guia pela teoria da homeostase é dirigido pelo princípio de que o mínimo possível de exigências deve se impor aos mais jovens. De fato, é verdade que não se "deve submeter os jovens a demandas excessivas". O logoeducador, contudo, há de considerar o fato de que, ao menos atualmente, na sociedade de abundância de informações pelas redes sociais, completa permissividade e ausência de referenciais, a juventude sofre pela falta de demandas de valores e consciência de sentido. "Essa sociedade de fartura exige de menos, de modo que as pessoas sejam cada vez mais poupadas de tensão. No entanto, pessoas que são poupadas de tensão estão inclinadas a criá-las, tanto de modo saudável quanto doentio".

Nesse intuito, o educador de jovens para a vida religiosa e presbiteral não deve evitar confrontar os jovens com ideais e valores. "Eles são afastados de tudo isso" (FRANKL, 2011, p. 63). Logo, em tempos hipermodernos, na era do vazio existencial, parece que a função do educador, mais do que transmitir tradições e conhecimentos, deveria ser a de refinar a capacidade humana de encontrar sentidos singulares, que moldem a vida.

A educação na Hipermodernidade não pode se reduzir à reprodução de percursos tradicionais. Pelo contrário, deve, sim, encorajar e desenvolver a capacidade subjetiva da tomada de decisões autênticas e independentes. "O ser humano deve reportar-se à sua consciência, confiando a ela seu papel de guia. Uma consciência vívida e ativa constitui, também, a única coisa que capacita o homem a resistir às consequências do vácuo existencial, a saber: o conformismo e o totalitarismo" (FRANKL, 2011, p. 84).

O momento corrente está marcado pela concorrência e aglomeração em muitos aspectos da vida. Os meios de comunicação social bombardeiam os jovens com muita informação, de modo que os educadores devem se empenhar em proteger os formandos de tais estímulos, filtrando-os, por assim dizer, ajudando-os, em razão das muitas possibilidades oferecidas, a fazer escolhas, dentre elas decidindo sobre o que é ou não essencial à vida e ao projeto em discernimento. De modo muito prático e concreto, remeto-me às contribuições do pensamento antropológico analítico-existencial de Frankl para a função do educador de jovens para a vida presbiteral e religiosa, enfocando as inspirações pedagógicas, as qualidades e atitudes de um logoeducador em tempos hipermodernos, nos capítulos seguintes.

16
Uma pedagogia inspirada na Análise Existencial de Viktor Frankl

Para Frankl (2008), a motivação fundamental da existência é a procura de sentido, único e específico da existência pessoal, sendo que a falta de sentido conduz à frustração existencial, e esta, à neurose. Com isso, aponto uma proposta pedagógica para a formação presbiteral e religiosa consagrada, respeitando as especificidades de cada pessoa e suas peculiaridades e carismas, sob inspiração da antropologia de Frankl, que traz pressupostos evidentes para o crescimento humano, espiritual e existencial do formando e do formador nessa mútua interação. É eleita a busca de sentido como central na existência subjetiva, que exprime como proposta de educação facilitar ao formando o desvelar do sentido (*logos*) e propósito da sua vida, na busca de superar o vazio e o desespero.

Influenciado, essencialmente, pela filosofia dos valores de Max Scheler, pela psicanálise de Freud e pelo pensamento religioso-espiritual judaico, Frankl entende que o ser humano deve viver orientado por valores e tem como núcleo de sua existência a dimensão do espírito, algo especificamente humano. Assim, a pedagogia inspirada pela antropologia de Frankl entende que o sofrimento, a culpa e a ansiedade podem denotar papel positivo quando se mostram como suporte para a ideia de que, mesmo nas conjunturas mais adversas, o ser humano pode escolher o modo de se confrontar com essas circunstâncias.

Interessante é notar que o método da Logoterapia como possibilitador de sentido, nos processos formativos de jovens que se preparam para a vida religiosa e presbiteral, tem por finalidade ajudar as pessoas a redescobrirem o significado e o propósito das suas vidas, em situações em que o sofrimento seja induzido por fatores externos ou por aspectos internos, uma vez que Frankl (2014) defendia o ponto de vista de que o espírito humano está potencialmente capacitado para transcender e desafiar as experiências corporais dolorosas, as práticas psicológicas, sejam elas normais ou perturbadas.

Fundamentalmente, uma pedagogia embasada na visão de pessoa da Logoterapia e Análise Existencial assume uma seriedade na procura pelo sentido para o próprio sofrimento psicológico. Trata-se, portanto, de ajudar a descobrir sentido para a experiência existencial. Aqui, como interrogo a função do educador e o processo de formação, apreendi que uma adequada pedagogia educacional deve considerar as seguintes perguntas:

Quais qualidades precisam estar presentes em um educador de jovens para a vida consagrada e presbiteral na Hipermodernidade?

Quais atitudes os educadores precisam tomar no processo formativo para estimular os jovens no desvelar de sentido para a vida?

Quais valores pedagógicos são necessários para formar para a liberdade e a responsabilidade?

Pressuponho que os valores atitudinais são indispensáveis na função do educador, pois mediante a mudança de atitude individual em relação à situação, o educador com uma pedagogia que se alicerce em autonomia, liberdade, responsabilidade e capacidade de transcender levará o educando a posicionar-se de maneira adequada e justa diante de situações que o desafiam.

Para atingir as suas finalidades, a pedagogia que os estudos de Frankl inspiram tem por desígnio várias técnicas de intervenção utilizadas na formação para o sentido da vida que interpreto como adequadas na arte de educar na Hipermodernidade e que passo a nomear.

a) *A pedagogia do amor e da ternura* – O ser humano é mais do que o produto de processos de aprendizagem, mais do que o resultado da interação do ambiente com os fatores genéticos. Quando amado e percebendo a ternura nas relações, ele tem a capacidade de autodeterminação e de responsabilidade por suas escolhas e decisões. No processo formativo de jovens na Hipermodernidade, o amor e a ternura são potencialidades, fazendo do formando uma pessoa capaz de encontrar sentido na vida experimentando algo – como bondade, verdade e beleza – na natureza, na cultura e nos outros seres humanos em sua originalidade, o que o faz amar e se sentir amado.

O amor é a única maneira de captar outro ser no íntimo da sua personalidade. Ninguém consegue ter consciência da essência última de outro ser humano sem amá-lo. Pelo amor, a pessoa consegue enxergar o que está potencialmente contido na pessoa amada. E, além disso, a pessoa que ama capacita o amado a realizar essas potencialidades. Na visão antropológica da Logoterapia frankliana, o amor não é interpretado como mero epifenômeno de impulsos e instintos, na acepção de uma assim chamada sublimação. No entendimento de Bruzzone (2011, p. 63), "o amor como um dos aspectos da autotranscendência da existência humana" implica que a pessoa se torna integralmente ser humano, quando transcende na direção de um sentido, quando se dirige para uma causa ou para uma pessoa, na qual se esquece de si e supera a si mesma, realizando-se. E, ainda, para Frankl (2015), a pedagogia do amor ultrapassa a dimensão do puro encontro, pois este "[...] é o reconhecimento no outro do que nele há de humano, quem ama concebe o amado em sua originalidade e singularidade" (BRUZZONE, 2011, p. 64), isto é, identifica nele a pessoa – um Tu.

b) *A pedagogia da solicitação* é uma intervenção mais diretiva, consistente em recordar-se de que cada situação da vida tem um sentido e que o formando tem sempre a possibilidade de mudar a sua atitude em relação ao estado em que se encontra. Esse proceder pedagógico sugere que, se não é possível mudar o fato, a situação em que a pessoa se encontra, pode-se mudar a forma de ver, sentir, pensar e agir em relação à condição em que a pessoa está (FRANKL, 2011).

c) *A pedagogia do colóquio maiêutico* consiste em depositar questões de tal maneira ao formando que este se torne cada vez mais consciente das suas escolhas, de suas decisões, de seu projeto de vida e das responsabilidades que tem consigo e com as pessoas que estão envolvidas nas deliberações por ele assumidas. O colóquio maiêutico suscita as esperanças reprimidas e colabora para que haja o conhecimento até aí não admitido pela pessoa, a fim de que o processo formativo e os sujeitos em processo sejam reais e autênticos (FRANKL, 2005a).

d) *A pedagogia do florescimento de valores* repousa em encorajar os formandos a conceber valores que sejam fundamentais em sua existência e potencializadores de um imaginário de projeto de vida que seja cenário desvelador de sentido para a vida no projeto vocacional almejado. Esse florescer de valores no processo formativo terá como consequência, desta ou daquela escolha, questionar-se sobre os significados daí decorrentes para a vida pessoal e para as relações interpessoais (MIGUEZ, 2014).

e) *A pedagogia da evocação de dons e carismas* descansa no encorajamento do jovem em processo de formação a deixar de lutar contra as suas dificuldades e a descobrir dons, talentos, carismas, desejos ou intenções fortes, mesmo que sejam muito embaraçosos ou aterrorizadores para ele. A ideia é solicitar ao formando a desejar e se preparar bem para aquilo com que tem carisma para trabalhar e dedicar sua vida a essa missão. Essa técnica pedagógico-educacional pode ser facilitada quando a pessoa percebe e toma consciência de sua índole e aptidões (MIGUEZ, 2014). O logoeducador tem por função ajudar o formando a distanciar-se das suas dificuldades e encará-las de maneira otimista, transformando-as em oportunidades proporcionadoras de amadurecimento humano, comunitário e espiritual.

f) *A pedagogia da "derreflexão"* (FRANKL, 2005a, 2011) – Partindo da experiência de que, em certos momentos do processo de formação, os formandos estão demasiadamente centrados em si mesmos, aprisionados por um estado de hiper-reflexão, hiperquestinamentos e hiperintenções, a ponto de os sujeitos prestarem atenção só em si próprios, em seu desempenho e experiência, apresentando assim, dificuldades para a vida comunitária, para as relações humanas e espirituais, a pedagogia da derreflexão pode ajudar a sair de si e a se focar naquilo que é seu objetivo, sua missão. E, ainda, pode ajudá-los a sair do fechamento e do círculo vicioso de si mesmos.

O logoeducador, nesse tipo de situação, deve estimular a romper com os círculos viciosos e orientar o formando para o exterior, para o mundo. Essa técnica da Logoterapia é usada na clínica psicoterápica. No meu sentir, pode dar excelentes frutos nos processos formativos. Essa técnica consiste em animar o formando a ignorar os seus sintomas e a orientar a sua atenção para o mundo externo. É um caminho pedagógico de que o educador pode se utilizar para ajudar o educando a descobrir outros sentidos para o seu passado, seu presente e seu futuro e enxergar por outra ótica os propósitos da sua vida, a compreensão de si próprio, modos de viver, de se relacionar e os seus papéis sociais.

O foco do trabalho educacional de quem exerce essa função na Hipermodernidade é procurar estimular a busca de sentido para o que aconteceu no passado, o que está acontecendo no presente e que acontecerá no futuro no entender do formando. Esse processo de educação para o sentido inclui as distorções cognitivas, as dificuldades de aprendizagem, a regulação afetiva, as dificuldades relacionais e comunitárias, o confronto com problemas, as dificuldades com a estrutura de identidade, a significação do presente e a projeção ao futuro. Bem assim, é potencializador das tarefas do processo de crescimento no tempo da formação, ajuda o formando a enfrentar os fracassos, como, por exemplo, doenças, perdas, mortes, decepções etc., e os obstáculos internos para desvelar sentido para vida.

g) *A pedagogia da afinação da consciência* – Em uma época amplamente definida como emergente na educação, a estimulação de uma consciência dos valores, do sentido, noto que andam em crise os processos pedagógico--educacionais com suas práticas educativas, como também a ideia de educação que a inspira. Uma educação orientada para a competição, para o carreirismo eclesiástico, para o aprendizado de uma profissão, para a aprovação em um curso universitário, poderá produzir falhas no desvelar de sentido e propiciar vazio existencial.

Frankl (2015), em sua visão antropológica, aposta que o ser humano está dominado por uma vontade de sentido, daí o desafio pedagógico para o educador de jovens que se preparam para a vida religiosa e presbiteral de olhar para o formando como um ser capaz de redescobrir a essência da sua pessoalidade e tendo clareza de que, afinada a consciência para o sentido, a educabilidade torna-se inesgotável. A Análise Existencial de Viktor E. Frankl oferece estímulos teóricos de indubitável valor, em decorrência, principalmente, do sólido fundamento antropológico que a sustenta.

Quem se dedica à educação e à formação pode encontrar nelas um verdadeiro conhecimento dos fundamentos da existência humana, por meio dos quais se conduz a intervenção educativa. Diz-se que "não há nada mais prático do que uma boa teoria". Nunca, como nesse caso, o axioma popular reflete uma verdade fundamental. Depois dos anos do "pensamento débil" e o prolongado esquecimento da reflexão filosófica acerca da educação, hoje é necessária uma pedagogia antropologicamente embasada, que tenda a prevenir os reducionismos, mas que também impeça todo o desvio do discurso pedagógico como saber autárquico, autorreferencial ou meramente acadêmico.

A pedagogia da afinação da consciência é, de fato, uma delicada operação de reapropriação daquele implícito agir pedagógico, que, frequentemente, é difuso, latente e disperso em saberes diversos, porém aplicável no agir do educador. "Há algo revolucionário nessas palavras, sobretudo na alternativa radical entre uma educação que aponta para transmitir conhecimento e uma educação que aponta para afinar a consciência" (BRUZZONE, 2011, p. 176).

h) *A pedagogia dos valores morais e éticos* – As ações humanas devem ser vistas dentro de um ciclo em que atos honestos podem ser feitos, sendo seguidos pelo carinho, pelo respeito e jamais pelo deboche. Torna-se evidente que os bons sentimentos, a escuta da pessoa em processo de formação e a vontade de conversar e compreender os formandos podem mostrar o interesse pela pessoa como ação única norteada da pedagogia dos valores morais e éticos. Em outras palavras, a própria vida humana pode ser mostrada como sensível e também moralmente boa em termos naturais e por si mesma é digna de sentido. Não obstante, no entendimento de Bruzzone (2011), o educador pode perfeitamente atribuir valores ou desvalores à estrutura moral e ética da vida do formando. Por isso, a pedagogia dos valores morais tem como objetivo estimular os formandos para o sentido, na sua constituição intramundana.

Quando o sujeito entra em contato com situações existencialmente difíceis, como enfermidade, contrariedades nos relacionamentos, negação de projetos pessoais ou não aceitação de situações que se expressam em seu projeto de vida particular, pode vir a suceder o vácuo existencial (STUDART, 2013). Por isso, a pedagogia dos valores éticos inspira equilíbrio no processo formativo, impedindo o formando de se refugiar no distanciamento e no anonimato. Também, o logoeducador em sua função deve aprender duas coisas complementares: concentrar-se no outro e trabalhar continuamente em si mesmo. Afinal, o logoeducador só pode cuidar dos formandos quando aprende a cuidar de si mesmo.

No trabalho terapêutico e educativo, portanto, há que se desenvolver essa peculiar sensibilidade que capacite a "assumir" as necessidades do outro. Do contrário, a relação de ajuda se converte em um mero exercício de habilidade, porém vazia internamente de significado (BRUZZONE, 2011, p. 192).

i) *A pedagogia da liberdade* – Liberdade e responsabilidade são conceitos essenciais na teoria antropológica de Frankl (2011). Fazendo uma leitura do seu pensamento, Bruzzone (2011, p. 167) indica que

> os adultos parecem, em definitivo, ter "desarmado" o potencial (inclusive educativo) do conflito. Porém, isso significa uma redução da polaridade, talvez os jovens percam a ocasião mais importante de suas vidas: a de diferenciar-se dos pais, encontrar a si mesmos e ascender verdadeiramente a uma existência autêntica.

Ante esse entendimento, a pedagogia da liberdade, aplicada ao processo formativo, costuma resultar na maioria das vezes na fuga de educadores, pois essa perspectiva educacional necessita de uma sensibilidade acurada por parte deles. Na Hipermodernidade, já não é pensável voltar àquele modelo tradicionalista, visto que, depois da emancipação dos sujeitos trazida pela Modernidade, já não há como regredir, é preciso avançar rumo a uma liberação da pessoa, que encontra na fonte ética do sentido a promoção da "[...] capacidade de tomar decisões independentes e autêntica" (BRUZZONE, 2011, p. 169). Esse tipo de educação, orientada pela pedagogia da liberdade, tende a redescobrir e cultivar nos jovens a força propulsora dos ideais, significados existenciais e valores centralizados na intencionalidade, no autodistanciamento e na autotranscendência.

j) *A pedagogia da responsabilidade* – A ênfase na responsabilidade se reflete no imperativo categórico da Logoterapia, que diz: viva como se já estivesse vivendo pela segunda vez, e como se na primeira vez você tivesse agido tão errado como está prestes a agir. Nada estimula tanto o senso de responsabilidade de uma pessoa em processo de formação como essa máxima, a qual convida a imaginar primeiro que o presente é passado e, em segundo lugar, que o passado ainda pode ser alterado e corrigido (FRANKL, 1990).

A perspectiva da Logoterapia procura criar no sujeito em processo de psicoterapia ou em processo de formação uma consciência plena de sua responsabilidade. Por esse viés, é preciso, portanto, que durante a formação o educador deixe que o próprio educando opte pelo que, perante que, ou perante quem, ele julga ser necessário responsabilizar-se. "A essência do evento educativo consiste, em troca, em emancipar a pessoa dos vínculos internos e externos, para que seja o máximo possível autônoma e capaz de existir e eleger a partir de si" (BRUZZONE, 2011, p. 172).

Dentro dessa mesma dimensão, a ideia antropológica frankliana traz outro conceito-chave, a dimensão noética da autotranscendência, porque a formação de jovens na Hipermodernidade é concebível somente se se estabelece um vínculo intencional do sujeito-educando com o mundo. A finalidade da atividade formativa "consiste em tornar esse vínculo o mais amplo e transparente possível. Não é a educação que forma as pessoas, senão que elas se formam em relação com o mundo" (BRUZZONE, 2011, p. 172).

k) *A pedagogia do diálogo* – A perspectiva educativa de Frankl (MIGUEZ, 2014) é uma equação com duas incógnitas, já que, desde o princípio, está ligada a dois fatores misteriosos – a personalidade e subjetividade da pessoa em processo de formação e a personalidade do formador – que, além da teoria pela qual se orienta e das técnicas de que dispõe, estão em jogo as qualidades e atitudes que compõem a habilidade de ser do formador. Dado que o processo formativo não é, de nenhuma maneira, previsível e determinável, senão que depende, de modo quase exclusivo, da subjetividade dos sujeitos envolvidos no processo, creio que não existem critérios absolutos ou receitas universalmente válidas, mas um conjunto de possibilidades que se expressam mediante a pedagogia do diálogo.

Como não há receitas prontas, porque se cuida de subjetividades, para cada formando, digo fazer-se necessária uma pedagogia formativa, que deveria ser concebida desde os conhecimentos que o formador vai apreendendo da história de vida da pessoa em processo. Os esquemas repetidos não são adequados, olhando pelo viés da antropologia frankliana. Uma correta pedagogia do diálogo não só deve personalizar, caso por caso, como também há de coincidir com a especificidade de cada pessoa em formação, precisando mudar sempre com a devida competência, sem improvisar (BRUZZONE, 2011).

Como sua antropologia é de base fenomenológica, cada educador, em definitivo, deve converter-se em um bom fenomenólogo, se quer ser em sua função um bom formador! O logoeducador dispõe de um recurso fundamental: o próprio "fator humano". "Cultivar a humanidade, então, se converte no primeiro e indispensável critério formativo" (BRUZZONE, 2011, p. 189).

> A função educativa do diálogo não é muito diferente da terapêutica: o propósito da relação, em ambos os casos, consiste em ajudar o outro a sair de si mesmo em direção ao mundo, a superar seus próprios limites para crescer mais além deles e transcender sua própria situação encaminhando-se em direção de sentido (BRUZZONE, 2011, p. 179).

O método dialógico se converte, assim, em um momento formativo; dialogando com o formando, aprende-se a falar consigo mesmo, aprende-se a pensar, sentir e agir como formador. Desse modo, o diálogo socrático cria o paradoxo de toda relação de ajuda, em que a relação Eu-Tu deve conduzir a uma menor relação do eu consigo mesmo. Aliás, isso não pode acontecer se a relação não mantém aberta a sua intencionalidade. Com isso, indico a relação dialógica como formativa, quando ela tem uma intencional e objetiva consequência, de modo que, para a concepção fenomenológico-existencial frankliana, o diálogo é condição essencial e indispensável da relação educativa formando-formador.

l) *A pedagogia do autodistanciamento* é uma pedagogia orientada pela prática educativa que conduz a pessoa a transformar o sofrimento em uma modalidade de ajuda futura para outras pessoas. Esse procedimento educativo é essencial, trazendo à consciência estimular o exercício do autodistanciamento, como instrumento que possibilita olhar a situação de fora, de modo objetivo, o que possibilita a autotranscendência que Viktor Frankl indica como caminho para a realização do sentido da vida. O paradoxo comum da relação educativa (formando e formador) na relação de ajuda é que as pessoas necessitam de ajuda para aprender a não terem que necessitar mais dela. Aqui é importante salientar que a logoeducação não é instrução nem pregação, pois seu papel consiste em ampliar e alargar o campo visual do formando, de modo que todo o espectro de sentido em potencial se torne consciente e claro para ele (BRUZZONE, 2011).

À luz da antropologia de Frankl, é possível declarar que o ser humano é uma criatura responsável e precisa realizar o sentido potencial de sua vida. Com outras palavras, assumo que o verdadeiro sentido da vida deve ser descoberto no mundo, fora do sujeito, e esse é o diferencial expresso pela antropologia e pela Análise Existencial frankliana, e não dentro da pessoa ou de sua psique, como se fosse um sistema fechado. Para o entendimento frankliano, a autorrealização e a felicidade são consequência das escolhas realizadas e do amor a um Tu, que, na perspectiva de cada um, pode ser o projeto de vida, a espiritualidade, o carisma, o serviço eclesial. Quanto mais a pessoa se esquecer de si mesma – dedicando-se a servir a uma causa ou amar outra pessoa – mais humana será e mais se realizará.

m) *A pedagogia da autotranscendência* – A autotranscendência é "a essência da existência humana" (FRANKL, 2008, p. 282), pois "o homem está aberto ao mundo em contraposição aos animais que não estão abertos ao mundo [*Welt*], mas sim ligados ao meio [*Umwelt*]" (FRANKL, 2005a, p. 36). Em outras palavras, a pedagogia da autotranscendência significa: dinamismo primário, formativo por excelência, constituindo o foco de toda a interpretação pedagógica da Análise Existencial frankliana.

Esse fator é responsável pelo processo de formação e transformação da personalidade do formando. Frankl (1989) complementa, ensinando: só a existência que a si mesma se transcende e se realiza a si mesma; no entanto, aquele que percebe tão só para si mesmo, isto é, aquele que unicamente tende à realização de si mesmo, por certo, se frustrará. Nesse contexto, levar os jovens formandos a transcender para a liberdade e a responsabilidade, no entanto, muda profundamente o processo formativo em comparação com o passado, e esse é motivo de grande desconcerto para formadores e professores, uma vez que muitos estão presos ao velho jeito de educar e orientar processos formativos. Na percepção frankliana, mudar faz-se necessário, pois a "mutação se deve a algumas mudanças sociais, em particular à transição da família 'ética' para a família 'afetiva', ou seja, da família que assumia como dever principal aquele de transmitir normas e valores, e a que sente como dever primário aquele de transmitir afeto e segurança" (BRUZZONE, 2011, p. 164).

Isso é determinante na Hipermodernidade, pois, não raro, o formador se depara com desprezo à autoridade, da qual, às vezes, faz alarde. De igual modo, existe a indiferença às instituições, haja vista sua grande fragilidade afetiva e efetiva. A questão central é que uma parcela significativa dos jovens em formação, não tendo outra finalidade que a si mesmos, sofre dificuldades para aceitar o limite e tolerar a frustração. Como muitos têm procedência de bases familiares fragilizadas, marcadas pela ausência de referencial, e não tiveram suficiente suporte emocional, não conheceram os limites em sua educação, são portadores de uma carência fundamental e de um sentimento de rejeição. Por isso, muitos passam a maior parte do tempo em busca de aprovação do formador, do bispo, do superior maior ou mesmo de colegas. "Dependem radicalmente do reconhecimento do mundo que os circunda e manifestam uma consistência de identidade muito débil" (BRUZZONE, 2011, p. 165).

A pedagogia da autotranscendência é inspiradora para os processos formativos hipermodernos, pois exprime subsídios para lidar com a atual estrutura de família de onde vêm os jovens. Esse transcender o contexto sócio--histórico ajuda na internalização que o formando precisa fazer para mudar intimamente a sua relação com a dimensão pública e comunitária.

n) *A pedagogia da resiliência* é a pedagogia sobre a capacidade do ser humano de enfrentar, sobrepor-se e ser fortalecido por experiências de adversidade, relacionando-as à dimensão noética do ser humano, visto como unidade múltipla, do que decorrem a força de resistência do espírito e a responsabilidade. Uma pedagogia orientada pela resiliência busca o sentido como motivação primária, procura a autotranscendência e o autodistanciamento propiciado pelo humor e pela autocompreensão, de forma que a resiliência se faz uma das maneiras de encontrar o sentido da vida e movimentar-se para realizá-lo, permitindo dizer um "sim" à vida, apesar de tudo.

Essa perspectiva proporciona mudanças, reelaborando a pergunta "o que o formando espera da vida?" para "o que a vida espera do logoeducando nesse mundo hipermoderno e massificado pela cultura do hiperconsumo?" A resiliência passa a ser, então, uma nova lente, outra chave de compreensão da experiência humana que, intrinsecamente, vem marcada pelo sofrimento. O sentido da resiliência, então, é a busca de sentido da vida, que se traduz em criatividade, aprendizado, superação, crescimento, dizer e viver um grande sim à vida, apesar de tudo (AQUINO, 2012).

o) *A pedagogia do sentido*, como a busca do ser humano por um sentido, é a motivação primária e não uma "racionalização secundária" de impulsos instintivos, como declarado na teoria de Frankl (2011). A antropologia de Frankl sustenta a noção de que sentidos e valores são viver e até morrer pelos ideais e propósitos estabelecidos para a vida. Por esse pretexto, tais valores deverão ser desmascarados no autêntico e genuíno jeito de ser da pessoa, e aí está exatamente a busca do ser humano por uma vida dotada de sentidos.

O que se pode dizer quando alguém pergunta: qual o sentido da vida? O sentido da vida difere de pessoa para pessoa, de processo para processo, de um dia para o outro, de uma hora para a outra. O que importa não é o sentido da vida de um modo geral, mas antes o sentido específico da vida de uma pessoa em dado momento. Afinal, a vida é uma dinâmica de autotranscendência. Não se há de procurar um sentido abstrato da vida. Cada qual tem a própria vocação ou missão específica na vida; a tarefa de cada um é tão singular como a oportunidade específica de levá-la a cabo.

Com efeito, cada pessoa em seu processo formativo é questionada pela vida, e somente ela pode responder à vida, sendo responsável. Assim, a pedagogia do sentido na Logoterapia vê na responsabilidade a essência propriamente dita da existência humana. Não obstante, as distintas manifestações da angústia juvenil sinalizam uma lacuna, uma falta, um afastamento de algo fundamental para sua existência. Esse algo é aprendido como uma "vontade" de autenticidade, de contato consigo mesmo, uma vontade de intimidade e de compartilhar, uma vontade de futuro e de sentido.

Viktor Frankl (2015) considerava que a incerteza, a dúvida e até a sensação de vazio e de carência de sentido eram condições normais, até certo ponto necessárias, do estar no mundo, sobretudo, do ser jovem. Agora, quando o vazio existencial, a angústia de um jovem e as inquietudes da humanidade existem, continuam e persistem com muita intensidade, passam a ser preocupantes. É nessa circunstância que muitos jovens se perguntam se a vida tem um sentido, mas o que muitos deles não se perguntam é: para que estão no processo formativo? O problema formativo consiste no fato de que desapareceram aqueles princípios que, no passado, guiavam, de maneira mais segura, as existências individuais. Não só, junto com o desvanecimento das tradições de sentido e de valor, vem-se afirmando uma espécie de vivência niilista, segundo a qual a vida não teria nenhum sentido, exceto aquele que cada pessoa lhe concede (FRANKL, 2005, 2011, 2015).

17
Qualidades do formador à luz da antropologia de Viktor Frankl

As qualidades do educador permitem escrutinar o nível de consciência que o formando tem da sua experiência formativa, facilitando ao educando a consciência de si. Esse processo formativo, orientado pela visão de ser humano de Frankl, permite ao jovem em formação perspectivas de autenticidade para proceder, pessoal e intersubjetivamente, integrando ao seu projeto de vida valores que possibilitem a transcendência em toda a existência.

Entre tantas qualidades em que o logoeducador precisa apostar para formar jovens na Hipermodernidade, evidencio o que vem na sequência (TEIXEIRA, 1993).

a) *A autenticidade para apresentar-se tal como ele é* – Evitando esconderem-se detrás das competências, capacidades, títulos, função e habilidades, estando consciente dos seus próprios sentimentos em relação a si mesmo e em relação à pessoa do formando. Esse modo de ser implica valores naturais e espontâneos, como ser verdadeiro com a pessoa do formando, que, pelo confronto interpessoal, lhe facilita o autoconhecimento e instiga a sensibilidade e a confiança (FRANKL, 2008).

b) *A aceitação incondicional da pessoa do formando* – Para o educador aceitar o modo de ser do jovem formando, sem prejuízos nem ideias preconcebidas da originalidade, da história de vida, do modo de se apresentar do formando, implica recusa de qualquer caráter avaliativo sem um conhecimento prévio da subjetividade do sujeito em formação. Para tanto, envolve interesse positivo pela pessoa, respeito por todas as manifestações da personalidade do formando, escuta atenta, consideração e respeito pela pessoa e pelo processo formativo que realiza, com o intuito de capacitá-lo por meio de suas potencialidades para vir a ser mais autêntico (FRANKL, 2010).

c) *Capacidade de autorreflexão ou autocrítica* – É passível de questionamentos a ideia da existência de qualidades desejáveis para ser formador em uma perspectiva da Análise Existencial e Logoterapia, conforme compreende Frankl (AQUINO, 2013); se o logoeducador não tem clareza da necessária autorreflexão, do autoconhecimento e da disposição para exercer sua função em um procedimento dinâmico e antropológico de cunho fenomenológico de Ser, sendo, em um estável Dever-Ser. Essa perspectiva formativa implica, além dos conhecimentos teóricos, das técnicas metodológicas e pedagógicas, do treino profissional, o formador de jovens que se preparam para a vida religiosa e presbiteral na Hipermodernidade perceber em sua natureza específica de formador a autorreflexão, a autocrítica e um constante processo de autoavaliação.

Também, impende sinalizar a noção de que se torna desejável a presença de certas características pessoais e de certas experiências de vida. Entre as características pessoais, evidencio: atitude de procura pelo sentido e abertura às várias possibilidades existenciais do formando. A experiência de vida envolve distintas experiências em diversos contextos, tais como: experiências de crises existenciais, conflitos satisfatoriamente resolvidos, capacidade de lidar com um número muito diverso de contradições, atitudes, sentimentos, pensamentos, valores e experiências.

d) *Reciprocidade* – Partindo da visão antropológica frankliana, a relação educacional (formador e formando) deverá caracterizar-se por um movimento de relação recíproca entre as partes, gerando laços de confiança e espontaneidade. Esse olhar positivo e otimista sobre o formando alimenta a motivação interior e fortalece uma relação de desenvolvimento humano e de aprendizagem (PETER, 1999).

e) *Humildade* – É uma característica marcante da personalidade de Viktor Frankl. Em seu livro *Em busca de sentido*, ele menciona a intenção de publicação anônima e despretensiosa. Ele o escreveu, pois queria "[...] transmitir ao leitor, por meio de um exemplo concreto, que a vida tem um sentido potencial sob quaisquer circunstâncias, mesmo as mais miseráveis" (FRANKL, 2008, p. 10). Seu intuito foi colaborar com esse relato, com as pessoas que têm inclinação para o desespero. O sucesso de vendas confirmou sua teoria de que o sucesso, como a felicidade, não pode ser perseguido; deve acontecer e só tem lugar como consequência de uma dedicação pessoal a uma causa maior que a própria pessoa, ou como subproduto da rendição pessoal a outro ser.

A humildade de Frankl faz com que ele atribua sua sobrevivência a "milhares e milhares de felizes coincidências ou milagres divinos" (p. 17). Ainda, afirma que "os melhores não voltaram" (p. 81). A sua vida e suas qualidades fazem afirmar-se. Ele não aceitava ser tratado como herói, mas alguém que teve a proteção divina (p. 53). Com essa inspiração frankliana, asseguro que, na função de formador, a virtude da humildade é essencial como qualidade para a ação de estimular processos formativos de jovens em tempos hipermodernos e de mudança.

f) *Pedir desculpas* – Esse modo simples de proceder e o cuidado com a sensibilidade das pessoas é claramente uma qualidade de Frankl. Não era incomum ele pedir desculpas em público, inclusive, em uma de suas conferências, finaliza se desculpando pela maneira enérgica com que tratou dos riscos do niilismo. Essa qualidade é essencial na relação entre educador e formandos, pois todo processo formativo vem acompanhado de relações interpessoais e, nestas, há a necessidade de pedidos de desculpas pelos equívocos de procedimentos de ambos os lados (FRANKL, 1965, p. 130). Pedir desculpas e reconhecer os erros e limites não significa perder a firmeza e objetividade da condução do processo. Nesse ponto de vista, proceder com humildade é aprender o amor e a tolerância com o diferente, tendo firme clareza de que a formação religiosa e presbiteral são propositivas e abertas ao discernimento da Igreja na pessoa do bispo ou superior maior (CONGREGAÇÃO PARA A EDUCAÇÃO CATÓLICA, 2009).

g) *A consciência moral como o órgão de sentido* – No entendimento de Frankl (1994), a consciência é o órgão do sentido, é "a faculdade de intuir o sentido único e peculiar que se esconde em cada situação" (FRANKL, 1994, p. 19) como acontecimento especificamente humano. Nesse contexto, expresso a ideia de que, no processo formativo de jovens para a vida religiosa e presbiteral, deve ser enfatizada essa dimensão própria da existência humana, uma vez que "nem sequer no leito da morte viremos, a saber, se o órgão do sentido, a nossa consciência, não esteve afinal submetido a um sentido ilusório, significa, já de si, que a consciência de outrem bem pode ter razão. Humildade, portanto, significa tolerância" (FRANKL, 1989, p. 77).

h) *Percepção holística da realidade formativa* – Viktor Frankl (1989) tinha uma capacidade de percepção do ambiente, das pessoas e de suas necessidades que, ao adentrar os campos de concentração, apreendeu com realismo o ambiente (p. 24). Chegou a achar que a sua vida se encerraria ali, contudo não paralisou e se lançou à nova vida, procurando ver, também aí, as oportunidades de realização de sentido. Esse modo de proceder é fabuloso e ensina o formador a lidar com a realidade formativa de modo abrangente, humanizado e libertador. Nessa mesma perspectiva, vale salientar que, após sua saída do campo de concentração, ele experimentou sentimentos de nova vida e, paulatinamente, se fez uma nova pessoa (p. 86).

i) *Saber ouvir* – Creio que, no processo formativo, muito mais do que falar, é preciso saber escutar, acolher e ajudar a discernir mediante a habilidade para ouvir. Em seus escritos, Frankl (1989, p. 33) oferece um testemunho de sua convivência com representantes nazistas, do bem que faz saber ouvir. Diz ele: "passei a ser seu protegido desde quando lhe dera atenção ao me contar seus casos amorosos e conflitos matrimoniais [...] o fiz com visível compreensão profissional e impressionei-o". Esse ensinamento de Viktor Frankl é imprescindível na função de um educador: saber escutar. Essa sua qualidade contribuiu para salvar sua vida. Acredito que essa qualidade na vida do formador pode salvar o processo formativo na Hipermodernidade. Nos tempos atuais, as pessoas já não têm tempo para escutar, para estar e dar importância aos outros. Os eletrônicos e as redes sociais tiram das relações o contato pessoal e a possibilidade de um processo formativo personalizado. Essa capacidade propriamente humana de colocar-se no lugar do outro e ouvir atentamente é fundamental, não só para a visão antropológica frankliana, mas também para todas as pessoas que se colocam em relação de ajuda com seu semelhante, em qualquer profissão, em toda situação, em algum processo formativo. A Logoterapia e a Análise Existencial enfatizam o encontro eu-tu que possibilita essa atitude de abertura ao outro, uma escuta ativa que permite ao interlocutor escutar-se e confrontar suas descobertas (FRANKL, 2005a).

j) *Liberdade interior* – No ensinamento de Frankl (2005a, p. 67), "a liberdade espiritual do ser humano, a qual não se lhe pode tirar", é o que dá sustentáculo à essência e ao existir humanos. Nessa perspectiva, é o que lhe "[...] permite, até o último suspiro, configurar a sua vida de modo que tenha sentido". Esse entendimento frankliano possibilita compreender o princípio da liberdade interior como o que há de mais profundo na existência. A liberdade não é perdida, mesmo com as prisões e os condicionamentos biológicos, psicológicos e sociais. Por isso, observa-se que os ensinamentos de Frankl (2008, p. 66) podem contribuir, significativamente, com a função do educador de jovens na Hipermodernidade. Quando afirma que as estruturas podem privar a pessoa de tudo, menos da "liberdade última de assumir uma atitude alternativa frente às condições dadas", esse modo de conceber o ser humano faz crer que, em sentido espiritual, uma pessoa humana que perde sua condição de ser humano conserva sua dignidade, independentemente das circunstâncias que lhe são postas.

k) *Aptidão para ajudar a outras pessoas em processo de maturação* – Disse Frankl (2005b), mostrando autoconhecimento, com reconhecimento de suas limitações e potencialidades, que o sentido da vida consiste em ajudar os outros a encontrar sentido para a sua. Isso ele próprio realizou quando ainda estava nos campos de concentração. Percebendo que já iria morrer, disse: "eu queria que minha morte tivesse sentido. Alguma espécie de ajuda a meus companheiros enfermos devo oferecer, na qualidade de médico, sem dúvida, me parecia ter mais sentido do que morrer como trabalhador braçal ineficiente que eu era". Com essa atitude, ele ensina a autotranscendência como essência da existência no seu modo de conceituar a vida humana.

l) *Visão de futuro* – Esta é uma das excelentes qualidades que Frankl inspira ao educador de jovens para a vida religiosa e presbiteral: o refúgio na dimensão futura. A necessidade de sempre ter um para que viver, rezar, estudar, conviver etc. precisa tomar no processo formativo o formato de um truque para a superação de momentos difíceis no processo vocacional. É o próprio Frankl (2006) quem relata uma experiência vivida no campo de concentração, que, por meio desse modo de sentir e agir, conseguiu se erguer de algum modo, por sobre a situação, colocando-se acima do tempo presente e de seu sofrimento, contemplando-o como se já estivesse no passado e como se o "eu mesmo", com todo o tormento, fosse objeto de uma interessante investigação psicológico-científica, por ele mesmo explorada. Esse recurso psicopedagógico utilizado por Frankl (2008) faz com que a pessoa objetive o sofrimento atual, faça a experiência do autodistanciamento e tenha a capacidade de se ver em um tempo futuro, utilizando a aprendizagem decorrente desse tirocínio de vida de maneira significativa.

m) *Princípios de vida regulados por valores* – Da leitura atenta do livro de Frankl (2010, p. 76) *O que não está nos meus livros* puderam ser extraídos princípios de vida que nortearam as decisões de Frankl e perceber a coerência que há entre sua vida e sua teoria. Esses princípios reguladores de sentido fazem-se presentes por meio de três grupos de valores até a última instância, até o derradeiro suspiro: uma ação que livremente se realiza e que tem um objetivo e faz sentido; uma obra que se cria e isso é fruto de uma missão; e uma vivência, um encontro, um amor a uma pessoa, a uma causa; confrontados com uma situação em que não se pode mudar, é possível mudar a maneira de ver, agir e lidar com esse sofrimento. Nessas circunstâncias, ensina Frankl que a pessoa pode descobrir na vida, "à medida que atestamos a capacidade mais humana das capacidades: a de transfigurar o sofrimento em realização humana".

n) *Esmero e tranquilidade* – O modo como Viktor Frankl vivia e fazia conduz a se perceber a necessidade da serenidade atualmente de hiperapressamento e hiperaceleração dos tempos sociais, quando quase ninguém consegue fazer uma experiência, deixar algo acontecer ou lhe suceder. Entendo que, na formação, estimular o formando a fazer as menores coisas com o mesmo esmero e cuidado que as grandes, e as maiores, com a mesma tranquilidade que as pequenas, deve ser uma das qualidades do logoeducador de jovens na Hipermodernidade. Viktor Frankl (2008, 2010) diz que, quando convocado a fazer um breve comentário em uma reunião, este é refletido e anotado e bem preparado; de igual modo, quando tem uma conferência para milhares de pessoas, prepara com o mesmo cuidado e fala com a tranquilidade como se estivesse falando para poucas pessoas. Frankl insiste na ideia de que não é a profissão em si que traz sentido ao trabalho. No caso da formação para a vida religiosa e presbiteral, não deve ser a vocação em si, o ministério em si, mas a maneira como a pessoa realiza seu ato laboral, vocacional e ministerial é que confere sentido. Em outras palavras, não é a importância das pessoas, que assistem a uma conferência ou reunião, aos eventos, às celebrações de sacramentos que outorgam sentido à sua participação, à sua vocação, ao ministério, mas o empenho com que a pessoa realiza essa ação e vive a sua vocação.

o) *Não postergar* – Outra qualidade essencial do educador de jovens para a vida religiosa e presbiteral na Hipermodernidade. A vida e a obra de Viktor Frankl inspiram o não postergar decisões, procedimentos psicoeducacionais essenciais no processo formativo. Realizar tudo com antecedência, e não na última hora. Frankl (2008, 2010) esclarece que, dessa forma, quando há muito a ser feito, não pesará sobre ele a tensão de algo não realizado, além do trabalho em si. Os tempos hipermodernos (LIPOVETSKY, 2004b) impõem aos sujeitos uma exigência de prazos "para ontem". Por isso, o educador precisa estar atento, pois a aceleração vai deixando os relacionamentos e a vida comunitária cada vez mais frouxos e líquidos (BAUMAN, 2001, 2013). Isso é presenciado nos momentos de alimentação, de oração, de lazer, prejudicando inclusive a saúde psíquica. Será que há sentido nesse apressamento social? Há uma constante reclamação de falta de tempo para os estudos, para a oração, para a convivência comunitária e ação pastoral. Observo um permanente postergar do essencial no processo de formação em detrimento das ocupações com as novas mídias e aplicativos de *smart-phones* e *tablets*.

p) *Saber administrar o tempo* – Será que as pessoas não estão fazendo as coisas pressionadas pelo tempo cronológico e esquecendo-se do tempo kairológico, do sentido de situação, do momento presente? O chamado à vida pelo sentido sempre é para a realização de algo possível, dentro do tempo e do espaço. Aqui, chamo a atenção do educador na Hipermodernidade, para o fato de a maior parte do tempo do existir do jovem ser gasto nas redes sociais e nas relações virtuais. Saber administrar o tempo, estimular e orientar os formandos nesse aspecto é indispensável nos processos educativos atuais. O primeiro que precisa ter essa disciplina e organização na administração do tempo, contudo, é o educador. Será que não estamos todos nos equivocando na busca do que tem sentido e nos deixando desviar pelos distratores de tempo, que roubam os momentos de estar com as pessoas, de tal modo que sempre deixamos as responsabilidades para a última hora? Cremos que esse princípio de ordem e organização ajuda o educador e o educando a descobrir e realizar o sentido sem aumentar as pressões, sem criar sofrimento evitável.

q) *Disciplina e organização* – Viktor Frankl (2008) assume o fato de que nem sempre foi disciplinado e organizado, mas que, após ter estado nos campos de concentração, isso mudou. Passou a sacrificar finais de semana para escrever seus livros, aprendeu a organizar seu tempo, passando mesmo a ser avarento com o tempo, "[...] mas isso é apenas para dispor sempre de mais tempo para as coisas essenciais" (FRANKL, 2010, p. 34).

r) *Não guardar rancor* – Viktor Frankl reconhece essa característica como uma "[...] das poucas qualidades realmente boas" (FRANKL, 2003, p. 22), algo essencial e indispensável para o proceder de um educador. Vale salientar o que Frankl (2008) ensina: não se esquecer de algo de bom que uma pessoa lhe tenha feito e não guardar rancor por algo mal são atributos fundamentais de um educador. A neurociência, em suas pesquisas, indica que a memória arquiva aquilo que se escolhe memorizar. Por isso, não é incomum que as pessoas tragam sempre à memória o rancor de algumas situações da vida formativa e comunitária. Isso pode se transformar em uma experiência rancorosa, mal-humorada; entretanto se a pessoa faz escolha de alimentar recordações positivas, do bem recebido, de algo bom que fizeram, essa memória afetiva torna a pessoa mais feliz, e com possibilidade de encontrar sentido na vida em comunidade (IZQUIERDO, 2004). Esse princípio proposto por Frankl ajuda a tornar as pessoas mais dispostas ao crescimento humano e espiritual, gerando fraternidade e convivência capazes de produzir sentimentos de alegria e bem-estar.

s) *Não se desesperar* – Esse ensinamento é claro no modo de proceder de Frankl (2008), quando lhe acontece algo, como, por exemplo, uma ofensa, uma situação de pressão, uma cobrança para tomar uma decisão, dentre outras experiências na função de educador. A forma como Frankl agiu perante a pressão dos campos de concentração indica o seu temor: não ser digno do tormento vivido. Por isso, Frankl indica que a estratégia para ajudar a superar as ofensas e encontrar a arte de bem-viver é nunca se desesperar. Ao contrário, a crença no futuro e a serena esperança faziam parte da liberdade espiritual de Frankl, inspiração e qualidade fundamentais na vida do formador.

t) *Ver sempre o positivo* – Uma estratégia da Logoterapia é ver e valorizar a parte saudável da pessoa e não tanto seu aspecto enfermo, de tal modo que, expandindo a parte saudável, diminua a parte doente. Essa estratégia coincide com o princípio de ver sempre o positivo. Assim, é qualidade indispensável no formador olhar positivamente a pessoa e o processo do formando. Esse olhar sugere que seja orientado pela verdade de poder ser alcançado pela existência humana em suas reais condições e modo de se presentificar (HEIDEGGER, 2005, 2010). E, ainda, "[...] o amor é, de certa forma, o bem último e supremo que pode ser alcançado pela existência humana" (FRANKL, 2008, p. 55).

u) *Ser agradecido e celebrar* – Na compreensão de Frankl (2007, p. 102), toda pessoa deveria sentir-se agradecida pelas situações e oportunidades que a vida lhe ofereceu. O vivido, no entendimento frankliano, pelos acasos da sorte, pelas providências recebidas ou pelo apoio encontrado, é sempre uma oportunidade de dar sentido à vida, independentemente das condições e circunstâncias. Esse modo de ver o mundo, de recordar os fatos vividos, de ser agradecido à vida e celebrar, na formação educacional, oferece uma "estrutura de caráter" que contribui para uma vida saudável e equilibrada. Esse caráter agradecido ajuda a pessoa a fixar em sua memória afetiva aniversários de situações significativas, para festejá-las.

v) *Ajudar sempre, independentemente da situação ou lugar* – Para Viktor Frankl, esta é a maior honra para uma pessoa: ajudar sempre e em todo o lugar. E ele fez isso até o último momento de sua vida. Nesse contexto, em seus escritos, o leitor encontra a experiência de um estudante de Berkeley que fazia parte do grupo de pesquisa em Viena, e em certo momento indagou a Frankl: "o senhor viu o sentido de sua vida no fato de ajudar outros a verem sentido em suas vidas?" A resposta de Frankl (1990, p. 132) foi incisiva: "É a mais exata verdade. Eu escrevera isso de fato".

w) *Responder com responsabilidade* – Responder com responsabilidade, sem importar as circunstâncias, só é possível quando entendo que o chamado à vida, à vocação que abraço é fruto de livre-escolha, contudo é uma resposta responsável a um projeto de vida, a uma missão de cuidar de vidas. O agir responsável é uma questão de sobrevivência da humanidade colocada em risco pelos campos de concentração da Hipermodernidade. Frankl (2005b) adverte que o que vale para os seres humanos individuais é aplicável à humanidade como um todo: "A sobrevivência da humanidade não depende de que os homens cheguem ou não a estabelecer um denominador comum quanto ao sentido? Não dependem de que as nações e os povos achem um sentido coletivo, de que se unam em uma vontade comum para o alcance do mesmo?" (MIGUEZ, 2014, p. 28).

Responder com responsabilidade a um projeto de vida é entender que não posso lançar sobre os ombros alheios as consequências previsíveis da ação no exercício de minha função. A compreensão de Frankl (2014) está assentada pelo princípio de que, na medida em que a pessoa se entrega ao mundo e suas incumbências e exigências, introduz na vida a responsabilidade, realiza o sentido e valores e atinge a plenitude de si mesma.

x) *Saber acolher* – O que se objetiva com a aplicação da Logoterapia e Análise Existencial à função do educador de jovens para a vida religiosa e presbiteral é apreender o ensinamento de Frankl (2007, p. 70), saber acolhê-lo. Esse princípio qualitativo do educador é o que há de mais importante e essencial no processo de formação para uma vida com sentido. Esse entendimento e essa concepção antropológica frankliana ajuízam as ideias de que as pessoas vivem numa sociedade da superabundância; não somente de bens materiais, mas também de informações. Cada vez mais livros e revistas se empilham sobre as escrivaninhas. Os jovens vivem numa enxurrada de estímulos sensoriais, pelos inúmeros aplicativos, uma enxurrada de estímulos sexuais. Nesse contexto humano, o logoeducador precisa saber acolher sem julgamentos para poder ajudar. Se o ser humano quiser subsistir ante essa enxurrada de estímulos trazida pelos meios de comunicação de massa, ele precisa saber "[...] o que tem sentido e o que não tem", diante dessa enxurrada, agora acrescida dos atrativos da internet e das redes sociais.

18
Atitudes logoeducativas inspiradas pela antropologia frankliana

Lendo e relendo o primeiro livro publicado por Frankl (2008), *Em busca de sentido*, consegui apreender situações e atitudes tomadas pelo autor diante de circunstâncias que a existência lhe impôs e que nos fornecem importantes dados sobre a sua pessoa e suas atitudes perante essas situações com as quais a vida o testou. Esse jeito coerente de agir e a unidade de sua vida com sua obra impulsionam-me a descrever suas contribuições para a função do formador, no processo formativo de jovens na Hipermodernidade. Para facilitar a análise hermenêutico-fenomenológica, segui uma ordem que livremente fui organizando a partir das atitudes de Frankl em sua vida como médico, professor e ser humano que foi e, à luz de suas experiências, sugeri algumas atitudes logoeducativas para os processos formativos dos jovens que se preparam para o serviço eclesial no âmbito da vida consagrada.

a) *A compreensão empática* ou empatia não significa ser simpático ou ter simpatia pela outra pessoa. O termo tem por significado "sentir-em", "sentir-desde-dentro"; desse modo, a compreensão empática é uma atitude, um jeito de ser perante a outra pessoa. É centrar-se na outra pessoa de uma maneira sensível e intensa que consiga adentrar a percepção da pessoa do formando. É estar inteiramente com o formando, naquele momento, compreendendo como ele percebe os mais variados sentimentos, sejam de medo, raiva, felicidade, amor, compaixão, ternura, inveja, entre outros. Essa atitude pressupõe compreensão do processo e da história da pessoa em formação. Isso precisa ser feito de maneira profunda. Para tanto, o educador necessita deixar de lado as próprias ideias, valores e opiniões para adentrar esse mundo reservado e íntimo da pessoa do educando. Daí Frankl insistir no reconhecimento do espírito, do sentido último e da transcendência como dimensão essencial da sua antropologia.

A compreensão empática pode levar o sujeito em processo de formação à autotranscendência que é, em definitivo, a afirmação do sentido, do valor, da responsabilidade e de toda decisão autenticamente humana (PETER, 1999). A empatia requer atitude de aceitação do outro como ele realmente é, sem julgamentos ou críticas em relação ao seu jeito de ser. E, quando o educador ouve, é um ouvir sem estar contaminado por ideias preconcebidas que já não permitem ao formador ver ou ouvir o que realmente existe. Por isso, insisto que, para ter uma atitude empática, precisa estar disponível para ouvir o formando e também a si mesmo. É um desafio que precisa de abertura interior e aceitação de si e da outra pessoa em seu jeito de ser e pensar.

b) *Segurança* – Frankl (2008) desde os primórdios de seus escritos, exprime com clareza e segurança a sua proposta. Exibe-se bem seguro do que quer, é consciente do que busca e obstinado pela causa do sentido da vida. Esse modo atitudinal de ser é sugestivo para o educador em sua atividade educacional. A pessoa precisa estar segura para ficar à vontade no mundo misterioso do outro e retornar ao seu mundo quando assim o desejar. Rogers (2009) menciona que a segurança precisa ser empática e não autossuficiente.

É uma atitude complexa, exigente e intensa; contudo, ao mesmo tempo, é sutil e suave. Então, a segurança na vida do educador significa ter a capacidade de se colocar no lugar do outro, de ver o mundo através dos olhos dele e procurar sentir, como ele sente, a sua subjetividade, o que o formando vivenciou ou está vivenciando, sem perder o seu jeito subjetivo de ser, viver e agir. No seu conjunto, as atitudes de autenticidade, aceitação incondicional e compreensão empática permitem o escrutínio do nível de consciência que o formando tem sobre a sua experiência e compreender a importância que ele confere ao futuro ou ao seu passado nas decisões pessoais que precisa realizar diante do projeto de vida que intenta abraçar.

c) *A tolerância* não é indiferença, "[...] não consiste em compartilhar a opinião do outro, senão somente reconhecer no outro o direito de pensar de outro modo" (FRANKL, 2014, p. 81). Esse modo de proceder é indispensável para um educador na Hipermodernidade. E, ainda, a tolerância é uma atitude fundamental para quem vive em comunidade. Uma pessoa tolerante normalmente aceita diferentes opiniões ou comportamentos daqueles estabelecidos pelo seu meio social, familiar e religioso. É necessária para elevar o ser humano à condição de vida comunitária civilizada. Por isso, ela faz parte do processo de desenvolvimento de valores éticos de educadores e educandos, cuja meta é levá-los a manter a "[...] disposição firme e constante para praticar o bem". A tolerância deve ser um ato constante de prevenção e educação nas relações interpessoais no processo formativo. Nesse aspecto, é muito evidente a coerência da vivência e da teoria nos escritos de Frankl (2008, 2010), quando, em seu exercício de médico, professor e conferencista, desempenha de maneira magnífica a tolerância, inclusive com as realidades nazistas.

d) *Não julgar* – Essa atitude foi constante na vida de Frankl (2008, p. 22), logo na sua chegada ao campo de concentração, vendo prisioneiros de muitos anos se entorpecendo com álcool, disse: "Quem vai censurar uma pessoa que se entorpece em semelhante situação interior e exterior?" Em outro momento de sua vida, Frankl (2008) revelou sua aversão ao pré-julgamento: "Num caso desses ninguém deveria levantar a pedra antes de se perguntar com sinceridade, a toda prova, se com certeza teria agido de outra forma estando na mesma situação" (p. 51). Outra fala que considero exuberante dentro dessa dimensão do não julgamento e inspiradora para o formador em sua função é esta: "a bondade humana pode ser encontrada em todas as pessoas e ela se acha também naquele grupo que, à primeira vista, deveria ser sumariamente condenado" (p. 83). Junto ao não julgamento, como já mencionado, vêm a tolerância e o respeito à dignidade humana.

e) *Valorização da dignidade do ser humano* – A visão antropológica de Frankl (PETER, 1999) faz uma alocução sobre a liberdade de condicionamentos, de que muitas vezes as pessoas não conseguem se livrar, e da liberdade para tomar uma atitude consciente perante quaisquer condicionamentos que o destino proporcionou. Em sua visão de ser humano, ele destaca como essencial para conceituar a pessoa humana a liberdade perante algo, a liberdade de escolher algo e aquela para realizar algo em sua existência (FRANKL, 2003, p. 94). Em seu modo de conceber a dignidade humana, ficam muito claros os princípios da liberdade, da responsabilidade, da transcendência e do sentido, como dimensões essenciais do ser humano, como ser espiritual. Em um processo de formação de jovens, se o educador negligenciar esse modo de perceber e lidar com as pessoas, pode ocasionar lacunas irreparáveis na escolha do projeto de vida e na própria estrutura subjetiva do sujeito em formação.

f) *Perseverança e constância* – Viktor Frankl (1989, p. 146) ensina que o ser humano é um mistério, que não é possível imaginar todas as possibilidades de realização de sentido que estão escondidas em cada vida humana. Por isso, tanto o psicoterapeuta como o logoeducador nunca podem desistir de seus pacientes e logoeducandos. O educador em sua função deve sempre acreditar nesse potencial, perseverar na crença de que o ser humano é um ser de possibilidades, por mais improvável que seja. Em sua obra, Frankl menciona o caso do prisioneiro que a caminho da prisão perpétua, sucedendo um naufrágio, salva pessoas e acaba por se salvar da pena por sua atitude e modo de proceder. Esse tipo de sujeito e os outros no campo de concentração "[...] já não tinham nada a esperar da vida", mas "[...] era a vida deles que tinha missões bem concretas à sua espera". Por esse ensinamento é que o formador nunca deve perder a esperança, mas perseverar na constância de que a transcendência pode acontecer e o sujeito em processo pode mudar. Esse olhar positivo e otimista sobre a pessoa, que tem Frankl, deve ser uma atitude indispensável do logoeducador.

g) *Resposta positiva* – E esse é um ponto-chave da aplicação da pedagogia e da educação sob a perspectiva da Logoterapia e da Análise Existencial. A visão antropológica desse viés se orienta pelo entendimento de que não é a pessoa que impõe seus desejos e necessidades à vida e o que espera da vida; é antes a vida que propõe situações como possibilidade de realização de sentido e espera do ser humano por uma resposta positiva. É nessa resposta adequada, com habilidade por parte do educador, que reside a responsabilidade diante da própria vida e, como consequência, a felicidade do sujeito em processo de formação (AQUINO; DAMÁSIO & SILVA, 2010).

h) *Abandono confiante para seguir em frente* – Em situações nas quais não sabia o que era melhor (KLINGBERG, 2002), Frankl aprendeu a simplesmente deixar os fatos acontecerem. Essa foi uma atitude que tomou muitas vezes no campo de concentração (FRANKL, 2008, p. 23-57). A vida o ensinou a "[...] não assumir o papel do destino" (p. 60), "[...] a seguir o caminho reto ou, deixar o destino ir à frente" (p. 58). Foi esse olhar prospectivo a fazer com que Frankl, na sua elaboração conceitual da Logoterapia, trouxesse essa compreensão antropológica para a terceira escola de psicologia de Viena, com esse caráter "menos retrospectivo" (FRANKL, 2008, p. 91) e mais prospectivo. Desse modo, Frankl "se concentra mais no futuro; em outras palavras, nos sentidos a serem realizados" (p. 91) pela pessoa no porvindouro. Esse modo de proceder é bastante salutar para o formador que tem por objetivo ajudar ao formando a não se prender aos traumas do passado, às perdas, à herança genética, aos condicionamentos socioculturais, mas estimula o aluno a se lançar no que a vida espera dele. É o "poder de resistência do espírito" que capacita a pessoa a impor seu caráter humano apesar das condições psicofísicas e das circunstâncias sociais. Como diz Frankl (1994b, 2003), é a força desafiadora do espírito que potencializa o sujeito para os projetos que a vida espera dele.

i) *Bom humor e alegria no que faz* – Um grande recurso natural de Frankl (2008, 2010) era sua capacidade de humor, de alegrar-se com pequenas e simples coisas. Isso compreendo como fundamental em educadores e educandos em um processo formativo: alegrar-se com conquistas, vitórias e crescimento de seus pares ou dos seus colegiais. Frankl (2008) descreve a alegria que sentiram, ele e seus companheiros, quando constataram "que dos chuveiros realmente sai água" (p. 25); igualmente ele fala das "miseráveis alegrias" e as raras "alegrias positivas" (p. 51), sempre aproveitadas com bom humor por ele. Entendo o "alegrar-se" como uma atitude de pessoas amadurecidas, que têm uma personalidade saudável e uma estabilidade emocional.

Isso é essencial para um formador na interação com os formandos. Ainda sobre a alegria, Frankl diz: fico pensando quantas vezes eu me alegrei por sair água quente do chuveiro. Quando ele relata sobre as primeiras reações no campo de concentração, fala do "humor ácido" (p. 26), uma atitude meio forçada, mas que ajuda a aliviar a tensão inicial.

Esse tema é retomado no livro que estou citando, mas também em outros, pois "[...] o humor constitui uma arma da alma na luta por sua autopreservação [...] a existência humana tão apta como o humor para criar distância e permitir que a pessoa se coloque acima da situação" (p. 48). Viktor Frankl, no campo de concentração, fez um compromisso com um colega de inventar ao menos uma piada por dia (p. 48). Essas piadas estavam geralmente relacionadas a uma visão de futuro, um fato que poderia ocorrer após a libertação. Para ele, "a vontade de humor – a tentativa de enxergar as coisas em uma perspectiva engraçada –, constitui um truque útil para a arte de viver" (p. 48). É importante, entretanto, diferenciar humor de gozação. O que comumente acontece na vida comunitária dentro das casas de formação é constituído de algumas chacotas, escárnios e gozação sobre algumas pessoas e situações. Esse tipo de atitude não é construtiva, pois, em vez de alegrar, ofende. O humor é um bom recurso para resolver situações de tensão, ao passo que a gozação é produtora de intrigas e divisão.

Um detalhe que considero significativo para o educador, e que Frankl (2008) traz quando ele foi libertado do campo de concentração, ocorreu quando ele percebeu que havia desaprendido o sentimento de alegria. Diz ele: "[...] será necessário aprender de novo a alegrar-se" (p. 85). Creio que essa constatação vale para as casas de formação para a vida religiosa e para os seminários que preparam para o presbiterado na Hipermodernidade, onde o hábito da reclamação, da murmuração é muito abrangente.

Sentimos todos a necessidade urgente de aprender a nos alegrar, a ver as coisas positivas que recebemos e ser agradecidos nas estruturas de formação com a juventude atual. A reclamação habitual nos cega para as oportunidades de realização de sentido. Para a Logoterapia, o humor é um grande recurso educativo, que procura "mobilizar a capacidade para o autodistanciamento" (FRANKL, 2008, p. 33). Sobre a dimensão do humor no processo formativo, Frankl (1989) ensina: o humor é um fenômeno humano que, por suas características, possibilita a pessoa o distanciar-se de qualquer coisa e de quem quer que seja, e de si mesma também, consequentemente, para se fazer inteiro senhor de sua existência (p. 327).

j) *Cuidado consigo mesmo* – Ainda durante a primeira fase de reação psicológica do prisioneiro do campo de concentração, era natural que quase todos pensassem em suicídio. Viktor Frankl (2008), diante da situação em que se encontrava, fez um trato consigo mesmo (p. 27) na primeira noite em Auschwitz, pouco antes de adormecer. Prometeu para si mesmo, uma mão apertando a outra, de não ir para o fio eletrocutante, tocar no arame farpado, eletrificado em alta tensão e se suicidar. Ele vivia o momento presente, passo a passo, procurando extrair de cada situação oportunidades de realização de sentido. Estimular os educandos a cuidarem de si, a fazerem um processo de autoconhecimento e aceitação da sua condição existencial, é atitude fundamental no processo formativo de jovens que se preparam para a vida consagrada e presbiteral.

k) *Liberdade para decidir* – O educador de jovens precisa de liberdade para decidir e clareza para tomar decisão plena de sentido, que colabore, inclusive, para o crescimento humano e espiritual do formando. A capacidade de decisão está alicerçada nos pilares da Logoterapia. A liberdade da vontade é uma das colunas de sustentação da teoria e visão de ser humano de Frankl (2005a) na sua escola psicológica. Nesse entendimento, ele faz uma crítica ao determinismo, ou mesmo ao pandeterminismo, que, ao lado do conceito de vontade de sentido e sentido da vida, perfazem as três pilastras fundamentais dessa escola de psicologia (p. 5). "A liberdade da vontade é oposta ao princípio que caracteriza muitas abordagens do homem, conhecidas como deterministas. A liberdade da vontade significa a liberdade da vontade humana, ou seja, a liberdade de um ser finito" (p. 22).

l) *Observar, dar-se conta, agir* – Viktor Frankl (2005a) descreve um acontecimento aparentemente insignificante, que, se não fosse pelo seu espanto com sua insensibilidade e por curiosidade profissional, nem se lembraria dele: "Fico olhando, apático. Finalmente dou-me um empurrão e me animo a convencer o 'enfermeiro' a levar o corpo para fora do barracão" (p. 30-31). Essa atitude do formador é essencial, pois em sua função vive para observar, fornecer informações a quem de direito sobre o formando e, em sua função, tem necessariamente de agir, tomar decisões sobre a continuidade do processo do candidato e suas escolhas para o projeto de vida almejado. Nos seus escritos Frankl (2005a), todavia, aponta três momentos fundamentais de uma ação com sentido:

1) olhar, observar e não se deixar dominar pela apatia;

2) dar-se conta, tomar consciência da situação, perceber as "[...] oportunidades de influência criativa sobre a realidade, as quais não deixam de existir também no campo de concentração" (p. 72), nem que para isso seja necessário um empurrão;

3) animar-se e agir de acordo com a tomada de consciência, com a direção apontada por essa bússola do sentido.

m) *Agir orientado por valores* – Nesse fato, percebe-se que Viktor Frankl (1965) se deu conta de uma oportunidade de realização de sentido, em tudo o que efetivava em favor das pessoas no campo de concentração. Empurrado para agir, tendo como bússola os valores da liberdade, da responsabilidade, da transcendência e do sentido, ele saiu de sua apatia, respondeu positivamente à sua percepção. Esse ensinamento é essencial na ação formativa e fundamental nas atitudes que o educador precisa tomar e, por esses mesmos valores, se orientar. Ele mesmo diz em relação à sua teoria: uma das tarefas das quais se incumbe a Logoterapia é a de ampliar, o mais possível, o campo visual de valores na pessoa, seja no âmbito da psicoterapia ou no âmbito educacional (p. 61), de tal maneira que o formando se dê conta de toda a abundância de possibilidades – possibilidades de sentido e valor – que estão ao seu alcance; dito de outro modo, que chegue a perceber toda aparição dos valores (LUKAS, 1989).

n) *Estabelecer tempo para o refúgio interior* – Lukas (1989), fazendo referência a Frankl, o prisioneiro número 119.104, relata os horrores vividos por ele no campo de concentração, visto de dentro, por meio dos sentimentos interiores. Frankl (2008), descrevendo sua experiência como prisioneiro, relata que, naquelas circunstâncias de guerra, não via solução, contudo, quando ele se voltava para a vivência no próprio íntimo, percebia uma mudança de perspectiva profunda. Como ser resiliente que era, ele apreendeu que, nesse refúgio interior, "permanece aberta a possibilidade de se retirar daquele ambiente terrível para se refugiar em um domínio de liberdade espiritual e riqueza interior" (p. 42). Essa lição de Frankl é formidável para o formador de jovens para a vida religiosa e presbiteral. Todos precisam de um tempo para estar consigo mesmos, por meio da oração, do retiro espiritual, da meditação, da leitura orante, em ambientes que ofereçam condições para a pessoa ser ela mesma. Esse refúgio precisa ser contemplado, também nas saídas, viagens e convivência com amigos que lhe ofereçam segurança e liberdade para ser gente, ser humano, onde a pessoa possa ser quem realmente ela é. Isso significa companhia de pessoas que não lhe façam cobranças, nem pressões e observações parecidas às dos formandos. Nessa circunstância, o educador não é visto nem tratado como formador, mas uma pessoa que precisa se refugiar na sua interioridade para fortalecer sua espiritualidade – a essência do seu próprio ser (LUKAS, 2002).

o) *Contemplação e diálogo espiritual* – Essa atitude não é em relação ao formando, mas em relação a si mesmo. O educador precisa estar bem, para poder fazer o bem. Frankl (2008), falando do que experimentou como prisioneiro, conta que em muitos momentos quando aparentemente nada mais restava, ele via a possibilidade da contemplação amorosa da imagem espiritual da pessoa amada e com ela estabelecer um diálogo existencial, sem interferência das circunstâncias externas. O contemplar, o dialogar espiritual com o grande Outro, o Deus da fé, da espiritualidade torna-se revigorador na vida como formador. É um diálogo real sem a existência física da pessoa amada, é uma experiência de fé que suscita intimidade, esperança e fortalece a alma humana. Essa experiência foi muitas vezes vivida por Frankl (2008); em momentos, com o Deus da sua espiritualidade pela oração; em outros, ele viveu esse diálogo com a pessoa amada, sua esposa, independentemente de estar com vida ou não. É constatada "[...] a redenção pelo amor e no amor!" (p. 43).

Desse recorte do relato da sua experiência no campo de concentração extraio aspectos que entendo como essenciais na vida e função do formador de jovens para a vida consagrada na Hipermodernidade. Os aspectos a seguir fazem-se presentes em sua teoria: a liberdade interior e o sentido do amor. No dia em que, no exercício da função de educador, forem escassas essas duas dimensões, é necessário para o formador uma parada para repensar o seu fazer como orientador de vidas e processos vocacionais.

p) *Dar valor às pequenas coisas, apreciar a natureza* – Frankl (2008) expõe que, em certos momentos de sua vida na prisão, o que mais ocupava os seus pensamentos e sentimentos eram as pequenas experiências vividas. Ele se exprime assim: "o que ocupa o pensamento não são as grandes experiências, e sim, muitas vezes, um fato corriqueiro, as coisas mais insignificantes de sua vida anterior" (p. 44), a sua cotidianidade. Em seu entendimento, essas lembranças positivas, se realizadas bem, tendem à interiorização. Ele afirma isso por meio de sua observação de alguns prisioneiros no campo de concentração, "[...] possibilita a mais viva percepção da arte ou da natureza" (p. 45) como a contemplação do sol poente entre os pinheiros altíssimos da Floresta Bávara! Esse é um exemplo de realização de valores vivenciais – "enriquecermos a nós mesmos por meio de nossas vivências, da nossa entrega a uma possibilidade de vivência" (FRANKL, 1989, p. 83), mesmo no campo de concentração do existir de cada um. Valorizar pequenos sinais, ínfimos momentos da vida pessoal e nos relacionamentos com os formandos, estabelece o diferente no processo formativo.

Afinal, a existência constitui-se de pequenos momentos vividos com intensidade. Essas ocasiões são profundamente realizadoras de sentido. E nós, os educadores, quantas oportunidades desperdiçamos dessa realização de sentido? Nesse saber enxergar a natureza e nela as pessoas, Viktor Frankl (2008) ensina com suas atitudes como explorar os sinais da vida, da existência e da natureza. Em sua descrição do mundo-vida dentro da prisão, ele mostra sua sensibilidade às pequenas coisas e sinais da natureza quando lembra que um determinado dia, absolutamente cinzento, tanto o crepúsculo como o céu, como a neve, como os trapos de roupa e também os semblantes estão cinzentos. Diante desse panorama, Frankl encontrou uma resposta para aquele Holocausto paulatino. Nesse momento, a luz do espírito o faz impetrar um vitorioso e regozijante "sim" ao sentido da vida, apesar de tudo que estava vivendo. Frankl diz que, em meio ao clima de morte ali instalado, ele foi capaz de perceber a claridade de uma casa distante, como o fulgor que resplandece nas trevas; e contemplar um pássaro que tinha pousado à sua frente (p. 45-46). Esse ensinamento é grandioso, pelo fato de ajudar o formador a manter a calma e a serenidade, diante das situações desafiadoras que a missão e a função o impelem. Penso que seja por aí o caminho para tomada de decisões mais acertadas, justas e perpassadas pela realização de sentido.

q) *Não procrastinar* – O educador no exercício de sua função deve estar atento à disciplina e à organização, para realizar tudo com a maior antecedência possível, como também não ficar procrastinando o que é desagradável, pois deve resolvê-lo para superá-lo. De igual modo, aquilo que é mais agradável deve ser observado com idêntica atenção. Dentro desse contexto, Frankl (2010) fala da alegria de viver e da coragem de sofrer, como duas características fundamentais para se alcançar a felicidade. Alegria de viver e coragem de encarar o sofrimento são atitudes essenciais no agir do formador de jovens para a vida religiosa e presbiteral, pois todo o processo se realiza em meio às relações comunitárias, e estas precisam ser vividas com alegria, laços fraternos e amizade. Não sem sofrimento, no entanto, as circunstâncias do discernimento exigem do educador a tomada de decisões que produzem sofrimento para o formador, para o formando e a comunidade formativa. Esse tipo de atitude não deve ser procrastinado. Quando rezada, amadurecida e dialogada a situação, o discernimento realizado, mesmo sendo desagradável, a decisão deve ser tomada e comunicada com serenidade. Frankl (2008) ensina que quando aceito e realizo a tarefa desagradável primeiro, estou dando meu melhor momento, antes do cansaço, para desempenhar bem a tarefa. E isso já é uma garantia de que a tarefa agradável será verdadeiramente agradável. Com a consciência tranquila, somos capazes de realizar nosso trabalho com maior eficácia, produzindo sentido para o que realizamos, para as pessoas envolvidas e para o processo formativo.

r) *Fazer tudo o que for possível para o bem da pessoa e da comunidade eclesial* – Essa lição é muito enfática em Frankl (2008). Fazer tudo o que está ao alcance para fazer o mundo melhor promove sentido, pois em toda a sua construção teórica o sentido está fora, no mundo. Precisa-se de um Tu para amar, servir e se doar. Em seu ensinamento, fica muito claro o fato de que todo o devir formativo de uma pessoa, durante o curso de sua existência, acontece em relação a um universo de sentidos e de valores que estão além dela. Em tempos hipermodernos de inteira descartabilidade das pessoas e dos processos, entendo como atitude de maturidade do educador fazer o razoável pelas pessoas em seu processo formativo. Nessa perspectiva, o logoeducador precisa se preocupar não só em transmitir conhecimentos, mas também em aprimorar a consciência, para que o ser humano em formação possa aguçar o ouvido a fim de captar a exigência feita a ele, em cada situação do projeto de vida que almeja e da missão que se prepara para assumir.

Parte V
Dimensões da existência humana na perspectiva analítico-existencial de Frankl

Tudo que satisfaça às exigências da natureza humana merece ser chamado de "humanismo", tanto na prática como na teoria. Importa, contudo, ressaltar que o humanismo, seja de que tipo for, pressupõe uma doutrina na qual tenha lugar a noção de natureza humana.
V. Frankl

19
Dimensão religiosa-espiritual

Começo a interpretação hermenêutico-fenomenológica sobre a dimensão religiosa-espiritual, na obra de Frankl, destacando que a Hipermodernidade se conjetura pela presença diversificada de uma grande sede de espiritualidade, que brota mesmo fora dos ambientes e estruturas religiosas que, no comum, têm um viés de espiritualidade.

Partindo do olhar da Logoterapia e da Análise Existencial de Frankl (2007), a religiosidade tem um sentido de religião, quando é expressa como exterioridade, mediante práticas devocionais, ritos, cumprimento de preceitos e momentos celebrativos. E um sentido mais espiritual quando se volta para vivências interiores, que impelem a visão do transcendente a crer no que não pode ser constatado pela razão, uma força que move a essência do ser humano (OLIVEIRA, 2006).

Essa perspectiva da espiritualidade é descrita por Valle (2005) como essencialmente uma busca pessoal de sentido para o próprio existir e agir, não estando, necessariamente, ligada a um Ser divino ou a uma força metafísica. São dimensões constitutivas do ser humano, pois elas fundamentam a sua cultura e o seu modo de estar no mundo (FRANKL, 2005a).

Para essa interpretação da constituição da teoria sobre a religiosidade e a espiritualidade como partes essenciais para entender o pensamento antropológico de Frankl, trago alguns aspectos que considero importantes destacar na relação formando-formador como educador de jovens que se preparam para a vida religiosa e presbiteral, por meio de algumas reflexões sobre a religiosidade e a espiritualidade na prática educativa, indicando que é necessário estabelecer as diferenças conceituais dos termos para poder compreender a importância dessas dimensões na elaboração da subjetividade humana.

Sabem todos que não é tão explícita essa distinção nas teorias da Logoterapia e da Análise Existencial, por haver na prática uma proximidade vivencial. Cada uma delas, contudo, exprime especificidades e definições que, no primeiro momento, são definidas separadamente e depois se toma o que há em comum na dimensão religiosa-espiritual, tratando de maneira geral essa dimensão no pensamento de Frankl.

Neste capítulo, defino espiritualidade como palavra que, necessariamente, não está identificada com nenhum culto instituído, mas se relaciona ao potencial criativo e realizador do ser humano (PAIVA, 2005). Assim, espiritualidade não implica nenhuma ligação com uma realidade superior e independe do cultivo da religiosidade. Ela se manifesta na busca de valores profundos que regem o *self* humano. A espiritualidade consiste essencialmente em uma busca pessoal de sentido para o próprio existir e agir. No meu entendimento, é a motivação profunda que nos faz crer, lutar e amar. "Orienta-se para o porquê último da vida, mas sem fugir dos questionamentos e compromissos que a vida nos impõe" (VALLE, 2005, p. 104).

A religiosidade se distingue da espiritualidade pela crença em uma realidade superior e por uma relação do ser humano com Deus ou uma força transcendente (VALLE, 2005). O estudo sugere que a religiosidade pode ser definida como uma experiência pessoal de um valor supremo, um sentimento que flui ao longo da vida e que está perpassado por motivações e sentidos.

Em suma: a religião é um sistema de crenças, práticas, símbolos e estruturas sociais, por meio do qual as pessoas vivem sua relação com o mundo do sagrado, podendo estar ou não relacionada com a espiritualidade. Já a espiritualidade se exprime como dimensão ontológica, pois está em todos os seres humanos e representa não só a busca pelo sentido da vida, como também é uma dimensão constitutiva da subjetividade humana. A religiosidade é escolhida pelas pessoas, por meio da cultura em que o sujeito está inserido; a espiritualidade, como bem sugere Frankl (2007), é parte constitutiva da essência do ser humano.

Com essas definições de espiritualidade e religiosidade e tendo clareza das especificidades que cada conceito carrega, acredito que há entre elas aspectos idênticos e que podem se complementar como dimensões constitutivas do ser humano. Esse afã do ser humano procurando conhecer mais a respeito de si, buscando um sentido para existir no mundo, é constitutivo da dimensão humana e é o que o diferencia dos outros entes, caracterizando sua humanidade. Em outras palavras, sempre que a pessoa, de um modo ou de outro, buscar o sentido da vida, a dimensão do religioso-espiritual nela estará atuando e que pode ser vivida em distintas intensidades.

A pergunta pelo sentido da vida sempre esteve no horizonte de qualquer ação dentro da espiritualidade inconsciente do ser humano, algo como uma religiosidade inconsciente no sentido de um relacionamento também inconsciente com Deus. É algo imanente na pessoa, embora entenda Frankl (2007) como latente a fé inconsciente da pessoa. Significa que sempre houve no ser humano uma tendência inconsciente em direção a Deus. Nesse contexto, tomo a dimensão religiosa-espiritual, os dois termos juntos, pois, como demonstram antropólogos, historiadores e fenomenólogos, o ser humano define-se como *homo religiosus* (PAIVA, 2001, p. 123).

Obedeço ao percurso interpretativo, lembrando o que Viktor Frankl (2007) destaca sobre a dimensão religiosa-espiritual: a espiritualidade é constitutiva do ser humano. É ela que possibilita a transcendência, pois a experiência humana, essencialmente, está orientada para além de si mesma, para algo ou alguém, para o mundo. Sob esse aspecto, é importante salientar que a busca pelo sentido da vida é fator de proteção do ser humano, fator de saúde mental e de evitação de adoecimento, pois, para suportar o sofrimento, o ser humano tem de encontrar um sentido que o habilite a descobrir valores e motivação para continuar vivendo. Agora, é importante deixar claro que, para Frankl (2007), em nenhum momento, a pessoa deixa a dimensão psicofísica, porém a essência de sua existência está na dimensão espiritual, que inclui senso ético, senso estético, senso religioso, criatividade, intencionalidade, compreensão de valores, escolhas e tomadas de decisões. Para o autor, a existência propriamente humana é a existência espiritual.

Quando Frankl convoca a dimensão religiosa-espiritual nessa perspectiva existencial, ele está falando precisamente sobre o ser responsável da pessoa, ou, em outras palavras, a pessoa consciente de sua responsabilidade, de sua liberdade de escolha diante de todas as circunstâncias da vida. Esse processo existencial faz da dimensão espiritual um valor existencial que não é determinado por nada nem por ninguém. Ainda vale ressaltar que encontrar um sentido para a vida pressupõe o vivido, e nele a intersubjetividade. No tocante à dimensão religiosa-espiritual como já enfatizado anteriormente, Frankl (2014) parte de uma sólida fundamentação filosófica para elaborar sua concepção de ser humano e de espírito. A sua base de sustentação está no pensamento de Max Scheler (2003), filósofo inserido na linha fenomenológica e, sem dúvida, um dos principais pilares do pensamento antropológico de Frankl.

Também tiveram grande contribuição o pensamento de Heidegger (2009), Nicolai Hartmann (1975), Buber (2010), entre outros nomes importantes de estudiosos da fenomenologia existencial, que compuseram os pilares que sustentam a visão de ser humano da Análise Existencial frankliana.

O diálogo com esses vários autores enriquece o olhar antropológico de Frankl (2011), que não se limita a uma mera reprodução e aplicação das ideias desses filósofos, sobretudo de Scheler, de quem convoca o conceito de espírito que está em sua obra. O pensamento scheleriano aborda o ser humano como um ser espiritual. Esse fato antropológico destaca o ser humano dentre os outros seres na natureza. Para esse entendimento antropológico, os animais compartilhariam com o ser humano aspectos semelhantes, como: impulso afetivo, instintos, memória associativa e inteligência prática, denominadas por Scheler (2003) de "as quatro formas essenciais da vida". O ser humano exibe, todavia, algo qualitativamente diferente de todo e qualquer outro ser na natureza, a sua dimensão religiosa-espiritual.

Nesse entendimento o espírito é ato puro, é presença que só se manifesta no momento em que se realiza no instante do "aqui e agora" (SCHELER, 2003; BUBER, 2010). Assim, o espírito se insere no âmbito do possível, da possibilidade ascendente que se desdobra e se instala na realidade. Uma atitude Eu-Tu, ontológica dimensão do possível em desdobramento que tende a se realizar e, então, se converte em um Eu-Isso, dimensão da própria instalação do real (HEIDEGGER, 2009; BUBER, 2010). É algo que caracteriza a liberdade e a consciência humana imediata, instantânea, vivida diante do mundo e da própria realidade, um acontecimento que se configura, em toda a sua extensão, como sentido.

Nessa ótica, o caráter espiritual é o elemento que permite o desdobramento de sentido, caracterizando o ser humano como possibilidade, se diferenciando de tudo o que o determina, o espírito ressalva a capacidade humana de transcender a toda cadeia determinante, a todo meio que condiciona, possibilitando que o homem espiritual torne tudo alvo de ação para si, inclusive sua natureza (SCHELER, 2003).

O fator religioso-espiritual no âmbito da Logoterapia e da Análise Existencial frankliana ressalta a capacidade de decisão da pessoa, da habilidade de agir orientada por sua espiritualidade. A dimensão espiritual se dá facultativamente, como uma escolha autêntica e vivida (FRANKL, 2011). É importante ressaltar que, para Frankl (2007), as influências fenomenológicas expostas até então sintonizam-se com a dimensão espiritual do ser humano, que contribui com uma pedagogia educacional de caráter espiritual da pessoa, focando-se em um encontro existencial que promove a expressão vivencial do formando para a vida consagrada e presbiteral. Nesse contexto, tornam-se indispensáveis, para um processo formativo, um diálogo autêntico e momentos de vivências e experiências de valores que culminam em desdobramentos de sentidos.

A ênfase dada pela Logoterapia e pela Análise Existencial à dimensão religiosa-espiritual, como parte essencial da pessoa humana, possibilita que o formador, em sua função e interação, estimule o formando a sentir-se um ser-responsável pelo processo formativo e em seu existir no mundo. Isso significa, exatamente, enfatizar uma ação espiritual, pois o espírito se dá por meio da própria ação, da vivência coparticipativa e cocriativa com o outro, com o Tu que confirma a própria pessoa espiritual.

Nesse intuito, não é possível se esquecer de que o ato vivencial, possibilitado pelo diálogo entre formador e formando, que surge por meio de um encontro, um Eu-Tu, potencializa no educando a ressignificação de si mesmo por meio do desdobramento de sentido (BUBER, 2010). Esse ato compreensivo no processo formativo promove atitude relacional, que privilegia a experiência vivencial, constituída como consciência de sentido por meio da expressão existencial.

No meu alcance raciocinativo, sentido é, portanto, apreendido como uma correalização dos atos espirituais sempre em vivência e em relação dialógica, um diálogo face a face com um Tu, com uma alteridade radical que se dispõe à relação imediata do formando como ser espiritual, com o grande Tu, que se configura como vivências e descobrimentos de sentidos que no âmbito da formação para a vida religiosa e presbiteral denomina-se de Deus Trindade. Para Frankl (2007, p. 99), o entrelaçamento do humano com o absoluto (Deus) é expresso ao nível do sentido. Ele acredita que o ser humano está direcionado para o Tu eterno, para o Absoluto, para a Totalidade, por conseguinte, para o Sentido último da existência. Também, mediante cada tu individualizado, o princípio religioso-espiritual convoca "o Tu eterno". Portanto, a dimensão religiosa-espiritual tem, para Frankl (2007), um papel de orientar o direcionamento da pessoa para seu sentido último. Assim, a religiosidade "só é genuína quando existencial, quando a pessoa não é impelida para ela, mas se decide por ela. À religiosidade verdadeira, para que seja existencial, deve ser dado o tempo necessário para que possa brotar espontaneamente" (FRANKL, 2007, p. 69).

Como asseri antes, a espiritualidade caracteriza a dimensão eminentemente humana e existencial, aberta e transcendente, que se constitui como consciência e como responsabilidade. Essa dimensão relaciona-se com a totalidade do humano, tomando-a como horizonte. Apontando para o Absoluto, ou seja, a relação espiritual originária com Deus, essa linguagem que expressa a relação do Eu com o Tu eterno, é o que Frankl entende como religiosidade. É possível, sinteticamente, exprimir a espiritualidade como a dimensão propriamente humana que se abre para o mundo e a religiosidade como a qualidade do espírito que está em relação com a totalidade, constituindo-se como a palavra dirigida ao Absoluto, ao Deus crido pelo crente, que busca desvelar sentido para a existência mediante sua fé, materializada na vivência subjetiva por meio de uma adesão a uma pessoa, a uma palavra, a um projeto – Jesus Cristo.

Nessa perspectiva, a espiritualidade e a religiosidade tornam-se questões reconhecidamente humanas para a Análise Existencial e para a Logoterapia, não se constituindo como fantasias ou projeções da pessoa para reconfortar a existência, pressuposta sem sentido. É uma categoria ontológica da antropologia frankliana, e é exatamente por um viés filosófico e psicológico que tal diálogo é reconhecido e possibilitado. Logo, a vontade de sentido último, em si, já demonstra a expressão da religiosidade no ser humano, do direcionamento espiritual para o Deus crido, encontrado e seguido (FRANKL, 2007, 2011).

20
Resiliência: a dimensão noética da pessoa humana

Neste capítulo, imprimo ênfase à capacidade resiliente de Frankl e às contribuições noéticas de sua teoria e antropologia para o processo de formação dos jovens na Hipermodernidade. Por resiliência entendo a capacidade que a pessoa desenvolve de enfrentar experiências de adversidade, se sobrepor e ser capaz de, por meio da inteligência emocional, se sair bem diante de situações inesperadas que a vida impõe, sejam elas no processo de formação para os formandos ou no ministério de formador para aqueles que têm a função de educar.

Como tenho destacado a contribuição da Logoterapia e da Análise Existencial em todo este estudo, enfatizo aqui o diálogo entre os conceitos de resiliência e a dimensão noética do ser humano, compreendido como unidade múltipla de resistência do espírito, da liberdade e da responsabilidade. Nesse diálogo, concedo ênfase: à busca de sentido como motivação primária do pensamento frankliano; à autotranscendência e ao autodistanciamento como modo de autocompreensão de expressão da resiliência, que significa "[...] propriedade que alguns corpos apresentam de retornar à forma original após serem submetidos a uma deformação elástica" (HOUAISS & VILLAR, 2001, p. 2.437). Logo, essa expressão na psicologia frankliana é um campo de investigação, que olha para as pessoas em adversidades, atentando para os recursos, as fontes de saúde e os processos motivadores de adaptação positiva, como já mostrei neste livro por meio das qualidades e atitudes que marcam a obra e a pessoa de Viktor Frankl.

Essa perspectiva de resiliência expressa por Frankl contribui vastamente para os processos de formação, uma vez que, na história, os sujeitos resilientes foram justamente pessoas como Frankl, que se propuseram a mudar a sociedade e a cultura em que viviam, assumindo em si mesmos a tarefa de plasmar nas pessoas e na sociedade os próprios valores e aspirações de transformação (GALENDE, 2004, p. 60). O formador, em sua função, precisa se mostrar resiliente, crítico de sua situação existencial, para poder estimular por meio de valores o sentido existencial da vida para os seus formandos – inspirado pela visão teórica do psiquiatra Frankl, sobrevivente de quatro campos de concentração, pessoa altamente resiliente, que traz um aporte relevante na apreensão do ser humano, cuja especificidade permite que surja o diálogo com a resiliência (FRANKL, 1990, 1991a, 1991b, 2006).

Quais são as características especificamente humanas de um formando que possibilitam a superação das adversidades no processo de formação e no futuro serviço pastoral? O que, porém, é resiliência? Como podemos defini-la? No âmbito das ciências sociais, existem várias definições de resiliência que passo a conceituar como uma habilidade para ressurgir diante das adversidades, adaptar-se, recuperar-se e aceder a uma vida com sentido e fecunda (KOTLIARENCO; FONTECILLA & CÁCERES, 1997). Uma definição que entendo como significativa é a de um psicanalista francês que define a resiliência como um estado em que a pessoa é marcada por um trauma, mas se reconstrói e resiste; não sem sofrimento, mas a dimensão do espiritual que há no humano ressurge como esperança, apesar de tudo (CYRULNIK, 2001).

A resiliência no âmbito da formação como algo pessoal que se integra a um processo interpessoal no seio de uma comunidade formativa. O conceito de resiliência pode ser apresentado por meio de duas expressões do que considero que seja na prática uma experiência resiliente. As palavras "mola" e "tecido". "Mola" porque, ao receber o impacto da adversidade, o formando sofre, deforma-se, entretanto, ganha força. O "tecido" porque se configura no recinto da casa de formação entre a pessoa e seu entorno social, que, paulatinamente, vai sendo constituído. Em outras palavras, a cada conflito, a pessoa procura a superação, "apesar do sofrimento, buscamos a maravilha"

(CYRULNIK, 2001, p. 194). A resiliência é, ainda, a "[...] capacidade humana para enfrentar, sobrepor-se e ser fortalecido ou transformado por experiências de adversidade" (GROTBERG, 2002, p. 20).

Com efeito, os fatores da resiliência enfatizados neste estudo, que entendo contribuírem nos processos de formação e que estão no agir e no viver de Frankl, são: adaptabilidade, baixa suscetibilidade, enfrentamento efetivo, capacidade para lidar com o diferente, resistência à destruição, ausência de sabotamento ou autossabotamento, condutas vitais positivas, temperamento especial e habilidades cognitivas. Com isso, infiro que na estrutura de personalidade de uma pessoa resiliente existem, tanto subjetiva quanto grupalmente, respostas criativas de superação de situações adversas, o que supõe uma existência misteriosa que determinará o resultado por meio de sua dimensão noético-espiritual (RODRÍGUEZ, 2002).

A teoria antropológica de Frankl enfoca o noético ("*nous*" que significa "mente" e na teoria de Frankl "espiritual"), a dimensão dos fenômenos nomeadamente humanos, como a liberdade para descobrir o sentido da própria vida, a autotranscendência, o autodistanciamento, a decisão, a capacidade de amar, a liberdade etc. (FRANKL, 1989a); nas palavras de Frankl (1993, p. 15-16) "autonomia da existência espiritual", e disso decorre o "senso de responsabilidade", na "concretude de determinada pessoa numa determinada situação".

Essa visão de pessoa humana de Frankl (1993, p. 19) como "ser que decide" contribui imensamente para que o formador, ao olhar para a pessoa do formando, ofereça mecanismos pedagógicos que diante daquilo que é decisão sua, a pessoa seja responsável, e somente quando ela é responsável, é possível dizer que está sendo "ela mesma". "O ser humano propriamente dito começa onde deixa de ser impelido, e cessa quando deixa de ser responsável". A existência humana se direciona sempre para além de si mesma, indicando um sentido, um para que existir e estar no mundo-vida.

Na dinâmica antropológica de Frankl (1989a), como a pessoa é um ser de possibilidade e que nada nem ninguém deve determiná-la, há sempre a possibilidade de assumir uma atitude diante dos condicionamentos, perante a "facticidade", atitude esta que pode configurar a chamada força de resistência do espírito. Essa atitude decorre de a pessoa ter sua existência espiritual mobilizada no sentido de uma "responsabilidade livre, contrapondo-a aos condicionamentos da facticidade psicofísica, que o paciente tende a aceitar como seu destino" (FRANKL, 1993, p. 20).

Para o entendimento da Logoterapia e da Análise Existencial de Frankl, nos condicionamentos físicos, psicológicos e sociológicos, o ser humano pode sempre se posicionar. Para a perspectiva dessa escola psicológica, a pessoa é um ser histórico com potencialidades capazes de determinar as condições como escolheu viver, portanto, um ser livre para buscar o sentido de sua vida. Frankl descreve o ser humano como uma unidade múltipla, um ser "único e total" (XAUSA, 1988, p. 116) e nele estão integradas as dimensões psíquica (anímica), corporal (biológica) e noética (espiritual) (FRANKL, 1991a; PETER, 1999). Com isso, resta claro que toda pessoa, mesmo que em formação, tem a vontade de buscar um sentido para a vida, e essa vontade é precisamente a principal força motivadora da pessoa e expressão do que há de mais humano em si.

O sentido diz respeito à totalidade da vida e ao processo de existência em que a pessoa se encontra no momento presente. Essa vontade de sentido impele a pessoa à busca por um sentido último, mais amplo – o sentido da totalidade da vida de todos. Assim, só é possível compreender o sentido da vida de uma pessoa como um todo no encerramento desta vida, ou após o encontro definitivo com Deus, sentido último e absoluto de quem crê (FRANKL, 1993).

No âmbito da formação, é fundamental que o formador em sua função compreenda que cada pessoa é única e insubstituível. Seu discernimento vocacional, por sua vez, é único e insubstituível, então, o sentido é exclusivo e específico de cada um dos formandos. Frankl (1989a) explicita o fato de que o sentido diz respeito àquilo que a pessoa é chamada a realizar em um determinado momento da existência. O sentido a ser realizado na ocasião é temporário, tem especificidades para aquele instante da existência, por isso o formador tem por função estimular o desvelar de sentido no momento presente e etapa formativa em que se encontra seu formando. Ademais, existe o caráter de autotranscendência do sentido, que diz respeito a algo (o fazer), a alguém (o amor a uma pessoa, a um projeto de vida, a um carisma) que está fora da pessoa.

Quando a pessoa encontra o sentido de sua vida, encontra aquilo que pode fazer e que exprime sua unicidade, a sua missão diante da vida. E, ao desempenhar no cotidiano aquilo que é seu sentido, realiza-se plenamente como ser humano, atuando com suas possibilidades mais peculiares. A realização pessoal vem como consequência de se atingir o sentido. É por isso que a pergunta sobre o sentido da vida deve ser feita de modo concreto, contextualizado, de acordo com a situação da pessoa, do momento em que o formando ou formador vive, onde eles estão. Como já indicado, é a vida que interroga ao formando sobre o sentido de sua vida, e não o contrário (FRANKL, 1993). Em muitos casos, no processo de formação, é observado o fato de que para "a vida ter sentido" significa "na vida ter tarefas a cumprir" (FRANKL, 1993, p. 70).

Insisto na ideia de que o sentido precisa ser encontrado, descoberto, e não criado, de modo que a percepção do sentido num determinado momento se assemelha à concepção na psicologia da Gestalt que nomeia essa experiência de *insight* (FRANKL, 1993). No âmbito da Logoterapia, os sentidos são descobertos por meio dos valores criativos, arte e trabalho; os valores vivenciais, como a contemplação do belo ou pela entrega a uma pessoa ou causa amada; e os valores de atitude em situações de dor e sofrimento que não são evitáveis, seja no âmbito biológico, no psicológico e no social.

Quando Frankl em suas teorias faz referência à dimensão do suprassentido, a religião autêntica torna-se uma grande força de segurança para o homem: "[...] a segurança e a ancoragem na transcendência, no Absoluto" (FRANKL, 1989a, p. 297). Para Viktor Frankl, a pessoa religiosa é aquela que foi capaz de completar a sua dinâmica ontológica. É responsável e consciente, vive sua vida como uma missão a ser cumprida. Então, na busca de sentido, denota a experiência religiosa-espiritual como o sentido que pode ser encontrado na busca por uma religiosidade sadia, nas tradições e valores que a direcionam a um relacionamento com o que ela considera ser "o criador",

240

e isso, portanto, a faz aberta ao outro e à transcendência, levando a pessoa religiosa a completar a sua dinâmica ontológica.

Dentre as tantas categorias que a teoria de Frankl exprime, existe o auto-distanciamento que, no entendimento do autor, é uma característica especificamente humana. Diz respeito à "[...] capacidade do homem de distanciar-se de si próprio" (FRANKL, 1989b, p. 43). O autodistanciamento ocorre também pela autocompreensão, pela capacidade resiliente de ser de cada sujeito. À medida que a pessoa em processo de formação se compreende, torna-se capaz de distanciar-se de si mesma e de desvelar caminhos e instrumentos conscientes de controle diante de impulsos agressivos, de posicionamentos a tomar e escolher o que fazer, como fazer, para depois agir (FRANKL, 1989b).

Outra categoria resiliente clara no pensamento de Frankl é a auto-transcendência, que em seu modo de ver o ser humano faz parte da sua essência – a pessoa é aberta ao mundo, coloca-se em relação, volta-se para algo ou alguém diferente de si. Ser humano em sua perspectiva antropológica significa ordenar-se em direção a algo ou a alguém, dedicar-se "a Deus, a quem serve" (FRANKL, 1989a, p. 45). O ponto de vista frankliano indica que o interesse mais profundo do ser humano não é olhar para si mesmo, mas volver o olhar para o mundo exterior, em busca de um sentido. O ser humano se realiza justamente na proporção em que se "esquece de si mesmo, enquanto se dedica a um trabalho, a uma comunidade e a uma missão" (FRANKL, 1993).

O corpo e a alma da resiliência encontram-se no sistema pessoal de crenças e valores, e deste sistema faz parte a atitude de dar sentido à adversidade, à dor, ao sofrimento e transformar as crises existenciais em desafios significativos, para atingir o projeto de vida almejado. Walsh (2004, p. 88) escreve: "[...] dominar o possível, aceitar o que não se pode mudar". E tudo isso deve ocorrer mantendo-se o otimismo diante das dificuldades, como recomenda Frankl, pois o pressuposto da vida de uma pessoa é a questão do sentido. Por isso, não é conveniente na vida que algo condicione o ser humano ao ponto de deixá-lo sem a menor liberdade. "O ser humano, em última análise, se determina a si mesmo. Aquilo que ele se torna – dentro dos limites dos seus dons e do meio ambiente – é ele que faz de si mesmo" (FRANKL, 2006, p. 113).

Na fórmula da resiliência proposta por esse autor existe um fator que não pode ser definido: o imponderável. Esse imponderável está exatamente na liberdade do ser humano para escolher encontrar ou não um sentido para a vida. O encontro desse sentido pode ser percebido fenomenologicamente (FRANKL, 1998; LUKAS, 1996). Com base no imponderável (RODRÍGUEZ, 2002), é compreensível a liberdade humana, que se entende como a busca de sentido, a força de resistência do espírito (FRANKL, 1990, 2006). Em outras palavras, a resiliência significa comprometer-se com uma nova dinâmica de vida. Por isso, a noção de sentido tem tanta importância para os processos de formação na Hipermodernidade, visto que as relações líquidas e frouxas, utilitárias e de pouco significado, do ponto de vista do constituir seres humanos saudáveis emocionalmente, o sentido, a liberdade e a responsabilidade no processo de formação constituem uma necessidade quase vital. "O vínculo e o sentido são os dois fundamentos básicos da resiliência" (VANISTEN-DAEL & LECOMTE, 2004, p. 91).

Frankl, quando explicita os caminhos pelos quais se descobre e vivencia o sentido, reporta-se a vivências de amar e ser amado por alguém. O amor ao próximo pode conferir sentido à existência e à fé, como dimensões fundamentalmente humanas, que são expressas em uma religiosidade sem sectarismos, bem como na capacidade de situar o formando na via do sentido que é vivenciado por meio da autotranscendência das neuroses do cotidiano, o que ajuda a suportar e superar o sofrimento. "Uma pessoa resiliente descobre, por meio da fé, a possibilidade de ser aceita incondicionalmente" (VANISTANDAEL & LECOMTE, 2004, p. 95). Aqui se torna importante o conceito de suprassentido de Frankl (1989a). Para ele, muitas vezes, é difícil ao ser humano compreender o porquê de certas situações dolorosas, porém a pessoa precisa acreditar por meio da fé e do amor que, se a vida tem sentido, o sofrimento inevitável também o possui. Mesmo que seja quase impossível que esse sentido seja entendido racionalmente em uma situação extrema inevitável, ele existe.

A resiliência, portanto, é um construto que enfatiza a origem da saúde e os processos geradores de bem-estar, em vez de priorizar o enfoque no sofrimento e na doença. Isso possibilita ao ser humano a capacidade de se perceber vivo. Quando começa a pensar criticamente, ou quando lança sua visão ao mundo, ou ainda conforme vive e reflete, ele nasce existencialmente e faz questionamentos que expressam sua surpresa e perplexidade perante a vida. Nessa perspectiva, o formando e o formador em sua interação podem se perguntar o que fazem no processo e do processo que estão realizando – O que é viver? Por que a vida é tão desafiadora? Enfim, perguntam-se se a própria vida faz sentido.

Ao formular respostas a tais questionamentos com base na reflexão e na ação, as pessoas em processo de interação vão configurando suas existências: "o caminho se faz ao caminhar". O ser humano tem a particularidade de decidir o que vai se tornar, e a questão do sentido mostra-se essencial: é necessário encontrar um sentido para a vida, um sentido que faça valer a pena viver, um sentido que motive a pessoa a levantar-se de manhã e encarar o novo dia com seus desafios.

Para compreender a realidade do processo formativo, muitas vezes, os formandos buscam modelos, espelham-se em exemplos vivenciais, principalmente de superiores, bispos e formadores, por serem pessoas significativas, para começar a obter as pistas necessárias às respostas buscadas. Essas respostas almejadas pelos formandos vêm por meio das consequências das próprias escolhas e dos atos que os responsáveis pela formação elaboram e expressam. Na medida em que, na sua função de formador, a pessoa desempenha papéis sociais, age e realiza suas tarefas, passa a conhecer-se, formando uma visão de mundo e encontrando um sentido para a vida e inspirando outros a percorrerem o mesmo caminho.

O formador precisa encontrar coerência no mundo em que vive para situar-se existencialmente. Vive em um mundo ordenado física e biologicamente; e sua mente, além de ordenada, é ordenadora. A confusão e a ambiguidade são vivenciadas como fontes de tensão e desprazer na relação com os formandos. Quando enfrenta essas angústias existenciais, pode fazer a grande descoberta: a de que esse sentido só pode ser descoberto por ele mesmo e por mais ninguém. Cada um é responsável por descobrir o sentido de sua vida. E, na busca desse sentido, a angústia, o vazio e o tédio se dissipam. A resiliência torna-se a operacionalização de algumas das consequências de se encontrar o sentido da vida.

Para ser resiliente, é muito importante o suporte de pessoas (diretores espirituais, formadores) que transmitam apoio e confiança. Mesmo na falta desse suporte, porém, intensiva crença em um sentido para a vida e o esforço para realizá-lo podem ser suficientes para superar as adversidades, com muito esforço. Tudo isso foi comprovado por Frankl na experiência em que ele se viu prisioneiro de campos de concentração, entretanto manteve sua firmeza e seus valores, testemunhando com sua vida a possibilidade de transcender o sofrimento, o que se configura como uma conquista interior. O sentido da resiliência, então, é a busca de sentido da vida, que se traduz em criatividade, aprendizado, superação e crescimento, desenvolvendo a capacidade de dizer e viver um grande sim à vida, apesar de tudo, por meio da autotranscendência, que possibilita desvelar a cada dia e, diante de cada nova situação que o mundo-vida lhe apresentar, um sentido novo para a existência.

21
Sexualidade amadurecida: a pessoa ama e se deixa amar

A compreensão de sexualidade que acompanha a visão antropológica e fenomenológica existencial frankliana, em sua complexidade, carrega consigo a perspectiva psicoafetiva e a espiritual; ou seja, no primeiro momento, percebe-se o tirocínio da humanidade manifestado pelo psiquismo e, posteriormente, o estágio mais elevado ou da psicologia das alturas, como em alguns momentos é chamada a Logoterapia, a dimensão sexual manifestada pela espiritualidade.

> Por seu amor, a pessoa se torna capaz de ver os traços característicos e as feições essenciais do seu amado; mais ainda, ela vê o que está potencialmente contido nele, aquilo que ainda não está, mas deveria ser realizado. Além disso, por meio do seu amor, a pessoa que ama capacita a pessoa amada a realizar essas potencialidades. Conscientizando-a do que ela pode ser e do que deveria vir a ser, aquele que ama faz com que essas potencialidades venham a se realizar. [...] O sexo se justifica, e é até santificado, quando for veículo do amor, porém apenas quando o for. Dessa forma, o amor não é entendido como mero efeito colateral do sexo, mas o sexo é um meio de expressar a experiência daquela união última chamada de amor (FRANKL, 2011a, p. 136).

Com efeito, o olhar antropológico de Frankl sobre a sexualidade não é unilateral, focado no biologismo, mas prefere ressaltar as múltiplas faces que caracterizam a sexualidade humana, deixando muito claras as características psicoafetivas e espirituais que se orientam para o amor. A concepção de sexualidade depende da ideia antropológica de cada um, e a antropologia sempre encontra seu suporte na visão de ser humano e nas inflações de relações socioculturais que foram estabelecidas. "Como todas as inflações, também a inflação sexual anda de braço dado com uma desvalorização: hoje em dia, a sexualidade vai-se desvalorizando na mesma medida em que se vai desumanizando" (FRANKL, 2003a, p. 23-24).

Viktor Frankl denomina essa ênfase conferida à sexualidade na Hipermodernidade de prevalência de vazio existencial, de modo que a pessoa não orienta mais sua vida por valores que norteiam o que o ser humano deve fazer, mas por impulso e instintos, ficando sem saber nem mesmo o que gostaria de fazer. Esse modismo vivido no contexto atual faz com que os adolescentes e jovens sejam levados a fazer o que os outros querem que façam e a querer o que o mercado de consumo de modas socioculturais vai produzindo. É perceptível um esvaziamento da própria vontade de identidade. Há uma tendência a viver a sexualidade não na vida pessoal, mas apenas na busca de satisfação prazerosa.

Nesse contexto, compreendo que a despersonalização do sexo é um sintoma das frustrações existenciais e da frustração da busca de sentido pelos seres humanos hipermodernos. No âmbito da formação presbiteral e da vida religiosa consagrada, o formador precisa com insistência, estimular os seus formandos a viverem a sexualidade humana, para além da mera genitalidade, pois ela precisa ser vivida como um meio físico de amor "e é somente na medida em que é veículo desse amor que se torna verdadeiramente humana" (FRANKL, 2003a, p. 24). Com outras palavras, as pessoas que não aprenderam a amar não obtêm da sexualidade a mesma qualidade de emoção que as pessoas que desfrutam da experiência de poder amar.

A complexidade que é a sexualidade, envolta nos seus mistérios, se não for meio de expressão do amor, transforma-se em uma modalidade de satisfação hedonista, desumaniza-se, pois o essencial da sexualidade humana, na ótica de Frankl, é um fenômeno humano resultado de um processo psicoafetivo e propriamente espiritual, de desenvolvimento e maturação progressiva, sem perder de vista a unicidade do ser humano. Em se tratando de sexualidade, convém ressaltar, em termos pessoais, mesmo que ao biológico se acrescente o plano psicoafetivo, que por sua vez deve vislumbrar o noético ou espiritual.

Esse olhar antropológico não diz respeito a um ser humano abstrato. Ele compreende o ser humano mergulhado em um mundo de relações de caráter cultural, político, econômico e religioso. É dentro desse amplo conjunto que se devem destacar os processos integrativos. Como o ser humano é um enigma para si próprio, é natural que, ao longo dos tempos, tenham surgido as mais diversas correntes antropológicas, com o objetivo de desvelar um sentido para a vida e encontrar a realização do ser humano que, no entendimento frankliano, acontece por meio do amor ao próximo. A felicidade tem como consequência o sair de si e se voltar para o mundo, e nele fazer a experiência de amar.

Em razão da multiplicidade de antropologias, é também compreensível que o valor dado ao corpo, biologicamente considerado, tenha assumido as mais diversas tonalidades, que vão desde o esvaziamento até ao culto exaltado. Quase todas as grandes culturas da humanidade, contudo, privilegiaram o espírito ou a dimensão noética da vida humana. Essa compreensão focaliza a afetividade como um conjunto de emoções advindas da realidade psíquica, fluida e que, como toda realidade profunda, escapa às definições fáceis. Com isso, indico que a sexualidade, compreendida como dimensão amorosa que envolve o espírito humano, contempla o campo dos sentimentos, das emoções e das paixões, como também é parte essencial dela a presença de sentimentos contraditórios que costumam acompanhar a afetividade.

A sexualidade como um "impulso" caracteriza-se por ser uma energia ativa. Ela acolhe as impressões colhidas pelos sentidos e, por assim dizer, os armazena com todos os recursos próprios da educação para o amor. Se seu cultivo for negligenciado, isso poderá se tornar um fator de desagregação da personalidade, tanto no plano pessoal e interpessoal quanto na contextura comunitária e social.

Tanto a sexualidade quanto a afetividade são, antes de tudo, fenômenos psíquicos, nos quais o sexo se articula com o Eros, e este, por sua vez, mergulha nas profundezas do psiquismo humano (MOSER, 2001). Ela é sede de toda e qualquer atividade humana, seja política, social, cultural, simbólica ou religiosa. Fica assim, uma vez mais, caracterizada a amplitude da sexualidade humana como energia abrangente que envolve as relações humanas.

A rigor, como garante Moser (2001, p. 61), não se deveria dizer que "temos" um corpo, mas que "nos tornamos corpo" e "somos um corpo". Ao falar que "nos tornamos corpo", está manifesta a consciência de que a "corporificação" remete para um processo complexo. Quando se diz que "somos" um corpo, inicia-se a perceber como a vida, a identidade, a consciência, a originalidade, a pessoalidade de cada qual e a alteridade são constitutivas do humano.

Como a sexualidade é parte constitutiva do humano e da sua existencialidade, ela, pela linguagem do corpo, diz muitas coisas às outras pessoas e a você mesmo. Por mais que se queira ressaltar a importância decisiva dessa linguagem arcaica, entretanto, que é linguagem do corpo, não se pode esquecer de que, a rigor, não é o corpo que diz a verdade ou que mente, e sim um sujeito, pois o corpo sempre remete a uma pessoa. Trata-se da intencionalidade da pessoa que é espiritual (FRANKL, 2014).

A abordagem antropológica frankliana ressalta a profunda interação do "corpo pessoal" com o "corpo social", o "corpo psíquico" e o "corpo espiritual". Por isso, uma pessoa que é de maneira espiritual um ser consciente e junto a si se conscientiza de outras pessoas. "O espiritualmente se realiza no ser-junto-a, assim como esse ser-junto-a do ser espiritual é a possibilidade mais originalmente própria, sua capacidade propriamente dita" (FRANKL, 2014, p. 75). É só quando o ser está junto de outro ser que, na compreensão frankliana, a pessoa pode ser plena e essa plenitude é denominada de amor.

O amor pode ser denominado como: poder dizer você para alguém – e, além disso, poder dizer sim a esse alguém. Nas palavras de Frankl (2014, p. 75), a verdadeira compreensão da sexualidade se dá quando existe nessa relação o amor. O amor é a capacidade de apreender a outra pessoa em sua essência, em seu modo de ser, em sua unicidade e singularidade, "[...] sem se deter apenas em sua essência e em seu modo de ser, mas também abarcando-o em seu valor, em seu dever ser, ou seja, afirmá-lo".

A sexualidade desprovida de ternura deixa de ser humana, contudo, a abordagem político-ideológica da sexualidade é algo que vem tomando o modo de ver e tratar a sexualidade nos últimos tempos, pois ela é normalmente associada à intimidade sexual genital, à discussão de gênero e à conjugalidade. A questão político-ideológica se articula com o aspecto sociocultural, e, sobretudo, com a questão feminista, apresentando concepções básicas: uma do tipo "neutro" e outra do tipo "crítico". No primeiro caso, a ideologia é praticamente indispensável para manter a coesão de um grupo, mas sem, necessariamente, querer iludir ou dominar os outros. No segundo caso, deparam-se as articulações teóricas e práticas carregadas de negatividade, porque destinadas a resguardar-se, a driblar e a ofuscar outros modos de ser e viver a sexualidade, fazendo crer que os interesses de um pequeno grupo seriam de proveito de todos (MOSER, 2001).

Acontece que uma nova compreensão política, em seu sentido mais profundo e abrangente, e uma nova compreensão da sexualidade, como dimensão globalizante, estão revelando uma série de ligações muito profundas "entre política e sexualidade, justamente por meio das ideologias reinantes mediante um trabalho sistemático, a sexualidade das pessoas é 'domesticada', mesmo quando aparentemente 'liberada'" (MOSER, 2001, p. 101). Em outras palavras, a sexualidade vem sendo instrumentalizada comercialmente de duas maneiras: uma direta e outra indireta. De uma maneira direta, está a exploração do sexo por meio das várias modalidades de prostituição, da pornografia, da venda de todo tipo de produtos destinados a "incrementar" os estímulos sexuais e indiretamente aquele que associa qualquer produto à sexualidade. A erotização da economia de mercado exige que o maior número possível de pessoas seja tocado pela varinha mágica da fantasia erótica.

Os modernos meios de comunicação social usam códigos adequados a todos os sentidos de erotização do corpo humano, com ênfase nas multimídias, que envolvem o todo de uma pessoa, deixando pouco espaço para a reflexão, e preparando o pensamento único de maneira leve e constante. "É uma espécie de indústria cultural [...] que vai abranger todos os aspectos da vida humana" (MOSER, 2001, p. 104). Essa indústria cultural, destinada a impor um pensamento único, apoia-se em algumas teses tidas como inquestionáveis. Para esse modo de compreender a sexualidade, ela se constitui como impulso irresistível: a pessoa é dona da sua vida e do seu corpo, a sexualidade é um negócio particular. Por fim, assinala a primazia absoluta do sentimento, muitas vezes confundido com um prazer momentâneo. O importante é dar à pessoa a ilusão de que seja livre e feliz.

A face mais surpreendente da sexualidade, no entanto, é justamente aquela para a qual praticamente nunca se atinou – a de que a sexualidade faz com que se perceba melhor a importância da denominada consciência crítica para detectar e deter as manobras ideológicas que anestesiam as pessoas e os povos por via da exploração sexual. Não há que se justificar e glorificar tipos de fenômenos de "massa como promiscuidade e a pornografia nem considerá-las manifestação de progresso. Elas são regressivas, são sintomas de retardamento da maturação sexual do indivíduo" (FRANKL, 2005a, p. 75). A fantasia de que o sexo como fonte de prazer seja um progresso é praticada por pessoas que sabem e vendem esse produto, tornando-se na sociedade hipermoderna um bom negócio, cujo objetivo real é a liberdade sem limites para o lucro e o ganho de dinheiro. Frankl (2000) indica que uma das maiores humilhações à pessoa é convertê-la em um simples meio para conseguir um fim.

Nesse entendimento, o formador, em seu papel, precisa estimular os formandos para, em tempos de hipererotização, não transformarem a sexualidade em objeto de consumismo hedonista e individualista, que coisifica a vida humana e a situa em função de um prazer imediato e sem limites, o que acentua o vazio existencial, adormece a vontade de sentido e obscurece o sentido da vida. Posso, de antemão, afirmar que o sentido último da sexualidade é um só: o da comunhão no amor quando invoca que o formando seja uma pessoa, que ele se comunique e estabeleça laços com outras pessoas e que caminhe na direção do grande Outro, que é Deus.

Esse processo passa, antes de tudo, por uma descoberta – a da alteridade – que se abre para a transcendência, de modo que a integração da sexualidade não seja um simples conhecer, por mais importante que este seja, mas por um reconhecimento da sexualidade como um jeito de amar.

É claro que a alteridade diz respeito, primordialmente, ao outro como sujeito humano. Seria empobrecer a alteridade, entretanto, reduzi-la ao plano dos contatos pessoais. A alteridade é uma categoria mais ampla que abarca todas as relações – pessoais, interpessoais, culturais, políticas, religiosas – com o cosmos. É no confronto com toda essa ampla realidade que o ser humano vai se conhecendo como pessoa, como um ser, a um só tempo semelhante e diferente, como um ser que interage continuamente com outros seres e com outras pessoas. E é justamente nessa altura que se percebe melhor o papel desempenhado pela sexualidade. A sexualidade tem uma tarefa especial, que é a de configurar no complexo processo de formação a personalização do formando, onde o "eu" se forma pelo contínuo confronto com o "não eu", representado pelo mundo e pelos outros.

É o amor, e somente o amor, que humaniza e dá sentido à sexualidade; e é o amor que converte a alteridade em intersubjetividade comunitária. Sem o amor, a sexualidade não passa de uma energia selvagem e, portanto, perigosa na mão do ser humano. Ora, o amor é antes de tudo "entrega": entrega a um "tu", que é capaz de gerar um "nós", seja no matrimônio ou na entrega ao serviço na Igreja como sacerdote ou religioso consagrado.

À luz da ciência, a sexualidade se coloca como uma energia destinada a empurrar o ser humano para "fora" de si mesmo, buscando encontrar-se no encontro com o outro, e retornando a si depois de enriquecido com esse encontro. O "eu" que se abre para um "tu" se transforma, dessa maneira, num "nós". "À luz da Palavra de Deus, a sexualidade se coloca na perspectiva da 'vocação' que apresenta uma face transcendente e uma face iminente; uma face terrena e uma face celeste; uma face interpessoal e uma face social" (MOSER, 2001, p. 117).

A sexualidade é o contrário do viver-na-solidão e o estar-sozinho; ela é um apelo profundo para o ser humano vencer sua timidez, comunicar-se e sair de si mesmo. Por isso se diz que a sexualidade é uma linguagem que ressoa no íntimo de cada ser que vem logo complementada pela linguagem social. A plasticidade da linguagem sexual não se localiza nem na boca, nem nas mãos, nem nos olhos, nem nos órgãos genitais: ela se traduz pelo corpo todo. Em outros termos, o diálogo e a comunhão entre um eu e um tu não constitui o ponto-final do sentido da sexualidade. Por sua constituição, a sexualidade tende a ir além: quebrar o estreito círculo do eu-tu, dando lugar ao nós familiar e social. Nenhuma outra energia é tão poderosa para distanciar ou aproximar as pessoas quanto a sexualidade. "Nesse sentido, ela pode ser vista não só como energia 'espiritual', mas como um verdadeiro sacramento de uma nova humanidade" (MOSER, 2001, p. 124).

Enfim, na sua ambivalência radical, a sexualidade tanto pode ser força integradora quanto desintegradora, seja em nível pessoal, seja no plano social. Tudo depende de como essa energia poderosa é administrada. Daí a importância de se ter maior clareza no que se refere aos parâmetros éticos, pois são eles que ajudam a discernir os caminhos que levam à integração ou à desintegração, à vida e aos caminhos que conduzem ao sentido da existência. Em termos franklianos, é preciso mostrar para os formandos que eles possuem também espírito, responsabilidade e liberdade. Também, é incumbência nossa, de educadores, mostrar que a sexualidade deve ser vivida de maneira integrada com o desenvolvimento e o amadurecimento da personalidade. Esse processo produz, necessariamente, desenvolvimento da consciência e da busca do sentido da vivência do amor e da alteridade.

A sexualidade nunca é força neutra: integra ou desintegra. Tudo depende do modo como é administrada essa energia poderosa e de como se constitui o percurso de amadurecimento da personalidade. Assim, convém ressaltar a sexualidade como energia que Deus colocou à disposição do ser humano para que ele, ao ir se conhecendo, se comunicando e se amando, se transforme em verdadeira pessoa capaz de fazer a experiência de amar a outros, ao seu projeto de vida e a Deus; entretanto, só se torna pessoa, que se comunica, abrindo-se num diálogo sempre mais amplo e profundo com o Tu, ou seja, com o diferente. Para Frankl (2003a, p. 20), ser pessoa humana significa ser alguém aberto para o mundo, ser além de si mesma, sendo que a essência da existência humana está na autotranscendência, capacidade essa de transcender a si mesmo, que implica a capacidade de ir além de si próprio na direção de uma causa que ama. "E é somente na medida em que o ser humano se autotranscende que lhe é possível realizar-se – tornar-se real – a si próprio".

Essa é a grande luta do ser humano, mas é, ao mesmo tempo, a grande oportunidade que Deus lhe oferece: de conhecer e amar a Deus, conhecendo e amando a si próprio e aos outros; e de conhecer e amar a si próprio e aos outros, conhecendo e amando o seu Deus. Este é o evangelho da sexualidade: apesar de toda a ambiguidade que ela carrega, pode se transformar na alavanca que leva os seres humanos a viverem de acordo com os sonhos de Deus, como filhos e filhas, irmãos e irmãs uns dos outros e de toda a criação.

Educar para o amor é tarefa primordial, urgente e permanente no processo de preparação para o presbiterado e a vida consagrada; e como a harmonização da sexualidade humana passa forçosamente pelo amor, o que torna esse processo educativo para o amor uma tarefa urgente e permanente. Educar para o amor nunca foi, nem jamais será, tarefa simples. Isso vale, sobretudo, no contexto hipermoderno. O amor, por sua vez, ao mesmo tempo em que se apresenta como a aspiração mais natural do ser humano, é a aspiração mais exigente de ser concretizada. É possível distinguir ao menos três níveis do amor:

1) o que vem comandado pelo sentimento;

2) o que vai se estabelecendo como "amizade"; e

3) o que chega a uma plenitude cristã pela via da fé.

A dificuldade consiste exatamente em articular estes três níveis, de tal modo que haja uma progressiva passagem de um para o outro, mas sem um anular o outro (MOSER, 2001).

A integração da sexualidade não se dá no voltar-se sobre si mesmo, mas exatamente no diálogo profundo com o outro. Quando bem integrada, a sexualidade conduz a não só se evitar a exploração do outro, mas também a contribuir positivamente para o processo de seu crescimento, e, consequentemente, também para o nosso crescimento. Trata-se sempre de uma interação frutuosa de assumir o outro na alteridade, no amor como expressão de oblação; pressupõe, ainda, assumi-lo na autenticidade. Só quem é autêntico é capaz de ser fiel, e só é fiel quem é capaz de viver na autenticidade. É significativo que São Paulo coloque os ciumentos entre os que serão excluídos do reino (Gl 5,19). Pelo contrário, a fidelidade pressupõe uma confiança sem limites e a capacidade de deixar o outro ser.

Moser (2001) insiste em afirmar que são generalizadas as queixas em relação à falta de equilíbrio afetivo e sexual, sobretudo em relação à juventude e, em particular, os que se preparam para a vida consagrada. Considero que essa realidade do equilíbrio afetivo sexual é um dado que afeta, no meu entendimento, todas as pessoas, em todas as idades e em todos os estados de vida. Quem é sincero e se conhece a si mesmo jamais ousará considerar-se como uma pessoa plenamente equilibrada do ponto de vista afetivo e sexual. Isso tanto vale para os formandos quanto para os formadores que abraçam o celibato por causa do Reino. O alvo da sexualidade humana é sempre o mesmo, tanto para casados quanto para celibatários: o amor-ágape.

A busca da integração sexual é, portanto, um imperativo básico para todos. Em qualquer contexto da vida humana, há pessoas com patologias psíquicas, ou ao menos desequilíbrios e traumas mais ou menos tangíveis, mais ou menos profundos. Ajudar a iluminar, integrar e levar a pessoa até o autoconhecimento dessas questões será a primeira função. Com certeza, tratar de patologias e de desequilíbrios sexuais não é nem muito fácil nem muito agradável, contudo, se está diante de um emaranhado de problemas e de conceitos diferentes, mas que apontam sempre para uma realidade sombria da vida: desequilíbrios sexuais e afetivos, desintegração, fracassos, traumas, mecanismos de compensação, patologias, anomalias, desvios de princípios e valores éticos. De qualquer jeito, em todas as circunstâncias se está diante de pessoas, amadas por Deus, que sofrem muito por se sentirem diferentes das outras. Ninguém escolheu ser portador de alguma anomalia, e ninguém optou pura e simplesmente pelo caminho da perversidade. Pode haver aí maior ou menor dosagem de responsabilidade, entretanto, não se deve descartar o formando, sem que antes ele seja estimulado a experienciar o Evangelho da responsabilidade. Apenas convém logo ressaltar que essa responsabilidade, maior ou menor, não é só pessoal, mas que muitas vezes remete diretamente a um quadro social e religioso institucional. De todo modo, no processo de discernimento vocacional, nunca se pode esquecer que são inúmeros os mistérios que rondam os seres humanos, porém a responsabilidade do formador é em última instância com a pessoa do formando, sem, contudo, se esquecer da responsabilidade diante da Igreja, corpo místico de Jesus Cristo.

Não é possível perder de vista a noção de que as primeiras pilastras para a constituição de pontes sólidas em direção ao amor amadurecido que, inspirado em São João, pode ser denominado de amor ágape. É próprio desse jeito amoroso o carregar consigo fortes traços de autenticidade e a vontade de assumir o outro com todas as forças.

Em suma, é notório ser necessário um caminho menos impetuoso, embora não menos empenhável para se chegar ao ágape e à abertura para a amizade, normalmente designada como amor *filia*. A questão da verdadeira amizade é particularmente importante para quem vive no celibato. O fato é que ser celibatário e negar a amizade e o amor é uma espécie de contradição nos próprios termos. Essa modalidade de amor e seus vínculos é uma via para se adquirir a maturidade própria daqueles que se encaminham para o celibato, no ideal humano e cristão do amor. Na realidade, esta é a grande oportunidade do ser humano: conhecer-se a si mesmo e aos outros, conhecendo o próprio Deus, que é Amor. "O amor supõe um passo a mais em relação ao encontro, já que não se limita a acolher o semelhante em sua condição humana, mas em sua unicidade e singularidade, ou, o que é o mesmo, como pessoa" (FRANKL, 1994b, p. 59).

22
As dimensões formativas orientadas pela logoeducação

Inicio este capítulo fazendo a seguinte pergunta: o que é formar, por meio da logoeducação e da Análise Existencial frankliana? Formar na perspectiva de Frankl é centrar o processo e as pessoas em procedimento, no âmbito do sentido, da liberdade, da responsabilidade e da transcendência. Como diz o autor, é se utilizar da "pedagogia das alturas" que intitulo, neste estudo, de logoeducação.

Vejamos alguns aspectos que Frankl expressa sobre a logoeducação, trazendo para esta reflexão o que em toda esta obra está presente: um sentimento de falta de sentido que se difunde rapidamente na esfera subjetiva e na sociedade hipermoderna. Por isso, Frankl (2011) insiste em que a formação nessa época deve ocupar-se não somente em transmitir conhecimento, porém o formador, em sua função, deve aguçar a consciência para que o formando seja capaz de perselver as situações e exigências contidas na vida e no momento existencial por que passa.

A principal tarefa da logoeducação, para a vida presbiteral, não consiste em transmitir simplesmente os ensinamentos e conhecimentos da tradição, mas é a de aperfeiçoar a capacidade do formando para descobrir sentidos singulares na sua vida. A logoeducação "[...] deve promover a capacidade de tomar decisões de maneira independente e autêntica" (FRANKL, 2011, p. 67). Com outras palavras, expresso a ideia de que formar na perspectiva psicológica frankliana significa estimular a consciência, defrontando-a com deveres e valores, com o intuito de estimular o formando a tomar posição diante da vida e do projeto existencial e a transcender-se.

Sobre a ideia de formar no âmbito do presbiterado, é preciso, pois, que o bispo e seu presbitério trabalhem com zelo para criar comunidades cristãs vivas, capazes de produzir todo tipo de vocações, entre elas, vocações presbiterais. A Igreja precisa de novas vocações que renovem e fortaleçam o serviço pastoral das comunidades. A Igreja Católica não pode se compreender sem a existência e o ministério dos presbíteros e a vida consagrada religiosa. Esses ministérios têm acompanhado a vida da Igreja desde os primeiros séculos da sua história. Eles constituem a prolongação histórica do serviço pastoral de Jesus Cristo. O processo de formação não estanca por aí. As vocações para o ministério presbiteral e a vida consagrada nascem e têm como tarefa formar para a idoneidade e a responsabilidade. Essa formação deve ser integral, dinâmica, progressiva e cumulativa. E, ainda, é uma tarefa complexa da qual participam, de modo e em graus diversos, muitas pessoas. Nenhuma delas, entretanto, pode substituir aquele que é o responsável primeiro e o sujeito da formação, o próprio candidato ao ministério presbiteral ou vida consagrada.

Formar é criar as condições para que as potencialidades, que existem em germe numa pessoa, possam se desenvolver e se aperfeiçoar, a fim de que esta possa, numa perspectiva específica, assumir a sua vocação, dentro da qual encontra sentido para a vida e razão de ser para a existência.

No campo da formação presbiteral, tomando por base a logoeducação, em forma de síntese, trago alguns princípios psicopedagógicos que podem auxiliar o formador em sua função.

1) É preciso estabelecer uma pedagogia existencial que inclua a dimensão noética na educação, sem o que seria impossível o desenvolvimento da vocação e da pessoa vocacionada na perspectiva psicoantropológica de Frankl.

2) A vocação é experimentada pelo candidato como um apelo ao qual deve responder e como um conjunto de capacidades prontas a serem desenvolvidas. Tanto a resposta como as capacidades existem em germe nessa realidade de base que é a pessoa humana. A logoeducação obje-

tiva que o formando descubra e realize, por si mesmo, o sentido de sua existência, por meio do seu ser, erguer seu dever-ser. Para esse entendimento, não se pode ser autêntico cristão se não se assume seriamente a condição humana. É preciso, para aprender a responder ao apelo de Deus, criar as condições para que as capacidades se tornem habilidades de fato.

3) A formação tem como base a pessoa, com a sua história e a sua constituição corpórea-psico-afetiva-espiritual. Por isso, pressupõe Frankl que o logoeducando desenvolva habilidades de abertura ao mundo e aos valores.

4) A formação não acontece de maneira individual. Ela é uma experiência de Igreja. A convivência, a interação e as atividades grupais não são somente estratégias pedagógicas. Elas são o modo normal e natural em que toda vocação deve se realizar. Nesse campo de compreensão pedagógica, o logoeducando precisa ser estimulado a afinar a própria consciência às inúmeras possibilidades de realização de valores e de sentido.

5) Na perspectiva cristã, esse aperfeiçoamento deve ocorrer na fé, na esperança e na caridade. Isso supõe uma caminhada que é, simultaneamente, de conversão e de santidade. Não se pode ser autêntico presbítero ou religioso consagrado se não se assume seriamente a condição cristã. Por outro viés, expresso a noção de que, no processo de formação, o educando tenha condições de realizar de maneira bem-feita aquilo que escolheu como projeto de vida, por ter sentido.

6) A formação é claramente presbiteral ou religiosa na perspectiva ministerial da Igreja Católica. Por isso, o que importa, mais do que as técnicas psicopedagógicas, é o encontro existencial, pessoal e dialógico formador-formando.

7) A vocação a que me reporto é a vocação ao ministério presbiteral, entendido como a prolongação e atualização histórica do sacerdócio de Jesus Cristo, da sua presença como bom pastor no meio do mundo. Formar é uma "[...] ação que desemboca na responsabilidade pessoal por desenvolver o sentido da própria vida" (MIGUEZ, 2011, p. 98).

O que deve procurar a formação em perspectiva fenomenológica existencial frankliana? A formação presbiteral ou religiosa só se compreende como missão eclesial. Ela busca formar homens e mulheres maduros, cristãos sérios e ministros idôneos capazes de assegurar o adequado acompanhamento pastoral do povo de Deus. A formação presbiteral deverá se inscrever sempre no conjunto de experiências, práticas de realidades que constituem o ser e fazer (missão) da Igreja. A reflexão da Igreja sobre a formação dos presbíteros assinala os objetivos que devem ser procurados no processo formativo. Esses objetivos atingem a pessoa do candidato ao ministério presbiteral. É, pois, a pessoa humana em sua pluridimensionalidade, procurando adequar à unidade da pessoa e do processo formativo, incluindo as dimensões a seguir destacadas.

1) *Dimensão humana*: educar a dimensão afetiva e sexual do candidato possibilita formar para valores e atitudes referentes à maneira como vive a humanidade. Conforme Lukas (1992a), quando isso acontece, a pessoa está capacitada também para a fidelidade e para a estabilidade ao projeto de vida abraçado e, nas condições normais, surgirá por si mesma uma afetividade sadia.

O desenvolvimento integral da pessoa, especialmente por meio dos dinamismos, atitudes, valores, virtudes e motivações que estruturam a personalidade do candidato ao ministério presbiteral ou à vida religiosa, procura facilitar e orientar o desenvolvimento da capacidade afetiva do postulante ao ministério, na perspectiva do amor como eixo central da vida inspirada pelo evangelho.

Os documentos para a formação insistem em afirmar que, sem uma oportuna formação humana, toda a formação sacerdotal ficaria privada do seu necessário fundamento. Em especial, ela deve preparar para a vivência de um amor amical maduro, casto, aberto e natural, vivido na opção livre no estado de vida celibatário. Tanto para a maturação de si mesmo como para o adequado exercício do seu ministério, a pessoa deve cultivar as qualidades humanas necessárias à estruturação de uma personalidade equilibrada, sólida e livre, capaz de assumir as responsabilidades inerentes ao ministério confiado.

O presbítero ou religioso precisa de amadurecimento humano-afetivo progressivo, integrado, porque é chamado a ser ponte e não obstáculo para outros. Esse amadurecimento humano é fundamental na tarefa do discernimento vocacional, pelo qual é responsável a equipe de formadores. É tarefa da equipe de formação ajudar cada um a discernir, não só se é chamado por Deus, mas se tem condições psicológicas para assumir o que o presbiterado ou a vida religiosa supõe como base humana. Em certos casos, os formadores, em sua função, deverão ajudar o candidato a procurar orientação psicológica especializada.

A vida em comunidade torna-se exigente e o processo de formação deve preparar os candidatos para a convivência responsável. Com efeito, de particular importância se afigura a capacidade de relacionamento com os outros, elemento verdadeiramente essencial para que seja chamado a ser responsável por uma comunidade e a ser pessoa de comunhão.

Na atual sociedade pluralista, é importante que o candidato saiba ser tolerante, acolhedor, respeitoso do diferente, capaz de trabalhar com outros, superando o individualismo, capaz de viver o ministério presbiteral na comunhão e exercê-lo na unidade, mas também no encontro e no convívio fraterno. Tudo isso pede que o seminário ou casa de formação seja um ambiente favorável para a convivência, tenha um clima de confiança e respeito mútuo, de expressão sincera de sentimentos, de participação progressiva no planejamento e na disciplina da vida comunitária.

O presbítero ou religioso não exerce seu ministério a título individual, mas enquanto incorporado ao presbitério ou à comunidade religiosa, unidos em comunhão fraterna com os colegas e com o bispo. Os formadores não são modelos que devem ser reproduzidos imutavelmente, mas alguém que exerce uma função de demonstração, testemunha da possibilidade de uma existência autêntica para ajudar o formando a amadurecer continuamente, fazendo uso não só do que sabem, sobretudo devem fazer uso do que são (BRUZZONE, 2011).

2) *A dimensão espiritual* procura educar para a transcendência do candidato. Essa educação passa pelo sentido do silêncio e do recolhimento, pelo

descobrimento e cultivo da capacidade contemplativa, pelo aprendizado da oração e pela assimilação da espiritualidade como uma experiência de encontro interpessoal, de busca e de sentido. Somente nessa perspectiva são possíveis as verdadeiras experiências do mistério cristão e o discernimento da vontade de Deus.

O conteúdo essencial da formação espiritual no itinerário formativo é claramente expresso pelo decreto conciliar *Optatam Totius*: a formação espiritual seja ministrada de tal modo que os alunos aprendam a viver em íntima comunhão e familiaridade com o Pai por meio de seu Filho Jesus Cristo, no Espírito Santo. Destinados a configurar-se a Cristo sacerdote e pastor, habituem-se também a viver intimamente unidos a ele, como amigos, em toda a sua vida (cf. *OT* 8).

É o caso, pois, de encarnar a personalidade de Cristo pastor. O Papa João Paulo II insiste em chamar os cristãos à santidade. Esse chamado é ainda maior para aqueles convocados para o sacerdócio e a vida consagrada e abraçam livremente essa vocação. A formação espiritual deve estar ordenada à santidade de vida, possibilitando uma identificação existencial com Jesus Cristo pastor. Essa identificação fundamenta a caridade pastoral que unifica a vida do presbítero ou do consagrado.

3) *A dimensão intelectual*: a formação intelectual dos candidatos encontra a sua específica justificação na própria natureza do ministério a ser exercido e manifesta a sua urgência atual, defronte ao desafio da Hipermodernidade e nela os processos de evangelização. A situação atual exige um nível excelente de formação intelectual para responder à altura as demandas esperadas de um presbítero ou religioso. Ela procura ajudar o candidato a "aprender a aprender" e a pensar. Busca gerar nele uma atitude analítica e sintética na elaboração do conhecimento. Orienta o intelecto para realizar uma aproximação crítica da realidade e uma leitura inteligente da história. Esforça-se por purificar o espírito do candidato de toda tendência dogmática, da prisão do pensamento único e abri-lo ao pluralismo, à complexidade do conhecimento e às múltiplas maneiras de aprender e conhecer.

A finalidade pastoral da formação intelectual dos futuros presbíteros e religiosos exige que ela tenha por base o estudo da filosofia e da teologia, à luz da fé e sob a direção do magistério da Igreja, de modo que os estudantes possam penetrá-la profundamente, no conhecimento da humanidade (filosofia) e da sacralidade (teologia) e torná-la alimento da própria vida espiritual, anunciá-la, expô-la e defendê-la no ministério a exercer.

4) *A dimensão pastoral* procura ajudar o candidato a situar a sua ação pastoral em perspectiva histórica. Tenta criar no sujeito a consciência da dimensão ética da sua ação no mundo. Prepara a pessoa não para repetir tarefas e reproduzir práticas, todavia para saber discernir contextualmente a ação necessária, criar respostas adaptadas às necessidades e problemas da comunidade eclesial.

Introduz o candidato no espírito próprio da ação pastoral, pois a sua missão não se reduz ao simples cumprimento e execução de funções. A formação estritamente pastoral não deve se reduzir a uma série de tarefas ou de experiências pastorais, desconexas entre si e mal justapostas a outros aspectos da formação. O logoeducando, no decorrer de sua formação, deve ter a possibilidade de desenvolver organicamente sua experiência pastoral no serviço a uma comunidade eclesial.

A formação é experiência e tarefa inconclusa. A vida toda é uma permanente experiência formativa, quando a pessoa tem o espírito aberto, a capacidade de se admirar e a humildade para aprender.

Mais adiante, eu me reportarei às etapas do processo formativo, desembocando na fase de formação contínua, que deixa sempre o sujeito diante da responsabilidade de se aprofundar e de se atualizar.

A formação é um processo que abrange todas as fases da vida, com diversidade de modos e métodos. É particularmente importante a fase que precede a ordenação ou os votos de consagração, mas a formação deve prolongar-se pela vida e exercício do ministério eclesial.

A formação é, pois, uma experiência diacrônica no sentido de que ela se desenvolve no tempo e no espaço. A formação acontece na história da pessoa e acompanha essa história de vida e de serviço à Igreja. Ela passa por etapas, que devem estar devidamente articuladas, constituindo um processo cumulativo. O plano psicopedagógico de formação deve ser progressivo e integrado por metas concretas nos vários aspectos do processo formativo, prevendo-se conteúdos temáticos correspondentes, que visem à pessoa em sua totalidade, como ensina Frankl (2006).

Ter clareza sobre cada uma das etapas e saber articulá-las são pontos de fundamento na tarefa formativa. Nelas, tanto o formando como o formador se esforçam por estabelecer o amadurecimento humano e espiritual. Esse desenvolvimento é uma responsabilidade eclesial e não pode se reduzir à autonomia da pessoa em processo. A decisão e escolhas são realizadas pela Igreja, por meio dos responsáveis pela formação. Dentre os responsáveis, o primeiro é o bispo ou superior maior.

Quais são essas etapas na formação presbiteral orientadas pela *Ratio Fundamentalis Institutionis Sacerdotalis* e pelas *Diretrizes para a formação dos presbíteros da Igreja no Brasil*? Aqui, detenho-me, especificamente, nas etapas para a formação presbiteral oferecida pelas dioceses, conforme orientação desses documentos da Igreja. As etapas de formação para a vida religiosa-consagrada de aspirantado, postulantado, noviciado, juniorato, formação permanente e demais especificidades não é oportuno detalhar.

O caminho formativo dos presbíteros, desde os anos do seminário, é descrito na *Ratio Fundamentalis*, partindo de quatro características distintivas da formação: única, integral, comunitária e missionária.

A formação dos sacerdotes é a continuação de um só "caminho de discipulado", que se inicia com o Batismo, se aperfeiçoa com os demais sacramentos da iniciação cristã, para ser depois acolhido como centro da própria vida no momento de entrada no seminário, e continua por toda a vida. As etapas da formação são divididas em inicial, que se distingue daquela permanente quanto ao tempo, modo e finalidades específicas. Esse processo se constitui como única formação progressiva, a preparação para o discipulado do sacerdote, o qual, permanecendo sempre na escola do Mestre, não cessa de buscar a configuração a Ele (CONGREGAÇÃO PARA O CLERO, 2016).

Conforme a *Pastores Dabo Vobis*, a formação inicial e permanente deve ser entendida sob um prisma integral, levando em consideração as quatro dimensões propostas que, juntas, compõem e estruturam a identidade do seminarista e do presbítero, tornando-o capaz de realizar o "dom de si para a Igreja", que é o conteúdo da caridade pastoral.

Todo processo de formação tem uma característica eminentemente comunitária em todas as suas etapas. Tal vocação é revelada e acolhida no interior de uma comunidade eclesial e forma-se no seminário, no contexto de uma comunidade educadora que compreende vários componentes do Povo de Deus, para conduzir o seminarista, mediante a ordenação, a fazer parte da "família" do presbitério, ao serviço de uma comunidade de fiéis.

A respeito dos sacerdotes formadores, a *Ratio Fundamentalis* (2016) ressalta que, com vistas à eficácia do seu trabalho, eles devem considerar-se e agir como uma verdadeira comunidade formativa, que compartilha uma só responsabilidade, no respeito das competências e tarefas confiadas a cada um. A formação se caracteriza naturalmente como missionária, uma vez que tem como meta a participação na única missão confiada por Cristo à sua Igreja, isto é, a evangelização, em todas as suas modalidades.

A ideia da *Ratio Fundamentalis* é de que os seminários possam formar discípulos missionários "enamorados" do Mestre, pastores "com o cheiro das ovelhas" que vivam no meio delas para servi-las e conduzi-las à misericórdia de Deus. Por isso, é necessário que cada sacerdote se ache sempre um "discípulo a caminho", carente constantemente de uma formação integral, compreendida como contínua configuração a Cristo.

Dentro dessa única formação que deve ter um cunho integral e progressivo, dividida em formação inicial e formação permanente, a formação inicial está articulada em quatro etapas: propedêutica, dos estudos filosóficos ou "do discipulado", dos estudos teológicos ou "de configuração", e pastoral ou de síntese vocacional.

Para apresentar separei pedagogicamente esse processo por etapas.

• *Etapa vocacional* – A pastoral vocacional tem por objetivos despertar para a vocação humana, cristã e eclesial, cultivar os germes de vocação e acompanhar o processo de opção vocacional consciente, livre e também responsável. Nela é feito o aprofundamento das aptidões e qualidades para uma possível opção pelo ministério presbiteral. Acompanha o processo de crescimento humano e cristão do jovem e situa as bases para ele chegar com certa clareza à primeira decisão vocacional. Essa decisão o conduzirá ao ano propedêutico. Nessa etapa, os formadores levarão em conta os diversos graus de maturidade humana e espiritual dos candidatos.

• *Propedêutico* – Tempo de preparação humana, cristã, intelectual e espiritual para os candidatos ao seminário maior, em vista de um discernimento vocacional. Esse tempo procura oferecer aos jovens candidatos os instrumentos básicos para: adaptar-se ao novo estilo de vida comunitária; trabalhar o discernimento do apelo de Deus que já iniciou na etapa vocacional; conhecer-se como pessoa em processo e trabalhar o amadurecimento humano-afetivo; o amadurecimento humano, social e o aprofundamento cristão como condição primordial para o discernimento vocacional; desenvolver os hábitos para a disciplina nas diversas dimensões da formação; apropriar-se de uma metodologia e de um ritmo de estudos; fortalecer a experiência pessoal de encontro com Cristo e de participação eclesial.

• *Ciclo filosófico* – Ao finalizar o ano propedêutico, o seminarista inicia propriamente o processo de formação ao ministério presbiteral. Ele entra na primeira etapa da formação inicial ao ministério, conhecida como ciclo filosófico. Essa fase supõe que o formando tenha resolvido – ao menos de modo inicial – as dúvidas primárias do processo de discernimento vocacional. Na etapa filosófica, o candidato deve ter clareza do chamado e disposição a aprofundar, discernir e verificar se realmente o que sente corresponde com a vontade de Deus e o que ele mesmo pretende para a sua vida. O que caracteriza o trabalho do formador neste período? O aprofundamento na experiência viva de Jesus Cristo e da Igreja, que passa pela identificação com a Igreja particular a que pertence e na qual viverá o processo formativo e, posteriormente, o exercício do ministério, seja capaz de assimilar a proposta formativa. É nesse tempo de formação que o candidato adquire a bagagem cultural, humanística e filosófica que favorece o amadurecimento pessoal e prepara o espírito e o pensamento para o pluralismo, a tolerância, o diálogo e a convivência, capacitando-o para um melhor aproveitamento dos estudos teológicos. Nesse período da formação, é também esperado que sejam desenvolvidos nos candidatos atitudes, comportamentos e valores fundamentais para a estruturação da personalidade do futuro presbítero, como: responsabilidade, motivações espirituais e pastorais, autocrítica, estabilidade emocional, capacidade organizacional, convivência fraterna etc.

• *Ciclo teológico* – A segunda grande etapa da formação inicial ao ministério presbiteral é o ciclo da configuração com a pessoa, a palavra e o projeto de Jesus Cristo. A pessoa que chega a essa fase do processo formativo deve ter resolvido as questões propostas pelas etapas anteriores. O formando deve orientar a continuidade do discernimento pelas seguintes perguntas: Que tipo de presbítero quero ser? Para qual tipo de Igreja estou me formando? Aqui o foco do formador deve estar na estruturação de uma personalidade sacerdotal e na inserção na Igreja particular, a fim de que, configurado com Jesus Cristo pastor, possa agir em nome desse Cristo e da Igreja. O configurar-se e fortalecer a personalidade deve compreender o desenvolvimento de atitudes, capacidades e saberes necessários para que o candidato assuma a sua identidade como homem da Palavra, ministro dos sacramentos e guia da comunidade. É oportuno, nesse ínterim, que a equipe de formação favoreça a interação do candidato com o presbitério do qual ele fará parte; o conhecimento que o presbitério tem do candidato ajudará a uma melhor experiência de acolhida e a um pronunciamento mais claro sobre si mesmo, no momento de decidir sobre a sua ordenação.

• *Formação contínua* – Trata-se de uma experiência aberta, inacabada. Conforme exortação de Paulo a Timóteo, deve ser cultivada na vocação a formação permanente: "Quanto a ti, sê para os fiéis modelo na palavra, na conduta, na caridade, na fé, na pureza. [...] Não descuides do dom da graça que há em ti, que te foi conferido mediante profecia, junto com a imposição das mãos do presbitério" (1Tm 4,12.14).

A formação contínua procura manter vivo o processo de amadurecimento da pessoa, do cristão e do ministro, numa síntese vital. O caminho de amadurecimento requer que o presbítero continue aprofundando as diversas dimensões da sua vida ministerial, em especial, os aspectos experimentados como problemáticos, os vazios que vão ficando na experiência formativa e ministerial e os novos aspectos que vão aparecendo ligados ao tempo e às novas situações.

A formação contínua deve privilegiar conteúdos e métodos novos, que se articulem com o processo anterior e abram ao presbítero novas possibilidades de vivência e de ação. O presbítero deve ser estimulado a ter consciência do exercício do ministério pastoral e fazer dele uma oportunidade de permanente processo de transcendência, de busca de sentido para a vida, o que deve nortear a formação contínua.

A formação permanente precisa oferecer meios que possibilitem a constante estruturação da personalidade presbiteral. O presbítero vai passando por etapas que o marcam humana, pastoral, espiritual e psicologicamente. O problema de base aqui é a identidade presbiteral no mundo atual. De modo particular, requer a atenção especial do bispo de que seja aprofundada a dimensão humana da vida presbiteral, especialmente a vivência do afetivo e de integração no clero e na sociedade, para qualificar o serviço pastoral oferecido às comunidades.

A formação permanente deve ser entendida como fundamental do conjunto da formação sacerdotal. Por isso não se deve pensar em trabalhar um processo de formação presbiteral se não há assegurado, ao menos, um nível suficiente de formação e de maturidade humana dos presbíteros.

O processo formativo inicial e continuado deve orientar-se para favorecer o desenvolvimento e o amadurecimento nos presbíteros de uma série de qualidades humanas necessárias à constituição de personalidades equilibradas, fortes e livres, capazes de comportar o peso das responsabilidades pastorais, o que pressupõe: coerência, reto julgamento, equilíbrio no comportamento e nas relações interpessoais. Conforme Frankl (2011), o amor é a única maneira de captar outro ser humano no íntimo da sua personalidade. Para o autor, ninguém consegue ter consciência plena da essência última de outra pessoa sem amá-la. De tal sorte, maturidade afetiva supõe consciência do lugar central do amor na existência humana. É um amor que compromete a pessoa inteira, em suas dimensões e componentes físicos, psíquicos e espirituais. O desenvolvimento de um espírito clerical que conduza o sacerdote a pensar menos nos privilégios, distinções, possibilidades de *status* e cargos e mais no ser padre, o que poderia ensejar a ele viver mais em espírito de discipulado e serviço à Igreja de Jesus Cristo.

Indicações conclusivas

> *A antropologia deve colaborar na concretização desse traço transcendental do modo de ser do homem, e pode fazê-lo renunciando a tentar compreender inteiramente o homem a partir do próprio homem. Só então será capaz de anular o niilismo e constituir uma base sobre a qual se edificará o humanismo. Resumindo: a antropologia tem de permanecer aberta – aberta para o mundo e o transmundo. Tem de deixar aberta a porta à transcendência, por onde passa, contudo, a sombra do absoluto.*
> V. Frankl

Nas indicações conclusivas deste livro, evidencio aspectos observados como relevantes na antropologia analítico-existencial de Frankl. São indicadores que podem contribuir significativamente para o trabalho psicoeducacional e na relação entre formador e formandos.

O formador, em sua função, conforme ensina Viktor Frankl, é aquele que propõe a busca e a realização do sentido da vida, como a principal força motivadora da pessoa humana e caminho para a alegria e a felicidade. Em seu pensamento, está muito clara a sua preocupação com os jovens, particularmente, com o vazio existencial por eles vivido.

Minha visão expressa neste volume esteve voltada para a realidade hipermoderna, onde há um aumento alarmante de casos de vazio existencial, que desemboca na ansiedade, pânico e depressão reclamados pelos formandos e, em algumas situações, falta do sentido da vida em todos os âmbitos, uma ausência de esperança, urgência e antecipação do futuro, em quase todas as situações do processo formativo.

O percurso interpretativo hermenêutico-fenomenológico constitui-se de uma descrição sobre o processo formativo e a função do formador de jovens que se preparam para a vida presbiteral e religiosa na Hipermodernidade, à luz da antropologia de Frankl. Saliento a ideia de que a sua teoria pode ser forte aliada do formador.

Olhando a visão de ser humano na teoria de Viktor Frankl, torna-se questionador se essa teoria teria tanta repercussão e sua antropologia seria tão personalista se Viktor Frankl não tivesse sido um sobrevivente de campo de concentração. Mesmo, porém, antes da sua passagem pelos campos de concentração, desde a sua juventude, toda sua linha de pensamento apontava para essa perspectiva de respeito à pessoa, dos valores e do sentido da vida. Isso ficou bastante claro quando escolheu permanecer em Viena, para "honrar pai e mãe", ser deportado como prisioneiro, como uma escolha pessoal plena de sentido e orientada por valores que recebeu de sua família judia.

A coerência da vida de Frankl está expressa em sua obra, restando demonstrada no valor inestimável da teoria e todo o desenvolvimento da Logoterapia, que exprime grandes contribuições para a clínica psicoterápica, como também para os processos educacionais. Na formulação teórica de Frankl, mostra-se com muita clareza uma antropologia de base que orienta toda a Logoterapia e a logoeducação. É uma proposta que denota contribuições de sentido, para todos os âmbitos da vida humana.

Depois de ter feito a descrição das suas contribuições para a pedagogia formativa de jovens que se preparam para a vida consagrada, incluindo as qualidades e atitudes do educador que a teoria de Frankl comporta, tenho a clareza que, na raiz da eleição de seu pensamento para a realização deste livro, existe uma convicção profunda e amplamente demonstrada, na eficiência da teoria de Frankl, para os processos formativos de jovens que se preparam para a vida religiosa e presbiteral na Hipermodernidade.

No meu entender, sua antropologia considera a pessoa e creio que qualquer processo formativo com jovens depende, em especial, da qualidade das relações humanas interpessoais. Junto a isso, vêm as qualidades e o modo de proceder do educador como partes essenciais da formação, a tal ponto que a personalidade e o estilo do formador incidem na qualidade da relação muito mais do que as técnicas utilizadas.

À luz das considerações acima expostas, é necessário indicar que o logoeducador precisa ser formado nessa perspectiva para poder formar. Por isso é que, antes de assumir uma atitude, um jeito de formar baseado em valores e no sentido da vida, é sugestivo que ele conheça minimamente esse enfoque pedagógico-formativo que se orienta por um espírito que, sem dúvida, definiria fenomenologicamente todo o processo logoeducacional.

Insisto nisso porque percebo e vivo durante vários anos, na formação, o lamentável processo formativo aprisionado a estruturas centradas na aprendizagem, no educador, no resultado de aprovação e pouco voltado para a pessoa e seu processo histórico-existencial. Além do mais, a educação hipermoderna, preocupada, sobretudo, em minimizar a tensão, inculca nada menos do que uma intolerância à frustração, uma espécie de imunodeficiência psíquica. Resulta, evidentemente, o fato de que a educação, segundo Frankl, precisa fazer uma revolução na pessoa e sua existencialidade, tendo, precisamente, como objetivo salvaguardar essa assimetria, propondo deveres e modelos capazes de catalisar a vontade de sentido e de estimular a autotranscendência do formando em todo o processo formativo.

A ideia que acompanha a logoeducação, sugerida em toda a escrita deste livro, está orientada por aquilo que Frankl menciona nas entrelinhas de seus escritos: se o educador tomar a pessoa do formando pelo que ela é, corre o risco de transformar esse formando em algo pior do que o candidato já deixa ser visibilizado. Se, entretanto, o educador considerar, olhar e tratar o educando pelo que ele deveria ser como sujeito de possibilidade e, em um eterno devir, possibilitará a ele condições de chegar a ser efetiva e afetivamente o que pode ser uma pessoa desveladora de sentido para a vida.

Nesse entendimento, o logoeducador é aquele que precede, baliza o ritmo do processo educativo, mostra o caminho que deve ser seguido e, por conseguinte, alcançado pelo educando, com objetivos claros, foco e metas a serem atingidas no processo; não impondo nada, mas estimulando e propondo, indicando e balizando o processo formativo, orientado por uma educação com sentido e para o sentido.

Na minha interpretação, Frankl estava convencido de que estimular a vontade de sentido quer dizer deixar que o sentido brilhe por si mesmo. Entendo, portanto, que essa é, verdadeiramente, a função do logoeducador. Agora, é preciso salientar que formar não consiste em exercer uma atuação com pretensões autoritárias, porém atitudes que mostrem uma direção, um referencial orientador do processo formativo.

Em sua função, o logoeducador, com base no proceder da pedagogia logoeducacional, com qualidades pessoais trabalhadas à luz da Análise Existencial e da antropologia de Frankl, deve proceder com atitudes orientadas pela psicologia do sentido da vida; pôr o sujeito em formação em contato genuíno com o mundo, com os significados culturais, com a experiência cada vez mais profunda e articulada da realidade hipermoderna de apressamento dos ritmos sociais, aceleração do tempo, liquidez das relações humanas, inexistência dos referenciais institucionais e da mega influência exercida sobre as pessoas, pelos meios de comunicação virtuais e pelas redes sociais. Uma vez posto em contato com essas realidades, precisa ajudá-los a discernir o que tem e o que não faz sentido para a vida e o projeto vocacional deles.

Já mencionei no texto, entretanto, e chamo atenção mais uma vez, aqui na conclusão, ao fato que, de acordo com a Logoterapia, o sentido da vida pode ser descoberto de três maneiras (FRANKL, 1991): desvelar sentido, criando um trabalho ou praticando um ato; experimentando algo ou encontrando alguém; pela atitude que se toma em relação ao sofrimento inevitável. Isso eu interpreto como fundamental em um processo educacional – ajudar a pessoa do educando a perceber, sentir e praticar esse modo de desvelar razões para a sua existência.

A segunda maneira de encontrar um sentido na vida é experimentando algo – como a bondade, a verdade, a beleza – na natureza e na cultura ou, ainda, se regozijar graças às relações interpessoais, experienciando o amor ao ser humano em sua originalidade única. O amor é a única maneira de captar, conhecer e respeitar outro ser humano no mais profundo da sua personalidade, na sua singularidade e capacidades de autotranscendências (FRANKL, 1991).

O logoeducador não conseguirá ter consciência plena da essência última do formando sem amá-lo. Somente amando a pessoa em processo de formação é possível ver os traços característicos e os aspectos essenciais do formando. Também, é pela experiência amorosa que se torna possível divisar o que está potencialmente contido na pessoa do educando, aquilo que não está, mas deveria ser realizado e estimulado para vir a ser.

A função do logoeducador, nesse contexto, é estimular as potencialidades, orientar os formandos sobre o que eles têm de potencial e desvelar o que podem ser e o que deveriam vir a ser, a realizar. Esse ensinamento amoroso é muito claro no testemunho de Frankl, quando faz referência a sua primeira esposa, com quem estabelecia diálogos espirituais profundos, e com a segunda esposa, com quem viveu por mais de 50 anos, desvelando e constituindo uma relação interpessoal, profícua de potencialidades e desveladora de sentido para suas subjetividades.

A terceira modalidade de desvelar sentido se apresenta na identificação dos desafios existenciais que educador e educandos vão enfrentar no tempo: necessidade de demonstrar a eficácia no processo educativo; atender as exigências propostas pela instituição eclesial no quesito discernimento vocacional; contextualizar a intervenção logoeducativa em termos sociais e culturais; assegurar qualidade no ofício de logoeducador prestado aos logoeducandos.

Atender, portanto, às exigências educacionais que a Igreja solicita é um imperativo para formadores de jovens que se preparam para a vida religiosa e presbiteral, sobretudo na área da formação humana, comunitária e espiritual, que tenham em consideração as dimensões existenciais da liberdade, responsabilidade, transcendência e sentido, e não só o religioso confessional.

Essas exigências se exprimem, quer no plano do desenvolvimento de competências, quer na observância da ética religiosa e vocacional. Nessa perspectiva, importa cada vez mais situar a existência subjetiva no contexto familiar e social e integrá-la às novas realidades decorrentes das mudanças sociais aceleradas que conduziram à fragmentação da vida social, à inovação tecnológica, ao predomínio de uma cultura do efêmero e da superficialidade e à generalização das relações de exterioridade com desvalorização do envolvimento emocional nas relações interpessoais e ao desaparecimento da família como fonte tradicional de suporte.

Como parte da ótica de Frankl, a subjetividade é uma síntese de experiências vividas, de uma multiplicidade de relações que ligam a pessoa própria às outras, memórias, projetos e significações; está-se-no-mundo por meio de um movimento duplo de interiorização do exterior e da exteriorização do interior. A subjetividade do educando responde ao contexto social, e simultaneamente se molda por esse mesmo contexto sociocultural (FERREIRA, 2005).

Como elo entre o individual e o social, a própria subjetividade está em mudança, por vezes fragmentada, incerta ou mesmo desnorteada. Assim, a compreensão do existente, como entendimento da subjetividade que está-no-mundo, tem de ser contextualizada na sua circunstância social, histórica e cultural, enfatizando o desenvolvimento pessoal do formando e contribuindo para a sua libertação, comprometendo-se na luta contra todas as modalidades de opressão e alienação. Para tal, é necessário adotar uma ética da liberdade em cada situação, tomar consciência das circunstâncias opressoras e ser sensível àquilo que afeta a existência pessoal, identificando quais as estratégias adequadas para cada formando nos planos individual e social.

Essa dimensão do sentido da vida transpõe o próprio ser humano; ela ultrapassa sua realidade psicofísica. Essa transposição é que capacitará o logoeducador a estimular os formandos a superar os condicionamentos da vida hipermoderna. Como indica Frankl (1961, p. 11), "[...] ser homem necessariamente implica uma ultrapassagem. Transcender a si próprio é a essência mesma do existir humano". Nesse modo de compreender o processo formativo, compreendo o ser humano, seja educador, seja educando, seja qual for a função social ou religiosa que exerça, como um ser sempre à procura do sentido, uma vez que, na lição de Frankl, o sentido move a vida e direciona a pessoa ao encontro da liberdade, da responsabilidade e da transcendência.

Depois desse olhar sobre a função do educador à luz da antropologia de Frankl (2011), minha inferência é de que alguns aspectos são discordantes a uma pedagogia da educação com sentido sugerida por Frankl, causando danos ao processo formativo: *posturas reducionistas e generalistas*. Por conseguinte, a concepção latente a essa atitude conduz à negação do sentido da vida, tornando-a um mero joguete de forças ambientais ou de processos físico-químicos, ou seja, uma visão niilista da vida humana. Junto a essa visão pouco benéfica que termino de mencionar, para o educando na Hipermodernidade, vem também a posição dos tantos especialistas e das tantas especialidades que fragmentam o ser humano. "Alguém que não mais vê a floresta da verdade, optando por enxergar apenas as árvores dos fatos" (FRANKL, 2011, p. 30).

Na seara do conhecimento, não há problemas em se especializar, contudo, a dificuldade está no próprio educador que, partindo do conhecimento específico de sua área, toma posturas generalizantes. Por isso, é sugestivo compreender que o todo sempre é mais complexo do que as suas partes. Daí a necessidade da visão multidisciplinar sobre a pessoa do formando, entretanto, sem fragmentar a sua subjetividade.

Entre os reducionistas e os generalizadores, aconselho posições intermediárias para o logoeducador (FRANKL & LAPIDE, 2013). Essa é a maneira sábia de se posicionar perante o conhecimento, de compreender os processos logoeducativos com um viés voltado para o logoeducando. Com isso, as consequências de uma educação niilista, na Hipermodernidade, poderiam ser amenizadas.

Nesse contexto, o logoeducador de jovens que se preparam para serem presbíteros ou religiosos tem como imperativo assegurar a qualidade do serviço prestado em sua função de logoeducador. Essas qualidades precisam operar nas relações interpessoais com todas as pessoas envolvidas no processo formativo, sejam outros educadores, educandos, familiares e demais pessoas que compõem a comunidade formativa.

Para que o processo seja vivido conforme a perspectiva antropológica frankliana, é imprescindível desenvolver dispositivos pessoais de melhoria contínua das atitudes pedagógicas do logoeducador. Outro aspecto indispensável é a necessária formação humana e espiritual do logoeducador, na qualidade de ser humano. Isso porque, como orientador do processo formativo, essas características estão, nomeadamente, relacionadas com a liberdade, a autonomia, a responsabilidade e a capacidade de transcender do próprio formador.

É sugestivo, portanto, o fato de que o processo de logoformação de jovens para a vida religiosa e presbiteral, partindo da experiência e observação como formador, há vários anos, que o sistema de supervisão das práticas educacionais, como a avaliação de conformidade com os padrões que são recomendados pela Igreja do Brasil, os educadores contemplem, em sua ação educativa, os princípios da teoria antropológica de Viktor Frankl. Recomendo a necessidade de o logoeducador fazer um aprofundamento sobre a visão fenomenológica da antropologia de Frankl e procurar conhecer a Análise Existencial e a Logoterapia para o desenvolvimento de indicadores de processos e de resultados, em função da eficácia da metodologia e pedagogia formativas na Hipermodernidade.

Posfácio

Na ótica da fé toda vocação é um chamado de Deus, chamado para os mais diversos direcionamentos da vida. Assim, a vida presbiteral e religiosa é um chamado que se percebe como um diamante bruto recém-extraído de uma mina, necessitado de lapidação para apresentar sua forma e seu brilho. Esse processo se dá sem alterar as qualidades específicas e fundamentais da pedra preciosa, apenas retirando as possíveis imperfeições e fazendo aparecer facetas que o estado de natureza mantinha escondidas. Na vida, acolhemos o chamado com aquilo que somos, com as qualidades e os limites que se encontram escondidos pela nossa história pessoal de vida.

A formação para a vida presbiteral e religiosa comporta diversas facetas, mas quatro dimensões são fundamentais: a humano-afetiva, a intelectual, a espiritual e a pastoral missionária. Todas têm de ser submetidas a um processo de aprendizagem, de maturação e de ascese que pode ser entendido como exercício e aprendizado metódico.

A antropologia de Viktor Frankl pode ajudar muitíssimo no processo formativo, já que cada conceito pode ser aplicado a um aprendizado de dimensões constitutivas da vida e do exercício ministerial.

O elemento que a obra toma em consideração é o da contextualização do processo formativo em tempos de Hipermodernidade, que não se limita à forma de pensar, mas abrange a totalidade da vida humana. Há alguns anos, houve uma discussão em torno da Modernidade; para alguns, ela estava esgotada e deveríamos aguardar o rápido surgimento de uma nova era. Para outros, assistíamos um retorno a comportamentos sacrais de tipo medieval – ora, nenhum período da história foi ultrapassado com algum tipo de retrocesso. Outros ainda diziam que a Modernidade não estaria esgotada, que agora se assistia a seu momento mais exuberante, a Pós-modernidade ou Hipermodernidade, como apontava Julio de Santana, no curso sobre *Raízes da Secularização* (FACULDADE ASSUNÇÃO. São Paulo, 1989).

A Hipermodernidade transformou totalmente a maneira de viver das pessoas e, por conseguinte, também de quem se consagrou ao Reino. Aponto algumas transformações radicais: mudanças rápidas e de abrangência global, perda da unicidade de sentido, toda realidade se mostra fragmentada. Será sempre um grande desafio formar em uma realidade tão complexa.

A presente obra, de autoria do Prof.-Dr. Pe. Francisco Antônio Francileudo, representa uma contribuição inestimável no processo formativo, pelo seu conhecimento da antropologia analítico-existencial de Viktor Frankl, sua experiência como professor e pela vivência do processo formativo como formador. Diz o autor já na apresentação: "As reflexões hermenêutico-fenomenológicas que realizo neste livro pretendem ser uma modesta cooperação para os formadores e formandos em suas interações no processo formativo, sem pretensão de serem indicações fechadas ou tomadas como definitivas ou irretocáveis. O intuito é entrar em diálogo com o leitor e compartilhar das experiências realizadas". Por isso aponta em cinco pontos a tarefa que foi desenvolvida: "(1) Contextualizo o momento hipermoderno com base nas reflexões de Frankl. (2) Descrevo algumas categorias pedagógicas, à luz da antropologia de Frankl. (3) O ensaio, portanto, articula uma leitura interpretativa das obras de Frankl, centrando-se na liberdade de escolha, na responsabilidade e na capacidade de autotranscendência. (4) Atento, de modo específico, para as contribuições de Frankl, por meio dos pilares da Logoterapia e Análise Existencial: liberdade de vontade, vontade de sentido e sentido da vida, aplicados ao processo de formação presbiteral e religiosa de jovens que se preparam para a vida consagrada. (5) O estudo indica sugestões psicoeducacionais para o desenvolvimento dos processos formativos com base na logoeducação e estabelecem indicações para o logoeducador, apontando características da antropologia de Frankl, que permitem aos formadores, dedicados à arte de estimular procedimentos de autotranscendência, conduzirem seus formandos a experienciarem valores condizentes com a ontologia do ser humano, orientados por sentido, para o momento hipermoderno".

A obra, como vimos, foi dividida em 22 capítulos divididos em cinco partes: (I) "A posição da Igreja sobre o uso da psicologia na formação"; (II) "Os processos subjetivos hipermodernos"; (III) "Contribuições do pensamento antropológico de Frankl"; (IV) "O processo formativo ante os aportes da Análise Existencial frankliana"; (V) "Dimensões da existência humana na perspectiva analítico-existencial de Frankl", e ainda as "Indicações conclusivas".

A parte I, "A posição da Igreja sobre o uso da psicologia na formação", se compõe de quatro capítulos: "Utilização da psicologia na formação ao sacerdócio e à vida consagrada"; "As estruturas de personalidade e a relação formador-formando"; "O espaço-tempo na percepção de formandos e formadores"; "Para que o processo formativo?" Nesses capítulos o autor, baseando-se nos documentos oficiais sobre a formação, fez a fundamentação da visão da Igreja sobre a oportunidade do uso da psicologia no processo formativo. É oportuno destacar que "formar no contexto do ensinamento da Igreja é um processo interno em que a pessoa do formando, sentindo que recebeu um dom especial de Deus para uma vocação específica na Igreja, e tendo tomado consciência dessa vocação, entra em um processo de discernimento em um seminário ou casa de formação" (cap. 1) para realizar esse processo inicial. Ele acontece por meio da sua apropriação, com a ajuda da Igreja e a mediação de vários agentes psicossociais. "No âmbito psicológico, tal contribuição é preciosa, seja para os formadores, seja para os formandos, principalmente em dois momentos: na avaliação da personalidade, exprimindo um parecer sobre a saúde psíquica do candidato, e no acompanhamento terapêutico, para trazer à luz eventuais problemáticas e ajudar no crescimento da maturidade humana" (cap. 1)

Destaca-se, no capítulo 2, que "o formador precisa estar cônscio das conformações da cultura na qual nasceram e pela qual passaram e vivem os candidatos. Outro detalhe que deve ser visto para melhor compreensão dos processos subjetivos é a classe social na qual uma pessoa nasceu e se configurou, mas não determina, as oportunidades que essa pessoa terá para se desenvolver em busca da atualização de seu potencial de desvelar sentido para a vida".

O capítulo 3, "O espaço-tempo na percepção de formandos e formadores", refletiu sobre a influência da Hipermodernidade: "A territorialidade e a temporalidade são percebidas de maneira subjetiva na Hipermodernidade, de modo que são perpassadas, então, pela fluidez, fragilidade, transitoriedade e flexibilidade dos vínculos, entre formandos e formadores. O ser humano hipermoderno, em face das adversidades e ameaças de desintegração do eu e vazio interior, vive em uma "cultura do sobrevivencialismo. O desaparecimento das redes pessoais de amparo, representadas pela família, vizinhança e agrupamentos religiosos, é uma das razões para a regressão narcísica na presente época, embora seja alternativa até certo ponto inevitável. [...] Os influxos das relações líquidas na constituição das subjetividades no contexto hipermoderno são marcados pelo consumo dos objetos, das marcas, da elegância, da juventude eterna, do poder, gerando a renovação dos hábitos, afetando a virilidade, a feminilidade, a idade, a segurança, a naturalidade".

Diante do quadro exposto tomou uma indicação de Freud, para quem "nossa felicidade, e mesmo a saúde, dependem diretamente da capacidade de amar. Em uma cultura que desencoraja e mesmo impede esse tipo de vínculo, de sentimento, haverá jovens cada vez mais frágeis e solitários. Se o amor ao outro depende do amor a si mesmo e vice-versa, a pessoa que é incapaz de amar outrem, também, se torna impossibilitada de devotar amor a si mesma".

O autor inicia o capítulo 4, "Para que o processo formativo?", afirmando acreditar que exista "uma relação inevitável entre a compreensão de ser humano, o entendimento de educação e a proposta pedagógica que o formador implementar, em sua função de formação de jovens para a vida presbiteral e religiosa". Assim, "todo o processo teórico e prático na formação deve considerar os seguintes questionamentos na Hipermodernidade: para quem? Para quê? Como fazê-lo? Esses questionamentos devem estar nas atitudes de um formador ou uma formadora ao ingressar nessa função... para quem sou formador? Necessariamente, fica expresso o problema antropológico da educação. O formador precisa conhecer, ter um efetivo e afetivo contato e convivência com seus formandos, porque se educa alguém concreto, com características concretas e com uma realidade cultural muito própria... Eis o segundo aspecto a ser respondido: para que realizar um processo de formação? Convoca de imediato a perspectiva dos valores, a dimensão noética ou espiritual, a estimulação a um processo de permanente transcendência da existência".

"O terceiro aspecto configura a perquirição: como realizar esse processo de formação em tempos hipermodernos? Esse aspecto da estrutura formativa conduz a se pensar as estratégias que precisam ser desenvolvidas na metodologia e pedagogia formativa". Desse modo, desenvolvem-se, nesse capítulo, os modelos em vigência na Hipermodernidade.

Na Parte II, "Os processos subjetivos hipermodernos", continuou-se a análise fenomenológica com reflexões sobre as subjetividades na Hipermodernidade, sobre as influências das relações líquidas na constituição da subjetividade dos educandos e sobre o torpor espiritual e o processo de formação hipermoderno e percepções do significado tempo para si.

No tópico intitulado "A frustração com a existência ou falta de sentido para a vida" (cap. 7) destaco que "o formador, como ser que existe no mundo e lida diretamente com outros seres que estão completamente impregnados das realidades do mundo hipermoderno, deve compreender as situações que vivencia. Esse entendimento pressupõe a capacidade de dar liberdade ao formando para que em sua autonomia atribua sentido às suas experiências e, daí, gradativamente, possa constituir e conhecer o mundo e a si mesmo com a devida consciência de si e a responsabilidade pelo projeto de vida almejado e que se prepara para abraçá-lo. A vivência do processo formativo sempre ocorre acompanhada de humor, com sentimentos agradáveis de sintonia e bem-estar, ou sentimentos desagradáveis de preocupações e contrariedades, com níveis variáveis de intensidade".

São percepções do significado do tempo para si: "As pessoas estão cada vez mais atarefadas, e isso não é diferente no processo formativo. Os sujeitos se encontram cada vez mais ocupados em "curtir", comentar e compartilhar informações nas redes. Tal situação faz com que não se pare para pensar e contemplar uma ideia, uma paisagem, uma pessoa etc., coisas simples assim, mas que não são consumíveis no sentido empregado pela cultura da sociedade hodierna, razão pela qual aparecem sem significado. O ócio humanista a que se refere Cuenca ou o tempo para si, vivido e experienciado com significado, é apontado como auxílio para reverter essa situação e proporcionar boa qualidade de vida, agregada à saúde física e mental... Ensinar como se pode estar bem sozinho, desfrutar da solidão, significa também levar os formandos a habituarem-se às atividades domésticas e com a produção autônoma, fazer o próprio alimento, que o momento atual induz a compra pronto; ensinar o gosto e a alegria das coisas belas, e inculcar no estilo de vida a alegria de estar juntos, desfrutando da presença de pessoas e não da conexão com máquinas que oferecem a virtualidade" (cap. 8).

Na parte III, o autor, partindo da biografia de Frankl, que foi o terreno fértil para a produção de seu pensamento antropológico, destaca várias contribuições para o processo formativo. Realço a concepção de vazio existencial em Frankl nas palavras de Padre Francileudo: "Para entender o vazio existencial, há que se verificar seu conteúdo antropológico. E os componentes antropológicos são: a perda do sentido da vida, a pessoa inconscientemente deixa de lado o projeto de vida; os acontecimentos do cotidiano desfalecem e não o envolvem e a vida desmorona, pois o sentido está no objeto, não na finalidade da vida, no jeito como as vivências serão experimentadas. Esse vazio de sentido é ocasionado, sobretudo, pelo não estabelecimento de metas e objetivos por parte do sujeito. Surge, daí, um estado de angústia, uma vez que a pessoa é submetida a uma tensão constante entre o que deveria ser e o que ela é de fato. Frankl apresenta o sentido como algo que pode ser encontrado e, nessa busca, é a consciência que orienta a pessoa. Formandos e formadores hodiernos, marcados pela falta de referências, tendem à falta de sentido que caracteriza seu tempo e buscam esconder-se sob diversas 'máscaras' e 'disfarces'. É o resultado da procura por parte do sujeito de superação do vazio existencial, pois esses suportes utilizados como mecanismos de defesa conferem o sentimento de satisfação de uma carência que se dá por meio de um contentamento compensatório imediato" (cap. 12).

O capítulo 13, "Formar para a vontade de sentido", procura responder às questões: "Como romper esse ciclo? Como reabilitar o humano em cada pessoa e na sociedade? Como desmontar essas estruturas alienantes que já duram séculos?" O autor indica possibilidades de saída:

a) uma pedagogia educacional com práticas transformadoras;

b) mudanças estruturais na dinâmica do processo formativo que envolva valores éticos e não resultados hiperconsumistas;

c) reabilitação de valores espirituais, que sejam, inclusive, fonte de crítica a excessos religiosos tradicionais, fundamentalismo e conservadorismo vazios de sentido.

Além disso, ele recorda, citando Frankl, que "tudo o que podemos fazer é estudar a vida das pessoas que parecem haver encontrado suas respostas às questões em torno das quais gira em última análise a vida humana e compará-la com a vida daquelas que não as encontraram".

Da parte IV, "O processo formativo ante os aportes da Análise Existencial frankliana", é oportuno destacar que "o educador de jovens para a vida religiosa e presbiteral não deve evitar confrontar os jovens com ideais e valores. [...] Na era do vazio existencial, parece que a função do educador, mais do que transmitir tradições e conhecimentos, deveria ser a de refinar a capacidade humana de encontrar sentidos singulares que moldem a vida... A educação na Hipermodernidade não pode se reduzir à reprodução de percursos tradicionais. Pelo contrário, deve, sim, encorajar e desenvolver a capacidade subjetiva da tomada de decisões autênticas e independentes" (cap. 15). O autor recorda Frankl, ao afirmar que "o ser humano deve reportar-se à sua consciência, confiando a ela seu papel de guia. Uma consciência vívida e ativa constitui, também, a única coisa que capacita o homem a resistir às consequências do vácuo existencial, a saber: o conformismo e o totalitarismo" (FRANKL, 2011, p. 84, apud cap. 15).

No capítulo 16, "Uma pedagogia inspirada na Análise Existencial de Viktor Frankl", o autor afirma a importância de se "notar que o método da Logoterapia como possibilitador de sentido, nos processos formativos de jovens que se preparam para a vida religiosa e presbiteral, tem por finalidade ajudar as pessoas a redescobrir o significado e propósito das suas vidas".

Na esteira da Logoterapia e da Análise Existencial é possível perceber "que uma adequada pedagogia educacional deve considerar as seguintes perguntas: quais qualidades precisam estar presentes em um educador de jovens para a vida consagrada e presbiteral na Hipermodernidade? Quais atitudes os educadores precisam tomar no processo formativo para estimular os jovens no desvelar de sentido para a vida? Quais valores pedagógicos são necessários para formar para a liberdade e responsabilidade?" (cap. 16).

Em seguida, o autor propôs 15 itinerários, práticas formativas, que deverão compor o processo, a saber:

> a) A pedagogia do amor e da ternura... O amor é a única maneira de captar outro ser no íntimo da sua personalidade. Ninguém consegue ter consciência da essência última de outro ser humano sem amá-lo.
> b) A pedagogia da solicitação: uma intervenção mais diretiva, consistente em recordar-se de que cada situação da vida tem um sentido e que o formando tem sempre a possibilidade de mudar a sua atitude em relação ao estado em que se encontra.
> c) A pedagogia do colóquio maiêutico, que consiste em depositar questões de tal maneira ao formando que este se torne cada vez mais consciente das suas escolhas, decisões, de seu projeto de vida e das responsabilidades que tem consigo e com as pessoas que estão envolvidas nas deliberações por ele assumidas.
> d) A pedagogia do florescimento de valores.
> e) A pedagogia da evocação de dons e carismas, que descansa no encorajamento do jovem em processo de formação a deixar de lutar contra as suas dificuldades e a descobrir dons, talentos, carismas, desejos ou intenções fortes, mesmo que sejam muito embaraçosos ou aterrorizadores para ele.
> f) A pedagogia da "derreflexão", que parte da experiência de que, em certos momentos do processo de formação, os formandos estão demasiadamente centrados em si mesmos, aprisionados por um estado de hiper-reflexão, hiperquestionamentos e hiperintenções, a ponto de os sujeitos prestarem atenção só em si próprios, em seu desempenho e experiência, apresentando assim dificuldades para a vida comunitária, para as relações hu-

manas e espirituais. A pedagogia da derreflexão pode ajudar a sair de si e a se focar naquilo que é seu objetivo, sua missão. E, ainda, pode ajudá-los a sair do fechamento e do círculo vicioso de si mesmos.

g) A pedagogia da afinação da consciência –... "Há algo revolucionário nessas palavras, sobretudo na alternativa radical entre uma educação que aponta para transmitir conhecimento e uma educação que aponta para afinar a consciência".

h) A pedagogia dos valores morais e éticos, [segundo a qual] as ações humanas devem ser vistas dentro de um ciclo em que atos honestos podem ser feitos, sendo seguidos pelo carinho, pelo respeito e jamais pelo deboche.

i) A pedagogia da liberdade, [que valoriza os conceitos de] liberdade e responsabilidade, essenciais na teoria antropológica de Frankl.

j) A pedagogia da responsabilidade... a ênfase na responsabilidade se reflete no imperativo categórico da Logoterapia, que diz: viva como se já estivesse vivendo pela segunda vez, e como se na primeira vez você tivesse agido tão errado como estar prestes a agir.

k) A pedagogia do diálogo.

l) A pedagogia do autodistanciamento – pedagogia orientada pela prática educativa que conduz a pessoa a transformar o sofrimento em uma modalidade de ajuda futura para outras pessoas.

m) A pedagogia da autotranscendência – a pedagogia da autotranscendência significa: dinamismo primário, formativo por excelência, constituindo o foco de toda a interpretação pedagógica da Análise Existencial frankliana.

n) A pedagogia da resiliência, [...] sobre a capacidade do ser humano de enfrentar, sobrepor-se e ser fortalecido por experiências de adversidade, relacionando-as à dimensão noética do ser humano, visto como unidade múltipla, do que decorrem a força de resistência do espírito e a responsabilidade.

o) A pedagogia do sentido que tematiza a busca do ser humano por um sentido: motivação primária e não uma "racionalização secundária" de impulsos instintivos, como declarado na teoria de Frankl.

No capítulo 17, "Qualidades do formador à luz da antropologia de Viktor Frankl", e no capítulo 18, "Atitudes logoeducativas inspiradas pela antropologia frankliana", o autor apresentou um roteiro, apontando atitudes positivas e concretas, que o formador deverá percorrer para desempenhar a contento a sua missão. Não basta receber a incumbência de formar, é necessário autoformar-se, é premente a tarefa de aprimorar virtudes e qualidades humanas para o exercício do importantíssimo encargo que lhe é confiado. Ao trabalhar o amadurecimento e crescimento dos formandos deve, simultaneamente, trabalhar o seu próprio desenvolvimento. Ao educar, ele cresce juntamente com os educandos.

A quinta e última parte, "Dimensões da existência humana na perspectiva analítico-existencial de Frankl", composta dos seguintes capítulos: (19) "Dimensão religiosa-espiritual", (20) "Resiliência: a dimensão noética da pessoa humana", (21) "Sexualidade amadurecida: a pessoa ama e se deixa amar" e (22) "As dimensões formativas orientadas pela logoeducação". Quero conceder um destaque peculiar ao capítulo 21 que se compõe de uma abordagem lúcida da sexualidade humana baseada na antropologia fenomenológica de Frankl e na visão da teologia moral do Concílio Vaticano II com excelente aporte das produções teológicas posteriores. Nesse capítulo se lê que "A complexidade que é a sexualidade, envolta nos seus mistérios, se não for meio de expressão do amor, transformam-se em uma modalidade de satisfação hedonista, desumaniza-se, pois o essencial da sexualidade humana, na ótica de Frankl, é um fenômeno humano resultado de um processo psicoafetivo e propriamente espiritual, de desenvolvimento e maturação progressiva, sem perder de vista a unicidade do ser humano. Em se tratando de sexualidade, convém ressaltar, em termos pessoais, mesmo que ao biológico se acrescente o plano psicoafetivo que, por sua vez, deve vislumbrar o noético ou espiritual e ... É o amor, e somente o amor, que humaniza e dá sentido à sexualidade; e é o amor que converte a alteridade em intersubjetividade comunitária. Sem o amor, a sexualidade não passa de uma energia selvagem e, portanto, perigosa na mão do ser humano. Ora, o amor é antes de tudo "entrega": entrega a um "tu", que é capaz de gerar um "nós", seja no matrimônio ou na entrega ao serviço na Igreja como sacerdote ou consagrado à vida religiosa... A integração da sexualidade não se dá no voltar-se sobre si mesmo, mas exatamente no diálogo profundo com o outro. Quando bem integrada, a sexualidade conduz a não só se evitar a exploração do outro, mas também a contribuir positivamente para o processo de seu crescimento, e, consequentemente, também para o nosso crescimento" (cap. 21).

O último capítulo trouxe contribuições bem precisas para o processo formativo à luz da logoeducação que "não consiste em transmitir simplesmente os ensinamentos e conhecimentos da tradição, mas é a de aperfeiçoar a capacidade do formando para descobrir sentidos singulares na sua vida". Ela deve promover a capacidade de tomar decisões de maneira independente e autêntica" (cap. 22). Para isso, o autor apresentou um itinerário de 7 pontos dos quais destaco alguns, nomeadamente o segundo, o quarto e o sexto:

Ponto 2: A vocação é experimentada pelo candidato como um apelo ao qual deve responder e como um conjunto de capacidades prontas a serem desenvolvidas.

Ponto 4: A formação não acontece de maneira individual. Ela é uma experiência de Igreja. A convivência, a interação e as atividades grupais não são somente estratégias pedagógicas. Elas são o modo normal e natural em que toda vocação deve se realizar.

Ponto 6: O formar é claramente presbiteral ou religioso na perspectiva ministerial da Igreja Católica. Por isso, o que importa, mais do que as técnicas psicopedagógicas, é o encontro existencial, pessoal e dialógico formador-formando.

Francileudo mostrou que essa formação deve aperfeiçoar as quatro dimensões que acompanharão o futuro presbítero, tanto no processo formativo quanto no exercício do seu ministério, pois na vida presbiteral a formação não se restringe ao processo formativo, dura a vida toda. Não há término de processo, a formação se prolonga por toda a vida, pois "abrange todas as fases da vida, com diversidade de modos e métodos. É particularmente importante a fase que precede a ordenação ou os votos de consagração, mas a formação deve prolongar-se pela vida e exercício do ministério eclesial" (cap. 22). Essa ideia segue o que indica a *Ratio Fundamentalis*, segundo a qual há as seguintes etapas: etapa vocacional, propedêutica, ciclo filosófico, ciclo teológico e, após o término do processo formativo, a formação contínua.

Está em nossas mãos um *vade mecum*, um livro para ser utilizado constantemente como referência para a formação, uma obra que brotou da ampla experiência do autor, Prof.-Dr. Pe. Francisco Antônio Francileudo, como professor, formador e profundo conhecedor da obra de Viktor Frankl. Não se trata apenas de uma obra acadêmica; esta é, sobretudo, um valioso instrumento para a difícil tarefa de formar para a vida presbiteral e religiosa. Considero-a uma grande colaboração, como proposta de um caminho, de um itinerário concreto. Embora já existissem as orientações do magistério que formam a base do processo, os passos concretos são dados de acordo com a capacidade de cada equipe formativa. Desse modo, o processo formativo, marcado por grandes desafios hodiernos, carecia de uma fórmula minuciosa e universal. Tudo isso traz à memória o poema XXIX, dos *Provérbios e cantares* do espanhol Antonio Machado: "...caminhante, não há caminho, se faz caminho ao andar". Jamais nos esquecendo de que Jesus Cristo é o verdadeiro caminho, o fundamento e a razão de ser de todo processo formativo, pois Ele é "O caminho, a verdade e a vida" (Jo 14,6), sem o qual não poderemos chegar ao Pai.

Monsenhor João Jorge Corrêa Filho
Vigário-geral da Arquidiocese de Fortaleza

Anexo

ORIENTAÇÕES PARA A UTILIZAÇÃO DAS COMPETÊNCIAS PSICOLÓGICAS NA ADMISSÃO E NA FORMAÇÃO DOS CANDIDATOS AO SACERDÓCIO*

Congregação para a Educação Católica

I – A Igreja e o discernimento vocacional

1. "Toda a vocação cristã vem de Deus, é dom divino. Todavia, ela nunca é oferecida fora ou independentemente da Igreja, mas passa sempre na Igreja e mediante a Igreja [...] luminoso e vivo reflexo do mistério da Santíssima Trindade" (*PDV* 43).

A Igreja, "geradora e educadora de vocações" (*PDV* 35d) tem o dever de discernir a vocação e a idoneidade dos candidatos ao ministério sacerdotal. De fato, "o chamamento interior do Espírito precisa ser reconhecido como autêntico chamamento pelo bispo" (*PDV* 65d).

Ao promover esse discernimento e toda a formação para o ministério, a Igreja é movida por uma dupla atenção: salvaguardar o bem da sua própria missão e, ao mesmo tempo, o dos candidatos. Como cada vocação cristã, a vocação para o sacerdócio tem, com efeito, junto com a dimensão cristoló-gica, uma dimensão eclesial essencial: "ela não só deriva 'da' Igreja e da sua mediação, não só se faz reconhecer e se realiza 'na' Igreja, mas se configura – no fundamental serviço a Deus – também e necessariamente como serviço 'à' Igreja. A vocação cristã, em qualquer das suas formas, é um dom destinado à edificação da Igreja, ao crescimento do Reino de Deus no mundo" (*PDV* 35e).

---

* Este documento se encontra disponível na íntegra no site da Santa Sé [http://www.vatican. va/roman_curia/congregations/ccatheduc/documents/rc_con_ccatheduc_doc_20080628_ orientamenti_po.html].

Desse modo, o bem da Igreja e o do candidato não são opostos entre si; pelo contrário, são convergentes. Os responsáveis pela formação estão empenhados em harmonizá-los, considerando-os sempre simultaneamente na sua dinâmica interdependência: esse é um aspecto essencial da grande responsabilidade do seu serviço à Igreja e às pessoas (cf. *PDV* 66-67).

2. O ministério sacerdotal, entendido e vivido como conformação a Cristo esposo, bom pastor, requer dotes e virtudes morais e teologais, sustentados pelo equilíbrio humano e psíquico, particularmente afetivo, de modo a permitir que o indivíduo se predisponha adequadamente a uma doação de si verdadeiramente livre, na relação com os fiéis, numa vida celibatária[1].

Tratando das diversas dimensões da formação sacerdotal – humana, espiritual, intelectual, pastoral – a exortação apostólica pós-sinodal *Pastores Dabo Vobis*, antes de se voltar para a dimensão espiritual, "elemento de máxima importância na educação sacerdotal"[2], faz notar que a dimensão humana é o fundamento de toda a formação. Ela enumera uma série de virtudes humanas e de capacidades relacionais que se requerem do sacerdote, para que a sua personalidade seja uma "ponte e não um obstáculo para os outros no encontro com Jesus Cristo, Redentor do homem" (*PDV* 43). Elas vão desde o equilíbrio geral da personalidade até à capacidade de carregar o peso das responsabilidades pastorais, desde o conhecimento profundo da alma humana até ao sentido da justiça e da lealdade (cf. *PDV* 43; cf. tb. *OT* 11, *PO* 3, *Ratio Fundamentalis* 51).

Algumas dessas qualidades merecem particular atenção: o sentido positivo e estável da própria identidade viril e a capacidade em relacionar-se de modo amadurecido com outras pessoas ou grupos de pessoas; um sólido sentido de pertença, fundamento da futura comunhão com o presbitério e de uma responsável colaboração com o ministério do bispo (cf. *PDV* 17); a liberdade em entusiasmar-se por grandes ideais e a coerência em realizá-los nas ações de cada dia; a coragem em tomar decisões e de permanecer fiel a

---

1. Uma descrição bastante ampla de tais condições é feita em *PDV* 43-44; cf. CDC, cân. 1.029 e 1.041.

2. Enquanto constitui "para cada presbítero [...] o coração que unifica e vivifica o seu ser padre e o seu agir de padre" (*PDV* 45c).

elas; o conhecimento de si, das suas qualidades e limitações, integrando-as num apreço de si diante de Deus; a capacidade de se corrigir; o gosto pela beleza entendida como "esplendor da verdade" e a arte em reconhecê-la; a confiança que nasce da estima pelo outro e que leva ao acolhimento; a capacidade do candidato em integrar, segundo a visão cristã, a sua sexualidade, inclusive na consideração da obrigação do celibato[3].

Tais disposições interiores devem ser plasmadas no caminho formativo do futuro presbítero, o qual, como homem de Deus e da Igreja, é chamado a edificar a comunidade eclesial. Ele, enamorado pelo Eterno, está voltado à autêntica e integral valorização do homem e a viver sempre mais a riqueza de sua própria afetividade no dom de si ao Deus uno e trino e aos irmãos, particularmente àqueles que sofrem.

Trata-se, obviamente, de objetivos que só podem ser alcançados por meio da contínua correspondência do candidato à obra da graça nele, e que são adquiridos num caminho de formação gradual, longo e nem sempre linear[4].

Consciente do admirável e exigente entrelaçamento das dinâmicas humanas e espirituais na vocação, o candidato só tem a lucrar com o atento e responsável discernimento vocacional dirigido a descobrir caminhos personalizados de formação e a superar gradualmente as eventuais carências no plano espiritual e humano. É dever da Igreja fornecer aos candidatos uma integração eficaz da dimensão humana à luz da dimensão espiritual para a qual se abre e na qual se completa (cf. *PDV* 45a).

---

3. Paulo VI, na encíclica *Sacerdotalis Coelibatus*, de 1967 (n. 63-64), trata explicitamente dessa necessária capacidade do candidato ao sacerdócio. Ele conclui: "Uma vida tão inteira e amavelmente dedicada, no interior e no exterior, como a do sacerdote celibatário, exclui, de fato, candidatos com insuficiente equilíbrio psicofísico e moral. Não se deve pretender que a graça supra o que falta à natureza" (n. 64). Cf. tb. *PDV* 44.

4. No percurso evolutivo assume uma importância especial a maturidade afetiva, um âmbito do desenvolvimento que requer, hoje mais do que ontem, uma atenção particular. "Crescemos na maturidade afetiva quando o nosso coração adere a Deus. Cristo precisa de sacerdotes que sejam maduros, vigorosos, capazes de cultivar uma verdadeira paternidade espiritual. Para que isso aconteça, servem a honestidade consigo mesmos, a abertura ao diretor espiritual e a confiança na divina misericórdia" (BENTO XVI. "Discurso para os sacerdotes e religiosos na catedral de Varsóvia". In: *L'Osservatore Romano*, 26-27/05/2006, p. 7). Cf. PONTIFÍCIA OBRA PARA AS VOCAÇÕES ECLESIÁSTICAS. *Novas vocações para uma nova Europa* – Documento final do congresso sobre as vocações para o sacerdócio e a vida consagrada na Europa. Roma, 05-10/05/1997, n. 37, p. 111-120.

II – Preparação dos formadores

3. Cada formador deveria ser um bom conhecedor da pessoa humana, dos seus ritmos de crescimento, das suas potencialidades e debilidades e do seu modo de viver a relação com Deus. Por isso, é desejável que os bispos, utilizando experiências, programas e instituições bem comprovadas, providenciem a uma idônea preparação dos formadores na pedagogia vocacional, segundo as indicações já emanadas pela Congregação para a Educação Católica[5].

Os formadores têm necessidade de uma preparação adequada para exercer um discernimento que permita, no pleno respeito pela doutrina da Igreja acerca da vocação sacerdotal, tanto decidir de modo razoavelmente seguro com vistas à admissão ao seminário ou à casa de formação do clero religioso, ou então à dispensa deles por motivo de não idoneidade, como acompanhar o candidato rumo à aquisição das virtudes morais e teologais necessárias para viver em coerência e liberdade interior a doação total da própria vida para ser "servidor da Igreja comunhão" (*PDV* 16e).

4. O documento *Orientações educativas para a formação para o celibato sacerdotal*, desta Congregação para a Educação Católica, reconhece que "os erros de discernimento das vocações não são raros, e demasiadas inaptidões psíquicas, mais ou menos patológicas, tornam-se manifestas somente após a ordenação sacerdotal. Discerni-las a tempo permitirá evitar tantos dramas"[6].

Isso exige que cada formador tenha a sensibilidade e a preparação psicológica adequadas[7] para estar, tanto quanto possível, em grau de perceber as reais motivações do candidato, de discernir os obstáculos na integração entre a maturidade humana e cristã e as eventuais psicopatologias. Ele deve ponderar cuidadosamente e com muita prudência a história do candidato. Entretanto, esta não pode constituir por si só o critério decisivo, suficiente para julgar a admissão à formação ou a demissão. O formador deve saber avaliar quer a pessoa na sua globalidade e progressividade de desenvolvi-

---

5. Cf. *Diretrizes sobre a preparação dos educadores nos seminários* 36 e 57-59; cf. *OT* 5.

6. CONGREGAÇÃO PARA A EDUCAÇÃO CATÓLICA. *Orientações educativas para a formação para o celibato sacerdotal*. Cidade do Vaticano, 11/04/1974, n. 38

7. Cf. *PDV* 66c; *Diretrizes sobre a preparação dos educadores nos seminários*, n. 57-59.

mento – com os seus pontos fortes e os seus pontos fracos –, quer a consciência que ela tem dos seus problemas, quer ainda a sua capacidade de controlar responsável e livremente o próprio comportamento.

Por isso, cada formador deve estar preparado, também por meio de cursos específicos adequados, para a mais profunda compreensão da pessoa humana e das exigências da sua formação para o ministério ordenado. Para tal fim, podem ser muito úteis as reuniões de confronto e esclarecimento com especialistas em ciências psicológicas sobre algumas temáticas específicas.

III – Contributo da psicologia para o discernimento e a formação

5. Como fruto de um particular dom de Deus, a vocação para o sacerdócio e o seu discernimento extrapolam o âmbito estreito da psicologia. Todavia, para uma avaliação mais segura da situação psíquica do candidato, das suas atitudes humanas na resposta ao chamamento divino, e para um auxílio posterior no seu crescimento humano, pode ser útil nalguns casos o recurso a especialistas em ciências psicológicas. Eles podem oferecer aos formadores não somente um parecer sobre a diagnose e a eventual terapia dos distúrbios psíquicos, mas também dar um contributo no apoio para o desenvolvimento das qualidades humanas, sobretudo requeridas pelo exercício do ministério (cf. *OT* 11), sugerindo itinerários aptos para favorecer uma resposta vocacional mais livre.

A formação para o sacerdócio deve ainda ter em conta as múltiplas manifestações daquele desequilíbrio que está radicado no coração do homem (cf. *GS* 10) – e que se manifesta de modo particular nas contradições entre o ideal de oblação, ao qual o candidato aspira conscientemente, e a sua vida concreta –, como também as dificuldades próprias de um desenvolvimento progressivo das virtudes morais. O auxílio do diretor espiritual e do confessor é fundamental e imprescindível para superá-las com a graça de Deus. Em alguns casos, porém, o desenvolvimento dessas qualidades morais pode ser impedido por particulares feridas do passado, ainda não curadas.

De fato, aqueles que hoje pedem para entrar no seminário refletem, de modo mais ou menos acentuado, o desconforto de uma mentalidade emergente caracterizada pelo consumismo, pela instabilidade nas relações familiares e sociais, pelo relativismo moral, por visões erradas da sexualidade, pela precariedade das opções, por uma sistemática negação dos valores, sobretudo, por parte dos meios de comunicação de massa.

Entre os candidatos pode-se encontrar alguns que provêm de experiências particulares – humanas, familiares, profissionais, intelectuais, afetivas – as quais, de várias maneiras, deixaram feridas ainda não curadas e que provocam distúrbios, desconhecidos no seu real alcance pelo próprio candidato e, frequentemente, por ele atribuídos erroneamente a causas externas a si, sem ter, portanto, a possibilidade de enfrentá-los adequadamente[8].

É evidente que tudo isso pode condicionar a capacidade de progredir no caminho formativo para o sacerdócio. *"Si casus ferat"*[9] – ou seja, nos casos excepcionais que apresentam dificuldades especiais –, o recurso a especialistas em ciências psicológicas, quer antes da admissão ao seminário quer durante o caminho formativo, pode ajudar o candidato na superação das feridas, em vista de uma cada vez mais estável e profunda interiorização do estilo de vida de Jesus, bom pastor, cabeça e esposo da Igreja (cf. *PDV* 29d).

Para uma correta avaliação da personalidade do candidato, o especialista poderá recorrer a entrevistas ou a testes, agindo sempre com o prévio, explícito, informado e livre consentimento do candidato[10].

---

8. Para compreender melhor essas afirmações é oportuno referir-se às seguintes afirmações de João Paulo II: "O homem, pois, traz em si o germe da vida eterna e a vocação em fazer seus os valores transcendentais; ele, porém, continua interiormente vulnerável e dramaticamente exposto ao risco de falhar na sua vocação, por causa de resistências e dificuldades que encontra no seu caminho existencial, no nível consciente, em que está envolvida a responsabilidade moral, e no nível subconsciente, e isso tanto na vida psíquica ordinária como naquela marcada por psicopatologias leves ou moderadas, que não influem substancialmente na liberdade da pessoa de tender a ideais transcendentes, escolhidos de modo responsável" (Alocução para a Rota Romana, 25/01/1988. In: *AAS*, 80, 1988, p. 1.181).

9. Cf. *Ratio Fundamentalis*, n. 39; *Apostolorum Successores*, n. 88.

10. Cf. CONGREGAÇÃO PARA OS RELIGIOSOS E OS INSTITUTOS SECULARES. *Instrução sobre a atualização da formação para a vida religiosa*. Cidade do Vaticano, 06/01/1969, n. 11 § III. In: *AAS*, 61, 1969, p. 113.

Considerada a particular complexidade da questão, deverá ser evitado o uso de técnicas psicológicas especializadas ou psicoterapêuticas por parte dos formadores.

6. É útil que o reitor e os outros formadores possam contar com a colaboração de especialistas nas ciências psicológicas, mesmo que estes não possam fazer parte da equipe de formadores. Os especialistas deverão ter adquirido competência específica no campo vocacional e unir ao profissionalismo a sabedoria do Espírito.

Para melhor garantir a integração com a formação moral e espiritual, evitando nocivas confusões ou divergências, na escolha dos especialistas aos quais se recorrerá no aconselhamento psicológico, tenha-se presente que estes, além de se distinguirem pela sólida maturidade humana e espiritual, devem inspirar-se numa antropologia que abertamente partilhe da concepção cristã acerca da pessoa humana, da sexualidade, da vocação para o sacerdócio e para o celibato, de modo que a sua intervenção tome em conta o mistério do homem no seu diálogo pessoal com Deus, segundo a visão da Igreja. Onde tais especialistas não estiverem disponíveis, providencie-se à sua específica preparação[11].

O auxílio das ciências psicológicas deve integrar-se no quadro da formação global do candidato, de modo a não impedir, mas a assegurar particularmente a salvaguarda do valor irrenunciável do acompanhamento espiritual, cuja obrigação é manter o candidato orientado para a verdade do ministério ordenado, segundo a visão da Igreja. O clima de fé, oração, meditação da Palavra de Deus, estudo da teologia e de vida comunitária – fundamental para o amadurecimento de uma resposta generosa à vocação recebida de Deus – permitirá ao candidato uma compreensão correta do significado e a integração do recurso às competências da psicologia no seu caminho vocacional.

---

11. Cf. o discurso de João Paulo II aos participantes na Assembleia Plenária da Congregação para a Educação Católica (04/02/2002): "Será oportuno fazer uma boa preparação de peritos psicólogos que, ao ótimo nível científico, acrescentem uma compreensão profunda da concepção cristã acerca da vida e da vocação ao sacerdócio, de forma a ser capaz de fornecer o apoio eficaz à necessária integração entre a dimensão humana e a sobrenatural" (*AAS* 94, 2002, p. 465).

7. O recurso a especialistas nas ciências psicológicas deverá ser regulado nos diversos países pelas respectivas *Rationes institutionis sacerdotalis* e em cada seminário pelo ordinário ou superior maior competente, com fidelidade e em coerência com os princípios e as diretrizes do presente documento.

a) Discernimento inicial

8. É necessário, desde o momento em que o candidato se apresenta para ser recebido no seminário, que o formador possa conhecer cuidadosamente a sua personalidade, as potencialidades, as disposições e os diversos tipos eventuais de feridas, avaliando a natureza e a intensidade.

Não se pode esquecer a possível tendência de alguns candidatos em minimizar ou em negar as suas debilidades: estes não revelam aos formadores algumas das suas graves dificuldades, temendo não serem bem entendidos e não serem aceitos. Cultivam, assim, expectativas pouco realistas em relação ao seu futuro. Por outro lado, há candidatos que tendem a enfatizar as suas dificuldades, considerando-as um obstáculo intransponível para o caminho vocacional.

O discernimento, no momento oportuno, dos eventuais problemas que constituem um obstáculo ao caminho vocacional – como a dependência afetiva excessiva, a agressividade desproporcionada, a insuficiente capacidade em manter-se fiel aos compromissos assumidos e em estabelecer relações serenas de abertura, de confiança e de colaboração fraterna e com a autoridade, a identidade sexual confusa ou ainda não bem definida – só pode ser de grande benefício para a pessoa, para as instituições vocacionais e para a Igreja.

Na fase do discernimento inicial, no caso de dúvida sobre a presença de distúrbios psíquicos, o auxílio de especialistas em ciências psicológicas pode ser necessário, sobretudo ao nível do diagnóstico. No caso de se constatar a necessidade de uma terapia, que deveria ser realizada antes da admissão ao seminário ou à casa de formação.

O auxílio de especialistas pode ser útil aos formadores também para traçar um caminho formativo personalizado segundo as exigências específicas do candidato.

Na avaliação da possibilidade em viver, na fidelidade e alegria, o carisma do celibato, como um dom total da própria vida à imagem de Cristo, cabeça e pastor da Igreja, tenha-se presente que não basta certificar-se da capacidade de abstinência do exercício da genitalidade, mas é necessário igualmente avaliar a orientação sexual segundo as indicações promulgadas por esta congregação[12]. A castidade para o Reino, de fato, é muito mais do que uma simples ausência de relações sexuais.

À luz das finalidades indicadas, a consulta psicológica pode, nalguns casos, revelar-se útil.

b) Formação sucessiva

9. No período da formação, o recurso a especialistas em ciências psicológicas, além de responder às necessidades geradas por eventuais crises, pode ser útil para sustentar o candidato no seu caminho para uma posse mais segura das virtudes morais; pode fornecer ao candidato um conhecimento mais profundo da sua própria personalidade e pode contribuir para superar, ou para tornar menos rígidas, as resistências psíquicas às propostas formativas.

Um maior domínio não só das próprias debilidades, como também das próprias forças humanas e espirituais[13], permite a doação a Deus com a devida consciência e liberdade, na responsabilidade para consigo mesmo e para com a Igreja.

Não se pode subestimar, todavia, o fato de que a maturidade cristã e vocacional alcançável graças ao auxílio das competências psicológicas, embora iluminadas e integradas pelos dados da antropologia da vocação cristã e, portanto, da graça, nunca estará isenta de dificuldades e tensões que exigem disciplina interior, espírito de sacrifício, aceitação das fadigas e da cruz (cf. *PDV* 48d), e confiança no auxílio insubstituível da graça (cf. 2Cor 12,7-10).

---

12. Cf. CONGREGAÇÃO PARA A EDUCAÇÃO CATÓLICA. *Instrução sobre os critérios de discernimento vocacional acerca das pessoas com tendências homossexuais e da sua admissão ao seminário e às ordens sacras.* Cidade do Vaticano, 04/11/2005. In: *AAS* 97, 2005, p. 1.007-1.013.

13. Cf. *Orientações educativas para a formação ao celibato sacerdotal*, n. 38.

10. O caminho formativo deverá ser interrompido no caso do candidato, apesar do seu empenho, do apoio do psicólogo ou da psicoterapia, continuar a manifestar incapacidade para enfrentar de modo realista, ainda que com o progresso do crescimento humano, as suas graves imaturidades (fortes dependências afetivas, notável falta de liberdade nas relações, excessiva rigidez de caráter, falta de lealdade, identidade sexual incerta, tendências homossexuais fortemente enraizadas etc.).

O mesmo vale também no caso de se tornar evidente a dificuldade em viver a castidade no celibato, vivido como uma obrigação tão penosa a ponto de comprometer o equilíbrio afetivo e relacional.

IV – A solicitação de investigações especializadas e o respeito pela intimidade do candidato

11. Cabe à Igreja escolher as pessoas que considera aptas para o ministério pastoral e é seu direito e dever verificar a presença das qualidades requeridas naqueles que ela admite ao ministério sagrado[14].

O cânon 1.051, 1º do Código de Direito Canônico, prevê que, para o escrutínio das qualidades requeridas para a ordenação, providencie-se, entre outras coisas, à investigação sobre o estado de saúde física e psíquica do candidato[15].

O cânon 1.052 estabelece que o bispo, para poder proceder à ordenação, deve ter certeza moral acerca da idoneidade do candidato, "provada com argumentos positivos" (§ 1) e que, no caso de uma dúvida fundada, não deve proceder à ordenação (cf. § 3).

Resulta daí que a Igreja tem o direito de verificar, inclusive recorrendo à ciência médica e psicológica, a idoneidade dos futuros presbíteros. De

---

14. Cf. CDC, cân. 1.025, 1.051-1.052. CONGREGAÇÃO PARA O CULTO DIVINO E A DISCIPLINA DOS SACRAMENTOS. "Carta circular entre las más delicadas a los exc.mos y rev.mos señores obispos diocesanos y demás ordinarios canónicamente facultados para llamar a las sagradas ordenes, sobre los escrutinios acerca de la idoneidad de los candidatos" [10/11/1997]. In: *Notitiae* 33, 1997, p. 495-506.

15. Cf. CDC, cân. 1029, 1.031, § 1, e 1.041, 1º; *Ratio Fundamentalis*, n. 39.

fato, cabe ao bispo ou ao superior competente não só submeter a exame a idoneidade do candidato, mas também reconhecê-la. O candidato ao presbiterado não pode impor as suas próprias condições pessoais, mas deve aceitar com humildade e gratidão as normas e as condições que a própria Igreja, pela sua parte de responsabilidade, estabelece (cf. *PDV* 35g). Por isso, em caso de dúvida acerca da idoneidade, a admissão ao seminário ou à casa de formação só será possível, por vezes, após uma avaliação psicológica da personalidade.

12. O direito e o dever da instituição formativa em adquirir os conhecimentos necessários para fazer um juízo prudentemente certo sobre a idoneidade do candidato não podem lesar o direito à boa fama da qual a pessoa goza, nem o direito em defender a sua intimidade, como prescrito pelo cânon 220 do Código de Direito Canônico. Isso significa que só se poderá proceder à averiguação psicológica com o prévio, explícito, esclarecido e livre consentimento do candidato.

Os formadores assegurem uma atmosfera de confiança, de modo que o candidato possa abrir-se e participar com convicção na obra de discernimento e de acompanhamento, oferecendo a "sua pessoal, convicta e cordial colaboração" (*PDV* 69b). Requer-se dele uma abertura sincera e confiante para com os seus formadores. Somente fazendo-se conhecer sinceramente por eles poderá ser ajudado no caminho espiritual que ele mesmo procura ao entrar no seminário.

Importantes, e frequentemente determinantes para superar eventuais incompreensões, serão tanto o clima educativo entre alunos e formadores – marcado pela abertura e transparência – bem como as motivações e modalidades com as quais os formadores apresentarão ao candidato a sugestão de uma consulta psicológica.

Evite-se a impressão de que tal sugestão signifique o prelúdio de uma inevitável dispensa do seminário ou da casa de formação.

O candidato poderá dirigir-se livremente a um psicólogo, escolhido entre os indicados pelos formadores, ou a outro escolhido por ele mesmo e aceito por aqueles.

Sempre que possível, deveria ser garantida aos candidatos uma livre-escolha entre vários especialistas que tenham os requisitos indicados (cf. n. 6 deste documento).

No caso do candidato, ante um pedido justificado da parte dos formadores, se recusar a realizar uma consulta psicológica, de nenhum modo os formadores forçarão a sua vontade, mas procederão prudentemente na obra de discernimento com os conhecimentos de que dispõem, tendo em conta o citado cânon 1.052 § 1.

V – O relacionamento dos responsáveis pela formação com o especialista

a) Os responsáveis do foro externo

13. No espírito de confiança recíproca e colaboração para a sua própria formação, o candidato poderá ser convidado a dar livremente o seu consentimento por escrito para que o especialista em ciências psicológicas, obrigado ao segredo profissional, possa comunicar os resultados da consulta aos formadores, por ele mesmo indicados. Estes se servirão das informações assim adquiridas para elaborar um quadro geral da personalidade do candidato e para obter as indicações oportunas em vista do seu ulterior caminho formativo ou da admissão à ordenação.

Para proteger, no presente e no futuro, a intimidade e a boa fama do candidato, tenha-se particular cuidado para que os pareceres profissionais do especialista estejam acessíveis exclusivamente aos responsáveis pela formação, com a precisa e vinculante proibição de fazer delas um uso que não seja para o discernimento vocacional e formação do candidato.

b) Caráter específico da direção espiritual

14. Cabe ao diretor espiritual uma tarefa não fácil no discernimento da vocação, ainda que no âmbito da consciência.

Ficando estabelecido que a direção espiritual não pode, de modo algum, ser confundida com formas de análise ou de auxílio psicológico, nem ser por elas substituída, e que a vida espiritual favorece por si mesma o crescimento nas virtudes humanas, caso não haja bloqueios de natureza psicológica (cf. nota 8, acima), o diretor espiritual, a fim de esclarecer dúvidas difíceis de serem resolvidas de outra maneira, pode ver-se na contingência de sugerir, sem nunca impor, uma consulta psicológica para proceder com maior segurança no discernimento e no acompanhamento espiritual (cf. *PDV* 40c).

No caso de um pedido de consulta psicológica da parte do diretor espiritual, é desejável que o candidato, além de informar o mesmo diretor espiritual dos resultados da consulta, informe igualmente o formador do foro externo, especialmente se o próprio diretor espiritual o tiver convidado a isso.

Se o diretor espiritual considerar útil procurar diretamente ele mesmo informações do consulente, proceda segundo foi indicado no número 13 para os formadores do foro externo.

Dos resultados da consulta psicológica, o diretor espiritual tirará as indicações oportunas para o discernimento no seu âmbito e para os conselhos a dar ao candidato também em ordem ao prosseguimento ou não do caminho formativo.

c) Auxílio do especialista ao candidato e aos formadores

15. O especialista – quando solicitado – ajudará o candidato a obter um maior conhecimento de si, das suas potencialidades e vulnerabilidades. Ajudá-lo-á também a confrontar os ideais vocacionais manifestados com a própria personalidade, para estimular uma adesão pessoal, livre e consciente à própria formação. Será tarefa do especialista fornecer ao candidato as oportunas informações sobre as dificuldades que ele está experimentando e sobre as possíveis consequências destas para a sua vida e para o seu futuro ministério sacerdotal.

Efetuada a averiguação, tendo em conta também as indicações oferecidas pelos formadores, e somente com o consentimento prévio e escrito do candidato, o especialista dará aos formadores o seu contributo para a compreensão do tipo de personalidade e de problemas que a pessoa está enfrentando ou deve enfrentar.

Indicará também, segundo a sua avaliação e a sua competência, as possibilidades previsíveis de crescimento da personalidade do candidato. Sugerirá, além disso, se necessário, formas ou itinerários de apoio psicológico.

VI. As pessoas demitidas ou que livremente deixaram seminários ou casas de formação

16. É contrário às normas da Igreja admitir ao seminário ou à casa de formação pessoas que já saíram, ou, com maior razão ainda, demitidas de outros seminários ou casas de formação, sem antes procurar as devidas informações junto aos seus respectivos bispos ou superiores maiores, sobretudo acerca das causas da demissão ou saída[16].

Constitui um dever rigoroso dos formadores precedentes fornecer informações exatas aos novos formadores.

Preste-se particular atenção ao fato de que, com frequência, os candidatos deixam a instituição educativa por espontânea vontade, a fim de evitar uma demissão forçada.

No caso da passagem para outro seminário ou casa de formação, o candidato deve informar aos novos formadores sobre as consultas psicológicas efetuadas anteriormente. Somente com o livre-consentimento por escrito do candidato poderão os novos formadores ter acesso às notas do psicólogo que tiver efetuado a consulta.

Caso se considere poder ser recebido no seminário um candidato que, após a precedente demissão, se tenha submetido a tratamento psicológico, verifique-se primeiro, tanto quanto possível, cuidadosamente a sua condição psíquica, tomando entre outras, após ter obtido por escrito o seu livre-consentimento, as devidas informações junto do especialista que o acompanhou.

No caso de um candidato pedir a passagem para outro seminário ou casa de formação, após ter recorrido a um especialista em psicologia, sem

---

16. Cf. CDC, cân. 241, § 3; CONGREGAÇÃO PARA A EDUCAÇÃO CATÓLICA. *Instrução às conferências episcopais acerca da admissão ao seminário dos candidatos provenientes de outros seminários ou famílias religiosas*, 08/03/1996.

querer aceitar que o resultado da perícia seja posto à disposição dos novos formadores, tenha-se presente que a idoneidade do candidato deve ser provada com argumentos positivos, nos termos do citado cânon 1.052, e, portanto, deve ser excluída toda a dúvida razoável.

Conclusão

17. Todos os que, a vários títulos, estão envolvidos na formação ofereçam a sua decidida colaboração, respeitando as competências específicas de cada um, a fim de que o discernimento e o acompanhamento vocacional dos candidatos sejam apropriados a "conduzir ao sacerdócio só aqueles que foram chamados e educá-los adequadamente; ou seja, com uma consciente e livre resposta de adesão e envolvimento de toda a sua pessoa com Jesus Cristo que chama à intimidade de vida com Ele e à partilha da sua missão de salvação" (*PDV* 42c).

O Sumo Pontífice Bento XVI, no decurso da audiência concedida em 13 de junho de 2008, ao abaixo-assinado cardeal prefeito, aprovou o presente documento e autorizou a sua publicação.

Roma, 29 de junho de 2008
Solenidade dos santos Pedro e Paulo, Apóstolos

Zenon Card. Grocholewski
Prefeito

Jean-Louis Bruguès, OP
Bispo emérito de Angers
Secretário

Referências

ACEVEDO, G. & D'ADAMO, M. (s./d.). *Presencia de Viktor Frankl em Latino América*. Buenos Aires: Fundación Argentina de Logoterapia.

AGUIRRE, S.A.B. (2002). "Demarcación de la psicología Cultural". In: *Revista Mal-estar e Subjetividades*, 2, p. 92-117.

AMIGO, M.L.F.A. (2000). *El arte como vivencia de ocio*. Bilbao: Universidad de Deusto.

AQUINO, T.A.A. (2013). *Logoterapia e Análise Existencial*: uma introdução ao pensamento de Viktor Frankl. São Paulo: Paulus.

_____ (2012). "Educação para o sentido da vida". In: *Logos & Existência* – Revista da Associação Brasileira de Logoterapia e Análise Existencial, 1, 2, p. 160-172.

_____ (2011). *Logoterapia e Análise Existencial*: uma introdução ao pensamento de Viktor Frankl. João Pessoa: Ed. UFPB.

AQUINO, T.A.A.; DAMÁSIO, B.F. & SILVA, J.P. (2010). *Logoterapia & educação*: fundamentos e práticas. São Paulo: Paulus.

BAUMAN, Z. (2013). *Sobre educação e juventude*. Rio de Janeiro: Zahar.

_____ (2011). *A ética é possível num mundo de consumidores?* Rio de Janeiro: Zahar.

_____ (2009a). *A arte da vida*. Rio de Janeiro: Zahar.

_____ (2009b). *Vida líquida*. 2. ed. Rio de Janeiro: Zahar.

_____ (2008a). *A sociedade individualizada*: vidas contadas e histórias vividas. Rio de Janeiro: Zahar.

_____ (2008b). *Medo líquido*. Rio de Janeiro: Zahar.

_____ (2008c). *Vida para consumo*: a transformação das pessoas em mercadoria. Rio de Janeiro: Zahar.

_____ (2007). *Tempos líquidos*. 2. ed. Rio de Janeiro: Zahar.

_____ (2005). *Vidas desperdiçadas*. Rio de Janeiro: Zahar.

_____ (2004). *Amor líquido*: sobre a fragilidade dos laços humanos. Rio de Janeiro: Zahar.

_____ (2003). *Comunidade*: a busca por segurança no mundo atual. Rio de Janeiro: Zahar.

_____ (2001). *Modernidade líquida*. Rio de Janeiro: Zahar.

_____ (1999). *Globalização*: as consequências humanas. Rio de Janeiro: Zahar.

_____ (1998). *O mal-estar da Pós-modernidade*. Rio de Janeiro: Zahar.

BERIÁIN, J. (1997). "El triunfo del tiempo: representaciones culturales de temporalidades sociales". In: *Política y Sociedad*, 25, p. 101-118.

BERNARDES, A.G. & HOENISCH, J.C.D. (2003). "Subjetividade e identidades: possibilidades de interlocução da psicologia social com os estudos culturais". In: BRUSCHI, M. & GUARESCHI, N.M. (orgs.). *Psicologia social nos estudos culturais*. Petrópolis: Vozes, p. 95-126.

BINSWANGER, L. (1971). *Introduction à L'analyse existentielle*. Paris: Minuit.

BONIN, L.F.R. (1998). "Indivíduo, cultura e sociedade". In: STREY, M.N. et al. *Psicologia contemporânea* – Livro-texto. Petrópolis: Vozes.

BRASILEIRO, F.N.V.; FRANCILEUDO, F.A. & BUCHER-MALUSCHKE, J.S.N.F. (2017). *Relacionamento pais e filhos na adolescência*: educar com limites por meio de valores para o sentido da vida. Curitiba: CRV.

BRUZZONE, D. (2011). *Afinar la conciencia*. Buenos Aires: San Pablo.

BUBER, M. (2010). *Eu e Tu*. São Paulo: Centauro.

BUGENTAL, J. (1978). *Psychotherapy and Process:* The Fundamentals of an Existential-Humanistic Approach. Boston: McGraw-Hill.

CARPIGIANI, B. (2002). *Psicologia*: das raízes aos movimentos contemporâneos. São Paulo: Pioneira Psicologia.

CARVAJAL, F.F. (1990). *A tibieza*. Trad. M. Mendonça. Lisboa: Prumo.

CHAUÍ, M. (1994). *Convite à filosofia*. São Paulo: Ética.

CIFUENTES, R.L. (2003). *A maturidade*. São Paulo: Quadrante.

CNBB (2010). *Formação dos presbíteros da Igreja do Brasil* – Diretrizes básicas. São Paulo: Paulinas.

Código de Direito Canônico. São Paulo: Loyola, 2005.

CONCÍLIO VATICANO II. "Decreto Optatam Totius". In: VIER, F. (org.). *Compêndio do Vaticano II*. Petrópolis: Vozes, 1965.

CONGREGAÇÃO PARA A EDUCAÇÃO CATÓLICA (2008). *Orientações para a utilização das competências psicológicas na admissão e na formação dos candidatos ao sacerdócio*. Cidade do Vaticano: Libreria Editrice Vaticana [Disponível em http://www.vatican.va/roman_curia/congregations/ccatheduc/documents/rc_con_ ccatheduc_doc_20080628_orientamenti_po.html – Acesso em 21/04/2009].

CONGREGAÇÃO PARA O CLERO (2016). *Ratio Fundamentalis Institutionis Sacerdotalis* – O dom da vocação presbiteral. São Paulo: Paulinas.

COSTA, J.S. (1996). *Max Scheler*: o personalismo ético. São Paulo: Moderna.

COTRIM, A. (1993). *Fundamentos da filosofia*. São Paulo: Saraiva.

CSIKSZENTMIHALYI, M. (2001). *Fluir*: una psicología de la felicidad. Barcelona: Kairós.

CUENCA, M.C. (2008a). "Educação para o ócio". In: CUENCA, M.C. & MARTINS, J.C. (orgs.). *Ócio para viver no século XXI*. Fortaleza: As Musas, p. 159-178.

_____ (2008b). *¿Qué es el ocio?* – 20 respuestas clásicas y un testimonio. Bilbao: Universidad de Deusto.

_____ (2006). *Aproximación multidisciplinar a los estudios de ocio*. Bilbao: Universidad de Deusto.

_____ (2004). *Pedagogía del ocio*: modelos y propuestas. Bilbao: Universidad de Deusto.

_____ (2000). *Ocio humanista* – Dimensiones y manifestaciones actuales del ocio. Bilbao: Universidad de Deusto [2. ed.: 2003].

_____ (1996). "Ocio autotélico y educación". In: *Revista de Ciencias da Información*, n. 165, p. 13-17.

CUENCA, M.C. & MARTINS, J.C.O. (2008). *Ócio para viver no século XXI*. Fortaleza: As Musas.

CYRULNIK, B. (2001). *La maravilla del dolor*: el sentido de la resiliencia. Buenos Aires: Granica.

DAVIDOFF, L.L. (1983). *Introdução à psicologia*. São Paulo: Makron.

DENZIN, N. & LINCOLN, Y.S. (2006). *O planejamento da pesquisa qualitativa*: teorias e abordagens. Porto Alegre: Artmed.

DERISI, O. (1979). *Max Scheler*: ética material de los valores. Madri: Magisterio Español.

DOMINGUES, I. (1999). *O grau zero do conhecimento*: o problema da fundamentação das ciências humanas. São Paulo: Loyola.

DUPUY, J.-P. (2012). "O tempo que nos resta". In: NOVAES, A. (org.). *Mutações*: elogio à preguiça. São Paulo: Sesc, p. 295-316.

DUTRA, E. (2000). *Compreensão de tentativas de suicídio de jovens sob o enfoque da abordagem centrada na pessoa*. São Paulo: Instituto de Psicologia da Universidade de São Paulo [tese de doutorado].

ETXEBARRIA, S.G. & RODRÍGUEZ, S.M. (2006). "Psicología del Ocio". In: CUENCA, M.C. (org.). *Aproximación multidisciplinar a los estudios de ocio*. Bilbao: Universidad de Deusto, p. 123-142.

FERREIRA, T.V.R. (2005). "Psicoterapia e Pós-modernidade: Problemáticas da subjetividade e da psicologia clínica no contemporâneo". In: *Revista de Psicologia da UnC*, 2, p. 128-133.

FILLOUX, J.-C. (1966). *A memória*. São Paulo: Difusão Europeia do Livro.

FIZZOTTI, E. (1998). "Abraham Maslow e Viktor E. Frankl: os ritos de cura como autorrealização e como busca de sentido". In: TERRIN, A.N. *Liturgia e terapia*: a sacralidade a serviço do homem na sua totalidade. São Paulo: Paulinas, p. 235-275.

_____ (1980). *Angoscia e personalità*. Nápoles: Dehoniane.

_____ (1977). *De Freud a Frankl*: interrogantes sobre el vacío existencial. Pamplona: Universidad de Navarra.

FIZZOTTI, E. & SCARPELLI, A. (2005). *Viktor E. Frankl*: dire sì alla vita, nonostante tutto. Turim: Elledici.

FOUCAULT, M. (1995). "O sujeito e o poder". In DREYFUS, H. & RABINOW, P. (orgs.). *Michel Foucault, uma trajetória filosófica*: para além do estruturalismo e da hermenêutica. Rio de Janeiro: Forense Universitária.

FRANCILEUDO, F.A. (2013). *Sobre a experiência de ócio*: significados revelados com base em um estudo hermenêutico-fenomenológico. Fortaleza: Universidade de Fortaleza [tese de doutorado].

FRANCILEUDO, F.A. & MARTINS, J.C.O. (2016). *Sentido do tempo, sentido do ócio, sentidos para o viver*. Coimbra: Grácio.

FRANKL, V. (2015). *O sofrimento de uma vida sem sentido*: caminhos para encontrar a razão de viver. São Paulo: É Realizações.

_____ (2014). *Logoterapia e Análise Existencial*: textos de seis décadas. Rio de Janeiro: Forense Universitária.

_____ (2011). *A vontade de sentido*: fundamentos e aplicações da Logoterapia. São Paulo: Paulus.

_____ (2010). *O que não está escrito em meus livros* – Memórias. São Paulo: É Realizações.

_____ (2008/2006). *Em busca de sentido*: um psicólogo no campo de concentração. Petrópolis: Vozes [1. ed.: 1961].

_____ (2007). *A presença ignorada de Deus*. São Leopoldo: Sinodal.

_____ (2005a). *Fundamento y aplicaciones de la Logoterapia*. Buenos Aires: San Pablo.

_____ (2005b). *Um sentido para a vida*: psicoterapia e humanismo. 11. ed. Aparecida: Santuário [1. ed.: 1989].

_____ (2003a). *Lo que no está escrito en mis libros*: Memorias. 2. ed. Buenos Aires: San Pablo.

_____ (2003b). *Logoterapia y análisis existencial*: Textos de cinco décadas. 3. ed. Barcelona: Herder.

_____ (2003c). *Psicoterapia e sentido da vida*: fundamentos da Logoterapia e Análise Existencial. 4. ed. São Paulo: Quadrante [1. ed.: 1989].

_____ (1998a). *Sede de sentido*. São Paulo: Quadrante.

_____ (1998b). *Senso e valori per l'esistenza*: la risposta della Logoterapia. Roma: Città Nuova.

_____ (1995). *Fundamentos da Logoterapia na clínica psiquiátrica e psicoterapêutica*. Vol. 2. Petrópolis: Vozes.

_____ (1994a). *El hombre doliente*: fundamentos antropológicos de la psicoterapia. 3. ed. Barcelona: Herder.

_____ (1994b). *La voluntad de sentido*: conferencias escogidas sobre Logoterapia. 3. ed. Barcelona: Herder.

_____ (1992). *A presença ignorada de Deus*. São Leopoldo: Sinodal.

_____ (1991a). *A psicoterapia na prática*. Campinas: Papirus.

_____ (1991b). *Psicoterapia para todos*: uma psicoterapia coletiva para contrapor-se à neurose coletiva. 2. ed. São Leopoldo/Petrópolis: Sinodal/Vozes [1. ed.: 1990].

_____ (1990). *A questão do sentido em psicoterapia*. Campinas: Papirus [1. ed.: 1981].

_____ (1978). *Fundamentos antropológicos da psicoterapia*. Rio de Janeiro, Zahar.

_____ (1976). *Psicoterapia uma casuística para os médicos*. São Paulo: EPU.

_____ (1965). *La idea psicológica del hombre*. Madri: Rialp.

FRANKL, V. & LAPIDE, P. (2013). *A busca de Deus e questionamentos sobre o sentido*: um diálogo. Petrópolis: Vozes.

FREIRE, P. (2000). *Pedagogia da autonomia*. São Paulo: Paz e Terra.

FREUD, S. (2004). *À guisa de introdução ao narcisismo*. Rio de Janeiro: Imago [Obras Completas].

_____ (1996). *Sobre o narcisismo*: uma introdução. Rio de Janeiro: Imago [Obras Completas].

_____ (1996). *Formulações sobre os dois princípios do funcionamento mental*. Rio de Janeiro: Imago [Obras Completas].

_____ (1981). *El malestar en la cultura*. Madri: Biblioteca Nueva [Obras Completas de Sigmund Freud, vol. III].

FROMM, E. (1963). *Análise do homem*. Rio de Janeiro: Zahar.

GADAMER, H.G. (1997). *Verdade e método*: traços fundamentais de uma hermenêutica filosófica. Petrópolis: Vozes.

GALENDE, E. (2004). "Subjetividad y resiliencia: del azar y la complejidad". In: ME-LILLO, A.; OJEDA, E.N.S. & RODRÍGUEZ, D. (orgs.). *Resiliencia y subjetividad*. Buenos Aires: Paidós, p. 23-61.

GARCÍA PINTOS, C. (2007). *Un hombre llamado Viktor*. Buenos Aires: San Pablo.

GARCIA-ROZA, L.A. (2001). *Freud e o inconsciente*. Rio de Janeiro: Zahar.

GATTI, B. (1998). "O que é psicologia da educação? ou o que ela pode vir a ser como área do conhecimento?" In: *21ª Reunião Anual da Anped*. Grupo de Estudo: Psicologia da Educação, Caxambu.

GHIRALDELLI, P. (2003). *Introdução à filosofia*. São Paulo: Manole.

GIDDENS, A. (2002). *Modernidade e identidade*. Rio de Janeiro: Zahar.

_____ (1991). *As consequências da Modernidade*. São Paulo: Unesp.

GIOVANETTI, J.P. (2005). "Psicologia existencial e espiritualidade". In: AMATUZ-ZI, M.M. (org.). *Psicologia e espiritualidade*. São Paulo: Paulus, p. 129-146.

GONZÁLEZ REY, F. (2005). *Pesquisa qualitativa e subjetividade*: os processos de construção da informação. São Paulo: Pioneira Thomson Learning.

GREEN, A. (1988). *Narcisismo de vida, narcisismo de morte*. São Paulo: Escuta.

GRONDIN, J. (1999). *Introdução à hermenêutica filosófica*. São Leopoldo: Unisinos.

GROTBERG, E.H. (2002). "Nuevas tendencias en resiliencia". In: MELILLO, A. & OJEDA, E.N.S. (orgs.). *Resiliencia*: descubriendo las propias fortalezas. Buenos Aires: Paidós, p. 19-30.

GUATTARI, F. (1991). *Três ecologias*. Campinas: Papirus.

HARTMANN, N. (1975). *New Ways of Ontology*. Westport: Greenwood.

HEIDEGGER, M. (2010). "Carta sobre o humanismo". In: *Marcas do caminho*. Petrópolis: Vozes.

_____ (2009). *Ser e tempo*. Petrópolis: Vozes.

_____ (2005). *Ser e tempo*. Petrópolis: Vozes

_____ (1981). *Todos nós... ninguém*: um enfoque fenomenológico. São Paulo: Moraes.

HOUAISS, A. & VILLAR, M.S. (2001). *Dicionário Houaiss da Língua Portuguesa*. Rio de Janeiro: Objetiva.

HUSSERL, E. (2008). *A ideia da fenomenologia*. Lisboa: Edições 70.

IZQUIERDO, I. (2004). "A mente humana". In: *MultiCiência*, n. 3, 10/out.

JASPERS, K. (1961). *Filosofía de la existencia*. Madri: Aguilar.

JOÃO PAULO II (2005). *Exortação apostólica pós-sinodal sobre a formação dos sacerdotes Pastores Dabo Vobis*. São Paulo: Paulinas.

KIERKEGAARD, S. (1961). *O desespero humano*. Porto: Tavares Martins.

KLINGBERG, H. (2002). *La llamada de la vida*: la vida y la obra de Viktor Frankl. Barcelona: Integral.

KOTLIARENCO, M.A.; FONTECILLA, M. & CÁCERES, I. (1997). *Estado de arte en resiliencia*. Washington: Organización Panamericana de la Salud.

LARROSA, J. (2002). "Notas sobre a experiência e o saber de experiência". In: *Revista Brasileira de Educação*, 19, p. 20-28.

LASCH, C. (1983). *A cultura do narcisismo*: a vida americana numa era de esperanças em declínio. Rio de Janeiro: Imago.

LIMA VAZ, H.C. (2006). *Antropologia filosófica*. Vol. I. 8. ed. São Paulo: Loyola.

_____ (1992). *Antropologia filosófica*. Vol. II. São Paulo: Loyola.

LIPOVETSKY, G. (2009). *A felicidade paradoxal* – Ensaio sobre a sociedade do hiperconsumo. São Paulo: Companhia das Letras.

_____ (2007). *A sociedade da decepção*. São Paulo: Manole.

_____ (2005). *A era do vazio* – Ensaios sobre o individualismo contemporâneo. Barueri: Manole.

LIPOVETSKY, G. (2004a). *O império do efêmero*: a moda e seu destino nas sociedades modernas. 7. ed. São Paulo: Companhia das Letras.

_____ (2004b). *Os tempos hipermodernos*. São Paulo: Barcarolla.

LUKAS, E. (2002). *Psicologia espiritual*: fontes de uma vida plena de sentido. São Paulo: Paulus.

_____ (1992). *Prevenção psicológica*: a prevenção de crises e a proteção do mundo interior do ponto de vista da Logoterapia. Petrópolis: Vozes.

_____ (1986). *Logoterapia*: a força desafiadora do espírito – Métodos de Logoterapia. São Paulo: Loyola.

LUTTWAK, E. (2001). *Turbocapitalismo*: perdedores e ganhadores na economia globalizada. São Paulo: Nova Alexandria.

LYOTARD, J.F. (2004). *A condição pós-moderna*. Rio de Janeiro: José Olympio.

MATOS, A.C. (2012). "Educação para o ócio: da acídia à 'preguiça heroica'". In: ADAUTO, N. (org.). *Mutações*: elogio à preguiça. São Paulo: Sesc, p. 51-76.

_____ (2002). "Esquizoidia e doença psicossomática: conservação de energia e inibição da ação". In: *Revista Portuguesa de Psicossomática*, vol. 4, n. 2, p. 9-33 [Disponível em https://www.redalyc.org/articulo.oa?id=28740202].

MAY, R. (1996). *A arte do aconselhamento psicológico*. Petrópolis: Vozes.

_____ (1987). *O homem à procura de si mesmo*. Petrópolis: Vozes [reeditado em 2011].

MCDOUGALL, J. (1983). *Em defesa de uma certa anormalidade*. Porto Alegre: Artmed.

MERLEAU-PONTY, M. (1971). *Fenomenologia da percepção*. São Paulo: Martins Fontes.

MICHELETTO, N. & SÉRIO, T.M.A.P. (1993). "Homem: objeto ou sujeito para Skinner". In: *Temas em Psicologia*, n. 2.

MIGUEZ, E.M. (2014). *Educação em busca de sentido*: pedagogia inspirada em Viktor Frankl. São Paulo: Paulus.

_____ (2014). "Sexualidade: Fundamentos antropológicos e o papel da educação". In: CERQUEIRA, E.K. (org.). *Sexualidade, gênero e desafios bioéticos*. São Caetano do Sul: Amazonas.

MONTEAGUDO, M.J. (2004). "Los beneficios del ocio qué san y para qué sirven?" In: *ADOZ* – Revista de Estudios de Ocio, n. 28, p. 63-74.

MORA, J.F. (2001). *Dicionário de Filosofia*. São Paulo: Loyola.

MORIN, E. (1997). "A noção do sujeito". In: SCHNITMAN, D.F. (org.). *Novos paradigmas, cultura e subjetividade*. Porto Alegre: Artes Médicas.

MOSER, A. (2001). *O enigma da esfinge*: a sexualidade. 3. ed. Petrópolis: Vozes.

NIETZSCHE, F.W. (2002). *Fragmentos finais*. Brasília: EdUnB.

_____ (1992). *Além do bem e do mal*: Prelúdio a uma filosofia do futuro. São Paulo: Companhia das Letras.

_____ (1977). *Assim falou Zaratustra*: um livro para todos e para ninguém. Rio de Janeiro: Civilização Brasileira.

OLIVEIRA, A.L.R. (2006). *Os sentidos da religiosidade de idosos adeptos do catolicismo popular da região do triângulo mineiro*. São Paulo: Pontifícia Universidade Católica [dissertação de mestrado].

PADOVANI, U. & CASTAGNOLA, L. (1978). *História da filosofia*. São Paulo: Indústria de Papel.

PAIVA, J.G. (2005). "Psicologia da religião, psicologia da espiritualidade: oscilações conceituais de uma disciplina". In: AMATUZZI, M.M. (org.). *Psicologia e espiritualidade*. São Paulo: Paulus.

_____ (2001). "A necessidade e o desejo na religião". In: VERGOTE, A. (org.). *Entre necessidade e desejo*: diálogos da psicologia com a religião. São Paulo: Loyola.

PEDROSSIAN, D.R.S. (2008). *A racionalidade tecnológica, o narcisismo e a melancolia*. São Paulo: Roca.

PEREIRA, W.C.C. (2004). *A formação religiosa em questão*. Petrópolis: Vozes.

PERVIN, L.A. (1978). *Personalidade* – Teoria, avaliação e pesquisa. São Paulo: EPU.

PESTALOZZI, J.E. (2008). *Opiniones, experiencias y medios para fomentar un estilo de educación adecuado a la naturaleza humana.* Barcelona: PPU.

PETER, R. (1999). *Viktor Frankl*: a antropologia como terapia. São Paulo: Paulus.

PINHEIRO, K.F.; RHODEN, I. & MARTINS, J.C.O. (2010). "A experiência de ócio na sociedade hipermoderna". In: *Revista Mal-estar e Subjetividade*, vol. X, n. 4, p. 1.131-1.146.

PINTO, F.C. & MARTIN, M.W.L. (2007). "Uma perspectiva humana psicológica da opção sacerdotal: estudo sobre seminários diocesanos no Vale do Paraíba". In: *Anais do Encontro Latino-americano de Iniciação Científica e Encontro Latino-americano de Pós-graduação*. São José dos Campos: Universidade do Vale do Paraíba, 11/7, p. 2.906-2.909.

PLATÃO. (2003). *Apologia de Sócrates.* Pará de Minas: Virtual Books Online M&M Editores [Disponível em http://www.revistaliteraria.com.br/plataoapologia.pdf].

PONTES, R.N. (1997). *Mediação e Serviço Social*: um estudo preliminar sobre a categoria teórica e sua apropriação pelo Serviço Social. São Paulo: Cortez.

QUIROGA, C. (1991). *Invasão positivista no marxismo*: manifestações no ensino da metodologia no serviço social. São Paulo: Cortez.

REALE, G. & ANTISERI, D. (1991). *História da filosofia.* Vol. 3: Do Romantismo até os nossos dias. São Paulo: Paulus.

_____ (1990a). *História da filosofia.* Vol. 1: Antiguidade e Idade Média. São Paulo: Paulus.

_____ (1990b). *História da filosofia.* Vol. 2: Do humanismo a Kant. São Paulo: Paulus.

REZENDE, A. (1996). *Cursos de filosofia.* Rio de Janeiro: Zahar.

RHODEN, I. (2009). "O ócio como experiência subjetiva: contribuições da psicologia do ócio". In: *Revista Mal-estar e Subjetividade*, vol. IX, n. 4, p. 1.233-1.250.

_____ (2008). "Ócio construtivo e o desenvolvimento humano". In: CUENCA, M.C. & MARTINS, J.C.O. (orgs.). *Ócio para viver no século XXI.* Fortaleza: As Musas, p. 57-78.

RODRIGUES, R. (2002). "Cultural diversity is more than group differences: An example from the Mexican American community – Contemporary issues". In: *Communication Science and Disorders*, 29, p. 154-164.

_____ (1991). *Fundamentos da Logoterapia*: na clínica psiquiátrica e psicoterapêutica. Vol. I. Petrópolis: Vozes.

ROGERS, C.R. (2009). *Tornar-se pessoa.* 6. ed. São Paulo: Martins Fontes.

_____ (1983). *Um jeito de ser.* São Paulo: EPU.

ROUDINESCO, E. & PLON, M. (1998). *Dicionário de Psicanálise*. Rio de Janeiro: Zahar.

SALIS, V.D. (2007). *Use a cabeça e o coração*. São Paulo: Nova Alexandria.

_____ (2004). *Ócio criador, trabalho e saúde*. São Paulo: Claridade.

SALVINO, E. (2009). *Evidencias teóricas y empíricas entre la psicología positiva de Seligman y la psicología humanista-existencial de Frankl*. Salamanca: Universidad Pontificia de Salamanca [tese doutoral].

SÁNCHEZ, M.J.M. (2008). *La experiencia de ocio*: una mirada científica desde los estudios de ocio. Bilbao: Universidad de Deusto.

SANTOS, M. (1994). *Técnica, espaço e tempo*: globalização e meio técnico-científico informacional. São Paulo: Hucitec.

SARTRE, J.-P. (2002). *O ser e o nada*. Petrópolis: Vozes.

_____ (1987). *O existencialismo é um humanismo*. São Paulo: Nova Cultural.

SCHELER, M. (2003). *A posição do homem no cosmos*. Rio de Janeiro: Forense Universitária.

_____ (1986). *Visão filosófica do mundo*. São Paulo: Perspectiva.

SCHNITMAN, D.F. (1996). *Novos paradigmas, cultura e subjetividade*. Porto Alegre: Artes Médicas.

SEVERIANO, M.F.V. (2001). *Narcisismo e publicidade*: uma análise psicossocial dos ideais do consumo na contemporaneidade. São Paulo: Annablume.

SPINELLI, E. (2003). "The existential-phenomenological paradigm". In: WOOLFE, R. et al. (orgs.). *Handbook of Counselling Psychology*. Londres: Sage, p. 180-198.

STUDART, I.P. (2013). *A ética do sentido da vida*: fundamentos filosóficos da Logoterapia. Aparecida: Ideias & Letras.

TARDIF, M. (2010). *Saberes docentes e formação profissional*. Petrópolis: Vozes.

TEIXEIRA, C.F. (2002). "Promoção e vigilância da saúde no contexto da regionalização e da assistência à saúde no SUS". In: *Cadernos de Saúde Pública*, vol. 18 (supl.), p. 153-162.

TEIXEIRA, J.A.C. (1993). "Introdução às abordagens fenomenológica e existencial em psicopatologia (I): A psicopatologia fenomenológica". In: *Análise Psicológica*, 11, 4, p. 621-627.

TENZER, N. (1991). *La sociedad despolitizada* – Ensayo sobre los fundamentos de la política. Buenos Aires: Paidós.

VALLE, J.E.R.E. (2005). "Religião e espiritualidade: um olhar psicológico". In: AMATUZZI, M.M. (org.). *Psicologia e espiritualidade*. São Paulo: Paulus.

_____ (1999). *Experiência religiosa*: enfoque psicológico. São Paulo: Loyola.

VANISTENDAEL, S. & LECOMTE, J. (2004). "Resiliencia y sentido de vida". In: MELILLO, A.; OJEDA, E.N.S. & RODRÍGUEZ, D. (orgs.). *Resiliencia y subjetividad.* Buenos Aires: Paidós, p. 91-101.

VERA, A.A. (1980). *Metodologia da pesquisa científica.* Porto Alegre: Globo.

VERÍSSIMO, R. (2002). *Desenvolvimento psicossocial (Erik Erikson).* Porto: Faculdade de Medicina do Porto.

VILLEGAS, M. (1989). "Psicoterapias existenciais". In: *I Jornada de Psicologia e Psicopatologia Fenomenológicas e Existenciais.* Lisboa.

_____ (1988). "Hermenéutica fenomenológica del discurso psicoterapéutico". In: *I Congresso Mundial de Fenomenologia.* Santiago de Compostela.

VISO, M.G. & ORTUZAR, M. (2002). *Ocio para todos*: reflexiones y experiencias. Bilbao: Universidad de Deusto.

WALSH, F. (2004). *Resiliencia familiar*: estrategias para su fortalecimiento. Madri: Amorrortu.

WHITROW, G.J. (2005). *O que é tempo?* – Uma visão clássica sobre a natureza do tempo. Rio de Janeiro: Zahar.

WINNICOTT, D.W. (1994). *Explorações psicanalíticas.* Porto Alegre: Artes Médicas.

XAUSA, I.A.M. (1988). *A psicologia do sentido da vida.* Petrópolis: Vozes.

ZILLES, U. (2007). "A formação intelectual dos futuros presbíteros". In: *Teocomunicação*, 37, n. 155, p. 5-18.

LEIA TAMBÉM:

Presbítero

Discípulo do senhor pastor do rebanho

Paulo Sérgio Carrara

No contexto cultural e eclesial de nossos dias, a identidade do presbítero aparece, às vezes, eclipsada. A figura imutável do presbítero, que vigorou durante séculos na Igreja, sofreu transformações significativas. O Concílio Vaticano II enriqueceu consideravelmente a teologia do ministério presbiteral, resgatando sua dimensão mais pneumatológico-eclesial, enquanto carisma suscitado pelo Espírito para a presidência da comunidade cristã na qual todos os carismas se tornam imprescindíveis para a construção da Igreja e para a evangelização. O presbítero, em comunhão com o bispo e o presbitério, põe-se a serviço do Espírito, do Evangelho e da Eucaristia, presidindo a construção da comunidade de todos os batizados, os quais são sujeitos da evangelização, uma vez que a Igreja se configura, antes de tudo, como Povo de Deus.

O Papa Francisco nos lembra que "o primeiro sacramento, que sela para sempre a nossa identidade, e do qual deveríamos ser sempre orgulhosos, é o batismo. Através dele e com a unção do Espírito Santo, (os fiéis) 'são consagrados para serem edifício espiritual e sacerdócio santo' (LG 10). A nossa primeira e fundamental consagração funda as suas raízes no nosso batismo. Ninguém foi batizado sacerdote nem bispo. Batizaram-nos leigos, e é o sinal indelével que jamais poderá ser cancelado. Faz-nos bem recordar que a Igreja não é uma elite de sacerdotes, consagrados, bispos, mas que todos formamos o Santo Povo fiel de Deus". A busca do resgate da identidade do ministério presbiteral no seu aspecto propriamente eclesial tem marcado a reflexão teológica.

Esse livro aborda, de modo sintético, alguns elementos da teologia, espiritualidade e missão do presbítero. Foi o texto-base do 17º Encontro Nacional dos Presbíteros. A boa aceitação do texto fez brotar a ideia da publicação.

Paulo Sérgio Carrara é presbítero da Congregação Redentorista. Mestre em Teologia Espiritual pela Pontifícia Faculdade Teresianum de Roma e doutor em Teologia pela Faculdade Jesuíta de Filosofia e Teologia de Belo Horizonte. Professor nessa mesma faculdade e no Instituto Santo Tomás de Aquino (Ista). Atualmente atua como formador de estudantes redentoristas de teologia, em Belo Horizonte.

CULTURAL
Administração
Antropologia
Biografias
Comunicação
Dinâmicas e Jogos
Ecologia e Meio Ambiente
Educação e Pedagogia
Filosofia
História
Letras e Literatura
Obras de referência
Política
Psicologia
Saúde e Nutrição
Serviço Social e Trabalho
Sociologia

CATEQUÉTICO PASTORAL
Catequese
Geral
Crisma
Primeira Eucaristia

Pastoral
Geral
Sacramental
Familiar
Social
Ensino Religioso Escolar

TEOLÓGICO ESPIRITUAL
Biografias
Devocionários
Espiritualidade e Mística
Espiritualidade Mariana
Franciscanismo
Autoconhecimento
Liturgia
Obras de referência
Sagrada Escritura e Livros Apócrifos

Teologia
Bíblica
Histórica
Prática
Sistemática

REVISTAS
Concilium
Estudos Bíblicos
Grande Sinal
REB (Revista Eclesiástica Brasileira)

VOZES NOBILIS
Uma linha editorial especial, com importantes autores, alto valor agregado e qualidade superior.

PRODUTOS SAZONAIS
Folhinha do Sagrado Coração de Jesus
Calendário de mesa do Sagrado Coração de Jesus
Almanaque Santo Antônio
Agendinha
Diário Vozes
Meditações para o dia a dia
Encontro diário com Deus
Guia Litúrgico

VOZES DE BOLSO
Obras clássicas de Ciências Humanas em formato de bolso.

CADASTRE-SE
www.vozes.com.br

EDITORA VOZES LTDA.
Rua Frei Luís, 100 – Centro – Cep 25689-900 – Petrópolis, RJ
Tel.: (24) 2233-9000 – Fax: (24) 2231-4676 – E-mail: vendas@vozes.com.br

UNIDADES NO BRASIL: Belo Horizonte, MG – Brasília, DF – Campinas, SP – Cuiabá, MT
Curitiba, PR – Fortaleza, CE – Juiz de Fora, MG – Petrópolis, RJ – Recife, PE – São Paulo, SP